生态文明时代的经济新视野

生态文明视角下的经济高质量发展研究

赵文强 李健 王银萍 ◎ 编著

中国商业出版社

图书在版编目（CIP）数据
生态文明时代的经济新视野 ：生态文明视角下的经济高质量发展研究 / 赵文强，李健，王银萍编著. 北京 ：中国商业出版社，2025. 1. -- ISBN 978-7-5208-3297-7
Ⅰ. F124
中国国家版本馆CIP数据核字第20249YK692号

责任编辑：李　飞
（策划编辑：蔡　凯）

中国商业出版社出版发行
（www.zgsycb.com　100053　北京广安门内报国寺 1 号）
总编室：010-63180647　编辑室：010-83114579
发行部：010-83120835/8286
新华书店经销
天津鑫旭阳印刷有限公司印刷
*
787 毫米 ×1092 毫米　16 开　17 印张　295 千字
2025 年 1 月第 1 版　2025 年 1 月第 1 次印刷
定价：48.00 元
*　*　*　*
（如有印装质量问题可更换）

前　言

生态文明时代的经济新视野的研究背景与意义

在当今世界，随着科技的飞速发展和全球化的不断深入，人类社会面临着前所未有的挑战与机遇。环境问题日益凸显，气候变化、资源枯竭、生态退化等问题已成为制约全球经济可持续发展的重要因素。传统工业文明的发展模式以资源消耗和环境污染为代价换取经济增长，已经难以为继。在此背景下，生态文明时代的经济新视野应运而生，它不仅是对传统经济模式的深刻反思，更是对未来可持续发展道路的探索与引领。

自 1972 年联合国人类环境会议以来，全球范围内的环境问题逐渐引起国际社会的广泛关注。随着工业化、城市化进程的加速，人类对自然资源的过度开发和不合理利用导致了严重的生态危机。森林砍伐、水土流失、生物多样性丧失、大气和水体污染等问题日益严重，不仅威胁人类的生存环境，也制约了经济的进一步发展。面对这一现实挑战，国际社会开始认识到转变经济发展模式、加强生态环境保护的重要性和紧迫性。

生态文明作为人类文明发展的新阶段，是对工业文明深刻反思的结果。它强调人与自然和谐共生，要求经济发展必须遵循自然规律，实现经济效益、社会效益和环境效益的统一。自党的十八大以来，生态文明建设被纳入中国特色社会主义事业“五位一体”总体布局，标志着中国对生态文明建设重要性的认识达到了一个新的高度。在这一背景下，生态文明理念逐渐深入人心，成为指导中国经济社会发展的重要指导思想。

生态文明思想是中国特色社会主义生态文明建设的理论基础和实践指南。它提出了“绿水青山就是金山银山”的新经济发展观，强调生态环境保护与经济发展的内在统一；提出了“保护环境就是保护生产力、改善环境就是发展生产力”的新生产力经济学，揭示了生态环境保护与生产力发展的相互促进关系；提出了“人与自然是生命共同体”的新生态价值观，倡导人与自然和谐共生的理念；提出了推动形成绿色发展方式和生活方式的新文明实践观，为生态文明建设提供了具体路径和方法。这些思想观点不仅丰富了生态文明理论宝库，也为全球可持续发展提供了中国方案和中国智慧。

传统工业文明的发展模式以资源消耗和环境污染为代价换取经济增长，这种发展模式不可持续。生态文明时代的经济新视野要求我们必须转变经济发展模式，走绿色、低碳、循环的发展道路。通过加强生态环境保护、推动产业转型升级、发展绿色经济等措施，实现经济发展与环境保护的双赢。这种根本性变革不仅有利于缓解当前严峻的环境问题，还有利于提高经济发展的质量和效益，推动中国经济实现高质量发展。

生态文明时代的经济新视野强调人与自然和谐共生的理念，要求我们在经济发展过程中必须尊重自然、顺应自然、保护自然。通过加强生态环境保护、恢复自然生态系统功能、提高资源利用效率等措施，实现经济发展与生态保护的良性循环。这种和谐共生的理念不仅有利于改善人类生存环境、提高人民生活质量，还有利于维护地球生态平衡、保障人类永续发展。

中国作为世界上最大的发展中国家之一，在推动经济快速发展的同时面临着严峻的环境挑战。中国通过实施生态文明建设和绿色发展战略成功实现了经济与环境的协调发展。这种成功经验不仅为中国自身的发展注入了新动力，也为全球可持续发展提供了宝贵经验和启示。通过加强国际合作与交流、分享生态文明建设的成功经验和做法，我们可以共同应对全球性环境问题、推动全球可持续发展进程。

生态文明时代的经济新视野不仅是对传统经济模式的深刻反思和批判，更是对未来可持续发展道路的探索与引领。通过深入研究生态文明时代理论基础、实践路径和制度保障等方面内容，我们可以进一步丰富和完善生态文明理论体系。同时，这种研究也有助于我们更好地理解和把握生态文明建设的内在规律和本质要求，为推进生态文明建设提供理论支撑和智力支持。

总之，本书不仅是对当前全球生态危机和传统经济模式的深刻反思，更是对未来可持续发展道路的探索与引领。通过深入研究生态文明时代经济的理论基础、实践路径和制度保障等方面内容，我们可以为推进生态文明建设和实现经济可持续发展贡献智慧和力量。同时，也有助于我们更好地理解和把握生态文明建设的内在规律和本质要求，为构建人类命运共同体提供有力支撑和保障。

目录

第 1 章

生态文明观的崛起

1.1 传统工业文明的反思

在人类历史的长河中，工业文明以其前所未有的生产力变革和社会进步，深刻塑造了现代世界的面貌。从蒸汽机的轰鸣到电力的广泛应用，再到信息技术的飞速发展，工业文明推动了全球经济的高速增长，极大地丰富了人们的物质文化生活。然而，随着工业化的不断深入，一系列环境问题逐渐浮出水面，对传统工业文明的发展模式提出了严峻挑战。本节旨在从多个维度对传统工业文明进行深刻反思，探讨其内在矛盾与局限性，为生态文明的崛起奠定理论基础。

1.1.1 传统工业文明的经济增长模式

传统工业文明以经济增长为核心目标，追求的是产量的最大化和效率的最优化。在这种发展模式下，资源被大量开采和消耗，以支撑不断扩张的生产活动。然而，这种以资源消耗为代价的经济增长方式，其内在逻辑是线性的、非循环的，导致了资源的枯竭和环境的恶化。具体而言，传统工业文明的经济增长模式存在以下几个方面的缺陷。

（1）资源过度消耗

工业文明的发展离不开自然资源的支撑。然而，在传统经济增长模式下，资源被视为可以无限索取的外生变量，忽视了资源的有限性和稀缺性。随着人口的增长和经济的扩张，对资源的需求急剧增加，导致资源的过度开采和消耗。许多不可再生资源面临枯竭的威胁，而可再生资源的再生速度也远远跟不上人类消耗的速度。这种资源过度消耗的现象，不仅加剧了全球资源危机，也对生态环境造成了严重破坏。

（2）环境污染与生态破坏

传统工业文明在追求经济增长的过程中，往往忽视了对环境的保护。工业生产过程中产生的废水、废气、固体废弃物等污染物未经有效处理便直接排放到自然环境中，导致水体污染、空气污染和土壤污染等环境问题日益严重。同时，工业生产活动还破坏了自然生态系统的结构和功能，导致生物多样性丧失、生态服务功能下降等生态问题。这些环境污染与生态破坏问题不仅损害了人们的生存环境质量，也制约了经济的可持续发展。

（3）经济增长与幸福感的背离

传统工业文明追求的是物质财富的积累和经济增长的速度，而忽视了人们的精神需求和生活质量。随着经济的快速增长，虽然人们的物质生活水平得到了显著提高，但幸福感并未同步提升。相反，在快节奏的现代生活中，人们面临着巨大的工作压力和生活压力，身心健康问题日益突出。此外，经济增长带来的社会问题（如贫富差距扩大、社会不公等）也加剧了人们的不满和焦虑。这表明传统经济增长模式并不能真正满足人们对美好生活的向往和追求。

1.1.2 传统工业文明的社会结构与文化价值观

传统工业文明不仅在经济领域存在问题，在社会结构与文化价值观方面也存在诸多弊端。这些弊端进一步加剧了人与自然的矛盾冲突，阻碍了生态文明经济的崛起。

（1）社会结构的失衡

传统工业文明的发展模式导致了社会结构的失衡。工业生产需要大量的劳动力支持，而城市作为工业生产的中心吸引了大量人口聚集。这导致城乡发展不平衡加剧，农村地区相对落后，同时工业生产过程中的技术革新和产业升级加剧了劳动力市场的分化。高技术、高技能劳动力受到青睐，而低技能劳动力则面临失业和贫困的风险。这种社会结构的失衡不仅加剧了社会不公和贫富差距的扩大，也制约了经济社会的整体发展。

（2）文化价值观的扭曲

传统工业文明强调物质财富的追求和物质利益的满足，这在一定程度上扭曲了人们的文化价值观。在这种价值观的引领下，人们往往将财富和地位视为成功的标志和追求的目标。这种对物质的过度追求不仅导致了社会风气的败坏和道德水平的下降，也忽视了精神世界的丰富和人生价值的实现。此外，传统工业文明还强调人定胜天的观念和对自然的征服与改造。这种观念忽视了自然界的客观规律和生态平衡的重要性，导致了人类对自然的过度开发和破坏。

1.1.3　对传统工业文明的理论批判与反思

面对传统工业文明的种种弊端和问题，学术界和理论界进行了广泛而深入的批判与反思。这些批判与反思不仅揭示了传统工业文明的内在矛盾与局限性，也为生态文明时代的崛起提供了重要的理论支撑和思想启示。

（1）经济增长理论的局限

传统经济增长理论以 GDP（国内生产总值）为核心指标来衡量经济发展的水平和速度。然而，GDP 作为一种总量指标无法全面反映经济发展的质量和效益以及生态环境的变化情况。单纯追求 GDP 增长的传统经济增长模式往往忽视了资源环境的约束和生态平衡的维护。传统经济增长理论还忽视了经济活动的外部性问题，即经济活动对环境和社会造成的负面影响。这种理论上的局限导致了传统工业文明在实践中难以实现经济与环境的协调发展。因此，传统经济增长理论需要向更加全面、综合和可持续的方向发展，以更好地指导经济发展实践。

（2）环境经济学与生态经济学的兴起

面对传统工业文明带来的环境问题，环境经济学和生态经济学应运而生。环境经济学关注经济活动与环境之间的相互关系，研究如何通过市场机制和政策手段来减少环境污染和资源浪费，实现经济效益与环境效益的双赢。生态经济学则进一步拓宽了研究视野，将生态系统纳入经济分析框架中，强调经济活动必须遵循自然规律和生态法则，实现人与自然的和谐共生。这两门学科的兴起和发展，为传统工业文明的反思和生态文明时代的崛起提供了重要的理论支撑。

（3）可持续发展理念的提出与实践

可持续发展理念的提出，是对传统工业文明发展模式的深刻反思和重大调整。可持续发展强调经济、社会、环境三个方面的协调发展，追求的是长期、稳定、可持续的发展模式。在这一理念下，经济发展不再是单一的目标追求，而是要在保护生态环境、促进社会公平和提高人民生活质量等多重目标之间寻求平衡和协调。可持续发展的实践要求我们在政策制定、产业发展、消费模式等方面进行全面转型和创新，推动经济社会向更加绿色、低碳、循环的方向发展。

1.1.4　生态文明时代的崛起与未来展望

在传统工业文明面临诸多挑战和困境的背景下，生态文明经济的崛起成为一种必然趋势。生态文明观强调人与自然和谐共生的理念，追求经济发展与环境保护的有机结合和相互促进。它要求我们在经济活动中遵循自然规律和生态法则，实现经济效益、社会效益和环境效益的统一。

（1）生态文明观的核心理念

生态文明观的核心理念包括以下几个方面：一是尊重自然、顺应自然、保护自然的生态伦理观；二是绿色发展、循环发展、低碳发展的经济发展观；三是公平正义、包容共享的社会价值观；四是科技创新、制度创新的发展动力观。这些理念共同构成了生态文明观的理论基础和行动指南。

（2）生态文明观的实践路径

生态文明观的实践路径主要包括以下几个方面：一是加强生态文明制度建设，完善相关法律法规和政策措施；二是推动绿色低碳技术的研发和应用，提高资源利用效率和环境保护水平；三是优化产业结构布局，推动传统产业转型升级和新兴产业发展；四是加强生态文明教育和公众参与，提高全社会的生态文明意识和环保行动能力。通过这些措施的实施，我们可以逐步构建起符合生态文明要求的现代化经济体系和社会治理体系。

（3）生态文明时代的未来展望

随着全球范围内对生态文明建设的重视和推进，我们有理由相信生态文明观将在未来发挥更加重要的作用，它将成为引领全球可持续发展的新航标和动力源泉。在未来的发展中，我们需要继续深化生态文明观的理论研究和实践探索，不断完善生态文明制度体系和政策体系；需要加强国际合作与交流，共同应对全球性环境问题；需要推动科技创新和制度创新，为生态文明建设提供有力支撑和保障。只有这样我们才能共同构建一个美丽、宜居、和谐、繁荣的地球家园。

1.2　生态文明的概念与内涵

在深入探讨生态文明观崛起之际，首要任务便是对“生态文明”这一核心概念进行详尽而深刻的剖析与精准界定。作为人类社会文明演进历程中的璀璨新篇章，生态文明不仅标志着对传统工业文明模式下人与自然紧张关系的深刻反思与彻底超越，更是人类智慧在探索和谐共生道路上的一次历史性飞跃。本节内容将追溯生态文明的起源脉络，梳理其概念在时代变迁中的演进轨迹，深入剖析其构成的核心要素，并揭示其在当代社会背景下的丰富时代内涵。通过这一系列系统而全面的阐述，旨在为生态文明观的蓬勃兴起奠定坚实而深厚的理论基础，引领我们迈向一个更加绿色、可持续的未来。

1.2.1　生态文明的起源与概念演进

（1）生态文明思想的萌芽

在历史的长河中，人类对自然与人类社会关系的思考从未停歇，而生态文明的思想萌芽便深植于这些古老而深邃的智慧之中。在人类文明的曙光初现之时，古代先贤们便已开始探索自然之道，寻求与自然和谐共生的智慧。

在东方的广袤大地上，道家哲学以其独特的视角，提出了“天人合一”的哲学思想。这一思想强调人与自然界的内在联系与相互依存，认为人类应当顺应自然、融入自然，达到与天地同呼吸、共命运的和谐境界。道家通过“无为而治”的理念，倡导减少对自然的干预和破坏，以实现对自然资源的可持续利用和保护。这种哲学思想不仅是对人类与自然关系的深刻洞察，更为后世生态文明理念的形成提供了宝贵的思想资源。

与此同时，儒家文化也以其独特的伦理观念，对人与自然的关系进行了深入的探讨。儒家强调“仁爱万物”，将自然生命纳入人类伦理关怀的范畴，倡导对自然生命的尊重和保护。这种伦理观念不仅体现了人类对自身行为的道德约束，也反映了人类对自然界生命的深切关怀和责任感。儒家的这些思想，为后世构建生态文明社会的道德基础提供了重要的思想支撑。

在西方文明的摇篮里，古希腊哲学家们同样对自然与人类社会的关系进行了深入的思考。亚里士多德等哲学家提出了“自然为万物之尺度”的观点，认为自然规律是宇宙间一切事物的根本法则，人类应当遵循自然规律而行事，也隐含了对自然法则的敬畏与遵循。这一思想虽然未直接提出生态文明的概念，但为后世理解人与自然的关系、探索可持续发展道路提供了重要的哲学启示。

由此可见，生态文明的思想萌芽可以追溯到古代先贤们对自然与人类社会关系的深邃思考之中。这些思想不仅蕴含了生态文明的基本理念，也为后世构建生态文明社会提供了丰富的思想资源和宝贵的智慧启迪。在当今时代，我们应当深入挖掘和传承这些古代智慧，为推动生态文明建设的伟大事业贡献自己的力量。

（2）生态文明概念的现代形成

随着工业革命的浪潮席卷全球，人类社会在享受前所未有的物质文明成果的同时，也面临着日益严峻的环境挑战。工业文明的发展模式，以资源的高强度开采和环境的严重污染为代价，换取了经济的快速增长，但这种增长模式的不可持续性逐渐暴露无遗。在这一背景下，生态文明的概念逐渐进入现代学术视野。自 20 世纪中叶以来，随着环境科学、生态学、经济学等学科的交叉融合，人们开始从多维度审视人与自然的关系，并尝试构建一种新型的文明形态——生态文明。这成为人类对未来发展道路的新探索和新追求。在这一过程中，不同学者从不同角度对生态文明进行了定义和阐述，但普遍强调其作为人类文明新阶段的必然性和重要性。

1）环境危机的催化作用

在20世纪中叶以后，随着工业革命的深入与全球化进程的加速，人类社会在科技、经济、文化等领域取得了前所未有的成就，但同时也付出了沉重的环境代价，不仅发生了区域性的环境污染和大规模的生态破坏，而且出现了温室效应、臭氧层破坏、全球气候变化、酸雨、物种灭绝、土地沙漠化、森林锐减、越境污染、海洋污染、野生物种减少、热带雨林减少、土壤侵蚀等大范围的全球性环境危机，严重威胁着全人类的生存和发展。环境危机的爆发，如同一面镜子，清晰地映照出传统工业文明发展模式的局限性与不可持续性，从而催化了生态文明概念的兴起与发展。

环境污染的加剧是环境危机最直观的表现。工业生产排放的大量废气、废水和固体废弃物，严重污染了空气、水体和土壤，导致酸雨频发、雾霾笼罩、河流湖泊富营养化等问题。这些问题不仅直接影响了人类的生存环境质量，还通过食物链传递间接威胁人类的健康。环境污染的严峻形势，让人们开始意识到保护环境、治理污染的紧迫性和重要性。

自然资源的过度开发导致生态退化。为了支撑经济的快速发展，人类对自然资源进行了掠夺式的开采和利用，森林砍伐、草原退化、湿地消失、生物多样性丧失等现象日益严重。这些行为破坏了生态系统的平衡与稳定，削弱了自然界的自我调节和恢复能力。自然资源的枯竭和生态退化的现状，使人们深刻认识到经济发展不能以牺牲生态环境为代价，必须寻求一种人与自然和谐共生的新模式。

全球气候变化成为环境危机的新挑战。温室气体排放的增加导致全球气温上升、极端气候事件频发，海平面上升、冰川融化、生态系统失衡等问题接踵而至。全球气候变化不仅对人类社会的生产生活造成严重影响，还加剧了贫困、饥饿、疾病等社会问题。应对全球气候变化的挑战，需要全球各国携手合作，共同推动绿色低碳的发展道路，而生态文明理念正是这一道路的重要指引。

正是这些环境问题的不断积累和加剧，促使人类开始深刻反思传统工业文明的发展模式。人们逐渐认识到经济发展不能以牺牲生态环境为代价，必须寻求一种人与自然和谐共生的新模式。在这个过程中，生态文明理念应运而生，成为人类社会应对环境危机、实现可持续发展的新思路和重要选择。

2）理论研究的深入推动

随着全球环境问题的日益严峻以及环境科学的兴起和生态学的发展，人类对自然生态系统的认识不断深化，发现传统经济学理论在解释和应对环境问题时显得力不从心，科学家们开始从生态系统的整体性和复杂性出发，将生态因素纳入经济分析的核心框架之中，研究人类活动对自然环境的影响及其反馈机制。人们不再仅仅关注经济增长的速度和规模，而是更加关注经济增长的质量与可持续性，以及经济增长对生态环境的影响。这种视角的转变，标志着生态文明时代经济理论研究的正式启程。

在这一背景下，绿色经济理论、可持续发展经济学、生态经济学等新兴学科迅速崛起，成为推动生态文明时代经济理论研究深入发展的重要力量。绿色经济理论强调在经济发展过程中实现资源的高效利用和循环利用，减少环境污染和生态破坏；可持续发展经济学则致力于探索如何在满足当代人需求的同时，不损害后代人满足其需求的能力；生态经济学则更加关注生态系统与经济系统之间的相互作用关系，寻求两者之间的和谐共生之道。

这些理论研究的深入，不仅丰富了生态文明观经济理论的内涵和外延，也为实践提供了有力的理论支撑。它们促使政策制定者、企业家和消费者等社会各界开始重新审视自己的行为和决策，将生态文明理念融入经济活动的各个环节之中。例如，在政策层面，各国政府纷纷出台了一系列环保法规和政策措施，以引导和规范企业的生产行为；在企业层面，越来越多的企业开始将绿色供应链管理、绿色技术创新等纳入自己的发展战略之中；在消费者层面，绿色消费、低碳生活等理念也逐渐深入人心。

随着大数据、人工智能等新技术的发展和应用，生态文明时代的经济理论研究也迎来了新的机遇和挑战。这些新技术为我们提供了更加精准、全面的数据支持和分析工具，使我们能够更加深入地了解生态系统与经济系统之间的复杂关系，为制定更加科学、合理的政策提供有力支持。同时，新技术也为经济活动的绿色化、智能化转型提供了可能，为实现生态文明与经济发展的双赢局面开辟了新的路径。

这些研究成果为生态文明概念的形成提供了坚实的科学基础。同时，经济学、政治学、社会学等多学科领域的学者也积极参与生态文明的研究，从不同角度探讨生态文明的理论内涵和实践路径。这些跨学科的研究不仅丰富了生态文明的理论体系，也推动了生态文明概念的广泛传播和深入人心。

理论研究的深入推动是生态文明时代经济理论发展的重要动力。它促使我们不断突破传统经济学的束缚和局限，探索新的理论框架和分析方法；同时，也为实践提供了有力的理论支撑和指导，推动我们朝着更加绿色、低碳、可持续的经济发展方向迈进。

3）国际社会的共同呼吁

在全球化日益加深的今天，面对气候变化、资源枯竭、生物多样性丧失等全球性环境挑战，国际社会逐渐凝聚起一种前所未有的共识——生态文明观不仅是各国自身发展的内在需求，更是全人类共同的责任与使命。这一共识的形成，源自国际社会对生态环境问题深刻认识的不断提升，以及对可持续发展路径的共同探索与追求。

首先，国际社会的共同呼吁体现在多边合作机制的建立与加强上。联合国作为最具普遍性的国际组织，在推动全球生态文明建设方面发挥着不可替代的作用。从 1992 年 5 月通过的《联合国气候变化框架公约》到 1993 年生效的《生物多样性公约》，再到 2015 年 12 月通过的《巴黎协定》及其各项议定书，这些国际法律文书的制定与实施，不仅为各国设定了明确的减排目标和生态保护任务，更为国际社会携手应对环境危机提供了制度保障。同时，各类环境峰会、论坛和研讨会的频繁召开，也为各国政府、非政府组织、学术界及企业界搭建了交流合作的平台，促进了生态文明理念在全球范围内的传播与普及。

其次，国际社会的共同呼吁还体现在跨国界的环境治理行动上。面对跨国界的环境污染和生态破坏问题，如海洋塑料污染、跨国界空气污染等，单一国家的努力往往难以奏效。因此，国际社会开始探索建立跨国界的环境治理体系，通过信息共享、联合监测、协同治理等方式，共同应对这些全球性环境挑战。这种跨国界的环境治理行动，不仅体现了各国在生态文明建设上的共同责任和担当，也为全球环境治理体系的完善与发展提供了宝贵经验。

再次，国际社会的共同呼吁还体现在对绿色发展的倡导与推动上。随着全球经济的复苏与增长，传统的高能耗、高排放发展模式已难以为继。国际社会普遍认识到，只有实现绿色转型，才能实现经济的可持续发展和生态环境的保护。因此，各国纷纷将绿色发展纳入国家发展战略之中，通过政策引导、技术创新、产业升级等方式，推动经济向更加绿色、低碳、循环的方向发展。同时，国际社会还积极倡导绿色消费、绿色生活等理念，引导公众形成绿色、低碳的生活方式，为生态文明建设贡献自己的力量。

最后，值得一提的是，国际社会的共同呼吁还体现在对发展中国家生态环境保护的关注与支持上。发展中国家在推动经济发展的过程中，面临着更加严峻的环境保护压力。国际社会普遍认识到，只有帮助发展中国家实现绿色、可持续的发展，才能在全球范围内实现生态文明的共同繁荣。因此，发达国家纷纷向发展中国家提供资金、技术、人才等方面的支持，帮助它们加强生态环境保护能力建设，推动绿色发展。同时，国际社会还通过南南合作、三角合作等方式，促进发展中国家之间的经验交流与共享，共同应对环境挑战。

国际社会的共同呼吁是推动全球生态文明建设的重要力量。它促使各国政府、非政府组织、学术界及企业界等各方力量汇聚成一股强大的合力，共同应对全球性环境挑战；同时，也为全球生态文明建设的深入推进提供了有力的国际支持和保障。在未来的发展中，我们有理由相信，随着国际社会对生态文明共识的不断深化和拓展，全球生态文明建设将迎来更加广阔的发展前景。

4）生态文明概念的明确界定

在上述背景下，生态文明的概念逐渐明确并得到广泛认可。生态文明是指人类在改造自然的过程中，遵循自然规律，积极改善和优化人与自然的关系，建设有序的生态运行机制和良好的生态环境所取得的物质、精神、制度方面成果的总和。它强调人与自然和谐共生、经济发展与环境保护相协调的理念，旨在实现经济、社会、环境的全面可持续发展。

然而，生态文明作为一个综合性、多维度的概念，其内涵之丰富、外延之广泛，远非简单几个字所能涵盖。它不仅是对传统工业文明模式下人与自然关系紧张、生态环境恶化等问题的反思与批判，更是对人类未来生存发展道路的一种深刻洞察与前瞻性构想。在明确界定生态文明概念的过程中，我们需要从多个维度进行深入剖析与阐释。

从哲学层面来看，生态文明体现了一种人与自然和谐共生的世界观和价值观。它强调人类并非自然的主宰者，而是自然生态系统中的一部分，必须遵循自然规律，尊重生命价值，实现与自然的和谐共处。这种哲学观念的转变，要求我们重新审视人与自然的关系，摒弃“人类中心主义”的狭隘视角，树立起尊重自然、顺应自然、保护自然的生态文明理念。

从经济学角度来看，生态文明要求我们在经济发展过程中充分考虑生态环境因素，实现经济发展与生态环境保护的有机统一。这意味着我们要摒弃传统的

“先污染后治理”“先破坏后恢复”的发展模式，转而追求绿色、低碳、循环的经济发展方式。同时，我们还要通过制度创新、技术创新等手段，提高资源利用效率，降低环境污染成本，实现经济效益与生态效益的双赢。

从社会学角度来看，生态文明呼唤着一种全新的生活方式和社会风尚。它倡导绿色消费、低碳生活等理念，鼓励人们降低物质欲望，追求简约、健康、可持续的生活方式。同时，生态文明还要求我们加强环境教育和生态文明宣传，增强公众的环境意识和环保责任感，形成全社会共同参与生态文明建设的良好氛围。

从生态学角度来看，生态文明强调生态系统的完整性和稳定性。它要求我们在开发和利用自然资源的过程中，充分考虑生态系统的承载能力和恢复能力，避免过度开发和破坏。同时，我们还要加强生态保护和修复工作，维护生物多样性，保障生态系统的健康和稳定。

可见生态文明的明确界定是一个复杂而系统的过程，它需要我们从哲学、经济学、社会学、生态学等多个维度进行深入剖析与阐释。在这个过程中，我们需要不断吸收和借鉴国内外先进的生态文明理论和实践经验，结合本国国情和实际情况，形成具有中国特色的生态文明理论体系和实践路径。只有这样，我们才能更好地推动生态文明建设的深入发展，为实现人与自然和谐共生的美好愿景贡献智慧和力量。

5）生态文明概念的现代内涵

生态文明概念的现代内涵丰富而深刻，主要包括以下几个方面。

人与自然和谐共生：生态文明强调人类应当尊重自然、顺应自然、保护自然，实现人与自然的和谐共生。这要求我们在经济发展过程中，必须充分考虑自然环境的承载能力，避免对自然资源的过度开发和破坏。

绿色发展理念：生态文明倡导绿色发展理念，即在经济发展过程中，注重资源节约和环境保护，推动形成绿色、低碳、循环的发展方式。这要求我们在产业结构优化升级、能源消费结构调整等方面下功夫，实现经济效益和环境效益的双赢。

制度保障与政策支持：生态文明的建设需要强有力的制度保障和政策支持。这包括完善生态环境保护法律法规体系、加大环境监管和执法力度、推动绿色税制和绿色金融等政策的实施等。这些措施有助于形成有利于生态文明建设的制度环境和社会氛围。

公众参与与意识提升：生态文明的建设离不开公众的广泛参与和意识增强。通过加强生态文明教育、推广绿色生活方式等措施，可以增强公众的环保意识和参与度，形成全社会共同推进生态文明建设的良好局面。

生态文明概念的现代形成是环境危机、理论研究、国际社会呼吁以及人类自身发展需求等多方面因素共同作用的结果。它不仅是对传统工业文明发展模式的深刻反思和超越，更是对未来可持续发展道路的新探索和新追求。在未来的发展中，我们应当继续深化对生态文明的理解和实践，推动全球生态文明建设不断取得新的成果。

1.2.2 生态文明的核心要素

生态文明作为一个复杂而多维的概念体系，其内涵丰富且广泛，涉及多个学科领域和层面。作为“生态”与“文明”两个概念的有机结合，它不仅是单一学科的研究对象，更是涉及生态学、环境科学、哲学、经济学、社会学等多个学科的交叉领域。同时也具有哲学、经济学、社会学和生态学等多个维度的融合。生态文明作为一个新的社会文明形态，具备多个核心要素，这些要素共同构成了生态文明的基本框架。

（1）尊重自然规律

在深入探讨生态文明的构建基石时，“尊重自然规律”这一核心要素无疑占据了举足轻重的地位。生态文明，作为新时代经济社会发展的绿色导向，其首要原则便是深刻理解和践行对自然规律的尊崇与顺应。这不仅是马克思主义生态观在当代中国的具体体现，也是中国特色社会主义生态文明建设的重要理论基石。

自然界，作为万物生长、繁衍的摇篮，其内部蕴含着复杂而精妙的运行机制与平衡法则。从微观粒子的运动规律到宏观生态系统的动态平衡，自然界的每一个角落都展现着其独特的秩序与和谐。这种秩序，是人类赖以生存与发展的基础，也是我们必须予以尊重与保护的宝贵财富。

作为自然界不可或缺的一部分，人类社会的发展进程与自然环境息息相关。然而，在工业化、现代化的快速推进中，部分地区与领域出现了对自然资源的过度开发、对生态环境的忽视与破坏等现象，严重违背了自然规律，导致了一系列生态危机。因此，生态文明的建设，首要任务便是引导全社会树立尊重自然规律的理念，将这一原则内化于心、外化于行。

尊重自然规律，要求我们以科学的态度和方法深入探索自然界的奥秘，把握其运行规律与平衡机制。这既是对自然法则的敬畏，也是对人类自身发展路径的理性审视。通过加强科学研究、技术创新与人才培养，我们能够更加精准地认识自然、利用自然，实现人与自然的和谐共生。

同时，尊重自然规律还意味着在实践中必须遵循可持续发展的原则。在经济社会发展过程中，我们应当充分考虑自然环境的承载能力，合理安排产业布局、优化资源配置、推广绿色生产方式与生活方式。通过政策引导、市场监管与公众参与等多种手段，共同构建绿色低碳、循环发展的经济体系，确保经济社会发展与自然环境保护相协调、相统一。

尊重自然规律是生态文明建设的核心要素之一。它要求我们在马克思主义生态观的指导下，以科学的态度和方法认识自然、尊重自然、保护自然。通过全社会的共同努力与协作，我们必将推动生态文明建设不断取得新成效，为实现中华民族永续发展奠定坚实的基础。

（2）生态优先原则

生态优先原则不仅是对传统发展观念的深刻反思与超越，更是新时代中国特色社会主义生态文明建设的重要指导方针。在生态文明理念的引领下，经济发展已不再是单一的目标追求，而是被赋予了更为深远的意义——在保护生态环境的前提下，推动经济社会实现全面、协调、可持续的发展。

生态优先原则的核心在于，它强调了生态环境作为经济社会发展的基础与支撑作用。在决策制定和政策实施的过程中，这一原则要求我们摒弃过去那种“先污染后治理”的发展模式，转而采取一种更具前瞻性和预防性的发展策略。具体而言，就是要将生态环境因素纳入经济社会发展的全过程，确保各项决策和政策的出台与实施，都能充分考虑对生态环境的潜在影响，并力求将这种影响降至最低。

坚持生态优先原则，意味着我们在追求经济发展的同时，必须始终坚守生态保护的红线。这不仅是对自然规律的尊重，更是对人类自身生存与发展的长远考量。在实践中，我们需要不断探索和推广那些既有利于经济增长又符合生态环保要求的新技术、新产业、新业态，通过科技创新和模式创新，实现经济发展与环境保护的双赢。

同时，生态优先原则还呼唤一种全新的发展理念与治理模式的转变。它要求我们在政府、市场和社会之间建立起一种更加紧密、更加有效的协同机制，共同推动生态文明建设的深入发展。政府需要发挥引导作用，通过制定科学合理的政策法规，为生态文明建设提供有力保障；市场则需要发挥资源配置的决定性作用，通过价格机制、竞争机制等手段，引导企业和个人自觉践行绿色发展理念；社会则需要发挥监督作用，通过公众参与、舆论监督等方式，推动生态文明建设不断取得新成效。

生态优先原则是生态文明建设的核心要素之一，它体现了新时代中国特色社会主义的发展理念与价值追求。在未来的发展中，我们应当继续坚持这一原则，将生态环境作为经济社会发展的前提条件和重要支撑，将其贯穿经济社会发展的全过程和各方面，努力构建人与自然和谐共生的美好家园，确保经济发展与环境保护的协调统一。

（3）绿色发展模式

绿色发展是生态文明理念的核心体现之一。它要求摒弃传统的高投入、高消耗、高污染的发展模式，转向低能耗、低排放、高效益的绿色发展道路。通过推广清洁能源、发展循环经济、促进资源节约和循环利用等措施，实现经济发展与环境保护的双赢。

（4）生态伦理与价值观

生态文明还蕴含着深刻的生态伦理与价值观。它倡导人与自然和谐共生的理念，强调人类对自然的责任与义务。在生态伦理的指导下，人类应树立正确的自然观、发展观和消费观，以更加负责任的态度对待自然环境和自然资源。

1.2.3　生态文明的时代内涵

进入 21 世纪，随着全球化进程的加速和全球环境问题的日益复杂，生态文明被赋予了更加丰富的时代内涵。

（1）全球视野下的生态文明

在全球化的时代背景下，生态文明的议题已远远超越了地域与国界的限制，成为全人类共同面临的重大挑战与机遇。随着全球经济一体化的深入推进，各国经济活动的紧密联系促使环境问题不再局限于某一区域或国家内部，而是呈现出跨国界、全球性的特征。气候变化、环境污染、生物多样性丧失等全球性环境问题，不仅威胁到人类的生存环境，也对全球经济的可持续发展构成了严峻挑战。

面对这一复杂多变的局面，加强国际合作、共同应对全球性环境问题已成为国际社会的广泛共识。各国需深刻认识到，保护生态环境、推动生态文明建设是全球各国的共同责任。通过加强政策协调、技术共享、资金援助等多方面的合作，可以有效提高全球环境治理的能力与效率，共同守护好我们赖以生存的地球家园。

在此过程中，中国作为世界上最大的发展中国家和负责任的大国，积极践行生态文明理念，为全球生态文明建设贡献了中国智慧与力量。中国坚持绿色发展理念，致力于推动经济结构的转型升级，大力发展清洁能源、循环经济等绿色产业，努力实现经济发展与环境保护的双赢。同时，中国还积极参与全球环境治理体系的建设与完善，推动构建更加公正合理、高效协同的国际环境治理机制。

中国在全球生态文明建设中的积极作为，不仅展现了中国作为大国的责任与担当，也为其他国家树立了榜样。中国通过分享生态文明建设的成功经验与模式，为全球其他国家提供了可借鉴的路径与参考。同时，中国还通过南南合作、三角合作等机制，加强对发展中国家的支持与援助，帮助它们克服生态文明建设中的困难与挑战。

全球生态文明建设是一项长期而艰巨的任务，需要各国持续努力、共同推进。各国应秉持开放包容、互利共赢的原则，加强对话与合作，共同探索适合各国国情与发展阶段的生态文明建设路径。同时，国际社会还应加强对生态文明理念的宣传与教育，提高公众的生态环保意识与参与度，形成全社会共同推动生态文明建设的良好氛围。

在全球化背景下，生态文明已成为全人类共同关注的议题与挑战。各国应加强合作、携手共进，共同应对全球性环境问题，推动全球环境治理体系的完善与发展。中国作为负责任的大国，将继续积极参与全球生态文明建设，为全球可持续发展贡献更多中国智慧与力量。

（2）生态文明与社会建设的深度融合

生态文明，作为新时代社会发展的重要理念，其深远意义远不止于自然环境的保护，而是社会全面进步的重要标志，是经济、政治、文化、社会等多方面协调发展的综合体现。在推进生态文明建设的伟大实践中，我们必须深刻认识到，这一进程并非孤立于某一领域，而是需要全方位、多层次的渗透与融合。

经济领域，是推动生态文明建设的主战场之一。传统的经济发展模式往往以资源的高消耗和环境的严重污染为代价，这种发展模式已难以为继。因此，我们必须将生态文明理念深植于经济发展之中，推动形成绿色、低碳、循环的生产方式。这意味着我们要大力发展绿色经济、循环经济，通过技术创新和产业升级，实现资源的高效利用和废弃物的减量排放。同时，鼓励和支持清洁能源、节能环保等新兴产业的发展，为经济可持续发展注入新的活力。

在政治领域，生态文明建设同样扮演着重要角色。政府发挥主导作用，通过制定和完善相关法律法规及政策措施，为生态文明建设提供坚实的制度保障。这包括建立健全生态环境监管体系、实施严格的环境保护执法、推广环境友好型技术标准等。此外，政府还应加强与社会各界的沟通与合作，形成共建共治共享的良好局面，确保生态文明建设的各项任务得到有效落实。

在文化领域，生态文明理念应成为社会主流价值观的重要组成部分。我们要通过加强生态文明宣传教育，提高全社会的生态文明素养和环保意识。这包括在学校教育中融入生态文明教育内容，培养青少年的环保意识和责任感；在媒体宣传中加大生态文明理念的传播力度，形成全社会关注环保、参与环保的良好氛围。同时，鼓励和支持生态文明相关的艺术创作和文化活动，让生态文明理念深入人心、蔚然成风。

在社会领域，推动形成绿色、低碳、循环的生活方式是实现生态文明建设的重要途径。我们要倡导简约适度、绿色低碳的生活方式，鼓励居民减少一次性用品的使用、优先选择公共交通工具、节约用水用电等。同时，加强社区环保设施建设和管理，提高居民生活环境的舒适度和可持续性。此外，鼓励和支持各类环保组织和社会团体的发展，为公众参与生态文明建设提供更多的平台和机会。

生态文明建设是一项系统工程，需要全社会的共同努力和持续推进。我们应将生态文明理念融入经济、政治、文化、社会等各个领域和层面，推动形成绿色、低碳、循环的生产方式和生活方式。同时，加强生态文明宣传教育，提高全社会的生态文明素养和环保意识，形成全社会共同参与生态文明建设的良好氛围。只有这样，我们才能实现人与自然的和谐共生和社会的全面进步。

（3）生态文明与科技创新的紧密结合

在当前全球生态文明建设的大背景下，科技创新无疑扮演着举足轻重的角色，成为推动这一进程不可或缺的动力。面对日益严峻的环境挑战和资源约束，传统的发展模式已难以满足可持续发展的需求，而科技创新则为我们提供了破解难题的新思路、新方法和新途径。

在生态文明建设的实践中，我们应当充分认识到科技创新的潜力和价值，积极利用现代科技手段和方法，不断提高资源利用效率和环境治理能力。具体而言，这包括加强绿色低碳技术的研发，推动能源、交通、建筑等领域的技术革新，减少生产过程中的能耗和排放，提高产品和服务的环保性能。同时，注重科技成果的转化和应用推广，确保这些先进技术能够迅速落地生根，产生实际的环境效益和经济效益。

为了进一步发挥科技创新在生态文明建设中的作用，我们还需要加强科技创新与生态文明建设的深度融合。这意味着要在政策制定、产业规划、市场准入等各个环节中充分考虑科技创新的因素，推动形成创新驱动的绿色发展新模式和新业态。例如，可以鼓励和支持企业加大研发投入，开展环保技术的自主研发和创新，提高核心竞争力；同时，加强产学研用合作，促进科技成果的快速转化和应用；此外，还可以建立科技创新的激励机制，对在生态文明建设中作出突出贡献的单位和个人给予表彰和奖励。

在推动科技创新与生态文明建设深度融合的过程中，我们还需要注重人才的培养和引进。科技创新的核心在于人才，只有拥有一支高素质、专业化的科技人才队伍，才能为生态文明建设提供源源不断的智力支持。因此，我们应当加大对科技人才的培养和引进力度，建立完善的人才培养体系和激励机制，吸引更多的优秀人才投身到生态文明建设的伟大事业中来。

科技创新是推动生态文明建设的重要动力。在生态文明建设的进程中，我们应当充分利用现代科技手段和方法，加强绿色低碳技术的研发和应用推广；同时加强科技创新与生态文明建设的深度融合，推动形成创新驱动的绿色发展新模式和新业态。只有这样，我们才能有效应对环境挑战和资源约束，实现经济社会的可持续发展和生态环境的持续改善。

生态文明作为人类文明发展的新阶段和必然趋势，具有深刻的内涵和丰富的时代意义。它强调尊重自然规律、坚持生态优先原则、推动绿色发展模式、树立生态伦理与价值观等核心要素，旨在实现人与自然和谐共生和经济社会可持续发展。在未来的发展中，我们应继续深化对生态文明的理解与认识，加强生态文明建设的实践与探索，为构建人类命运共同体和实现全球可持续发展贡献中国智慧和力量。

1.3　生态文明与经济学的交会点

在人类社会发展的历史长河中，经济学作为一门研究资源配置和生产关系的科学，始终扮演着至关重要的角色。然而，随着工业化的加速推进，传统经济学理论在解释和应对日益严峻的环境问题时显得捉襟见肘。在此背景下，生态文明理念的兴起为经济学的发展注入了新的活力，促成了经济学与生态文明之间的深度融合与交会。本节将从理论与实践两个维度，探讨生态文明与经济学的交会点，揭示两者相互促进、共同发展的新趋势。

1.3.1　生态文明对经济学理论的丰富与发展

（1）绿色经济理论的兴起

绿色经济理论的兴起，是生态文明理念与经济学深度融合的产物，标志着经济发展观念的根本性转变。在这一理论框架下，经济发展不再仅仅追求速度与规模的扩张，而是更加注重经济效益与环境效益的和谐统一。绿色经济理论强调，在资源日益紧张、环境压力加大的背景下，实现可持续的经济发展模式至关重要。

该理论通过引入环境成本的概念，将环境保护纳入经济决策的核心考量之中，促使企业在追求利润的同时，必须承担起减少污染、节约资源的责任。这种理念的转变，不仅推动了生产方式的绿色化改造，也促使消费行为向更加环保的方向转变，形成了绿色生产与绿色消费的良性循环。

绿色经济理论的核心在于通过技术创新和制度创新，实现资源的高效利用和循环利用。在技术创新方面，绿色经济鼓励企业研发和应用环保技术，降低生产过程中的能耗和排放，提高产品的环境友好性。同时，通过优化产品设计和生产流程，实现废弃物的减量化、资源化和无害化处理。在制度创新方面，绿色经济倡导建立更加严格的环保法规和标准，加大环境监管和执法力度，为绿色经济的发展提供坚实的制度保障。

同时，绿色经济理论还注重发挥市场机制在资源配置中的决定性作用，通过价格机制、税收机制等手段引导企业和消费者采取更加环保的行为。例如，通过实施碳税、绿色信贷等经济政策，增加高污染、高能耗产品的成本，提高绿色产品的价格竞争力，从而推动经济结构向低碳、环保方向转型。

绿色经济理论的兴起，不仅为经济学的理论创新提供了新的方向，也为全球可持续发展提供了重要的理论指导和实践路径。绿色经济理论打破了传统经济学中经济增长与环境保护相对立的固有观念，提出了通过技术创新和制度创新实现经济发展与环境保护双赢的新路径。它不仅关注经济增长的速度和规模，更注重经济增长的质量和可持续性，为经济学的理论创新提供了新的方向。它促使人们重新审视经济发展与环境保护的关系，认识到两者并非零和博弈，而是可以相互促进、共同发展的。在未来的发展中，绿色经济理论将继续引领全球经济发展的新潮流，推动形成人与自然和谐共生的新型发展模式。

（2）可持续发展经济学的贡献

可持续发展经济学是经济学与生态文明交会的又一重要领域。该理论强调在满足当代人需求的同时，不损害后代人满足其需求的能力。它要求经济活动必须遵循自然规律，充分考虑生态系统的承载能力和恢复能力，实现经济发展与环境保护的协调统一。

可持续发展经济学的贡献，在于其深刻地重新定义了经济发展的范畴与边界，将环境可持续性纳入经济分析的核心，从而构建了一个更加全面、长远的发展框架。这一理论不仅是对传统经济学理论边界的拓宽，更是对经济发展理念的根本性革新。

在可持续发展经济学的视野下，经济发展不再仅仅是经济总量的增长，而是涉及经济、社会、环境三个维度的综合平衡与协调。它强调，任何经济活动都必须在尊重自然规律、保护生态环境的前提下进行，以确保当代人的发展不会损害后代人满足其基本需求的能力。这种视角的转变，要求我们在制定经济政策、规划产业发展时，必须充分考虑生态系统的承载能力和恢复能力，将生态保护与恢复作为经济发展的内在要求，而非外在约束。

可持续发展经济学对传统经济学理论的贡献，体现在它引入了一个新的伦理维度——代际公平。这一伦理观念要求我们在追求当前经济利益的同时，也要对后代人的福祉负责，确保他们享有与自然和谐共生的权利。这种伦理观的引入，促使我们在经济发展过程中更加审慎地评估各项决策的长期影响，避免短视行为对生态环境的破坏，从而维护人类社会的长远利益。可持续发展经济学也推动了经济学研究方法的创新。为了评估经济活动的可持续性，该理论引入了生态足迹、环境库兹涅茨曲线等新的分析工具，使得我们能够更加科学、准确地衡量经济发展的环境影响。可持续发展经济学还强调跨学科的合作与融合，将生态学、环境科学、社会学等多学科的知识和方法引入经济学研究，拓宽了经济分析的视野和深度。

在政策实践层面，可持续发展经济学为政府制定环境保护政策、促进绿色转型提供了重要的理论依据和实施工具。例如，通过实施环境税制、碳交易市场等经济政策手段，可以有效地引导企业和消费者采取更加环保的生产和消费行为；通过制订绿色发展规划、推广清洁能源等措施，可以促进产业结构的优化升级和新兴绿色产业的发展。这些政策措施的实施，不仅有助于缓解环境压力、保护生态系统健康稳定，还能够推动经济的高质量发展，实现经济效益与环境效益的双赢。

可持续发展经济学作为生态文明与经济学交会的重要成果之一，为传统经济学注入了新的活力与内涵。可持续发展经济学强调经济发展与环境保护的协调统一，推动了经济学从单一追求经济利益向追求经济、社会、环境综合效益的转变。可持续发展经济学要求经济活动必须遵循自然规律，充分考虑生态系统的承载能力和恢复能力，实现经济发展与环境保护的协调统一。

在未来的发展中，随着全球环境问题的日益加剧和人类对可持续发展的认识不断深化，可持续发展经济学将发挥更加重要的作用，促使经济学从单纯追求经济利益，转向兼顾经济、社会和环境综合效益的全方位发展，必将推动全球经济向更加绿色、低碳和可持续的方向迈进。

（3）生态经济学的核心思想

生态经济学作为经济学与生态学交叉融合的新兴学科，其核心思想在于揭示生态系统与经济系统之间的相互作用关系。其核心思想根植于对生态系统与经济系统复杂互动关系的深刻洞察，它不仅拓宽了经济学的研究视野，也为可持续发展的实践提供了坚实的理论基础。这一新兴学科通过跨学科的方法，将生态学的原理与经济学的分析框架有机结合，为我们理解并解决现代经济活动中面临的环境问题提供了新的路径。

生态经济学认为，经济系统与生态系统之间存在着紧密且相互依赖的关系。经济活动以自然资源作为物质基础，而这些资源的获取和利用方式直接影响到生态系统的稳定性和健康。同时，经济活动产生的废弃物和污染，如果得不到妥善处理，将对生态环境造成不可逆转的损害。因此，生态经济学强调，在资源配置和生产过程中，必须充分考虑生态系统的承载能力和恢复能力，确保经济活动在促进经济增长的同时，不对生态环境造成过大的压力。

为了实现经济系统与生态系统的和谐共生，生态经济学提出了一系列创新性的理念和方法。首先，它倡导将生态系统服务功能纳入经济决策的考量范围。生态系统服务功能（如空气净化、水源涵养、土壤保持等）对于维持人类生存环境和促进经济发展具有不可替代的作用。因此，在评估经济活动的影响时，必须充分考虑这些服务的价值，避免对生态系统造成不可逆的损害。

其次，生态经济学强调通过制度创新和技术创新来实现经济系统与生态系统的协调发展。在制度层面，它主张制定更加严格的环保法规和标准，加大环境监管和执法力度，促使企业和个人遵守环保规定，减少污染排放和资源浪费。同时，鼓励和支持绿色技术的发展和应用，提高资源利用效率，降低环境风险。在技术创新方面，生态经济学鼓励科研人员和企业开发更加环保的生产工艺和产品，以减少对自然资源的依赖和减少对环境的负面影响。

最后，生态经济学还强调跨学科的合作与交流。由于生态系统和经济系统涉及多个领域的知识和技能，因此需要不同学科的专家和学者共同研究和解决问题。通过加强跨学科的合作与交流，可以促进知识的融合与创新，为可持续发展的实践提供更加全面和深入的指导。

在全球环境问题日益严峻的背景下，生态经济学的核心思想显得尤为重要。它不仅为我们理解经济活动与生态环境之间的关系提供了新的视角和方法，也为推动经济高质量发展、实现可持续发展目标提供了有力的理论支撑。在未来的发展中，随着生态文明建设的深入推进和全球环境治理体系的不断完善，生态经济学将发挥更加重要的作用，引领我们走向一个人与自然和谐共生的美好未来。

1.3.2 生态文明理念在经济实践中的应用

（1）从 GDP 到绿色 GDP 的转变

在探讨生态文明与经济学交会的广阔领域中，从 GDP 到绿色 GDP 的转变无疑是一个具有里程碑意义的进步。这一转变不仅标志着经济评价体系的深刻变革，更体现了人类社会对可持续发展理念的深入理解和实践探索。

传统上，GDP 作为衡量一个国家或地区经济总量的核心指标，被广泛用于评估经济发展的速度和规模。然而，随着工业化进程的加速和环境问题的日益凸显，GDP 的局限性逐渐暴露无遗。它侧重于经济活动的总量增长，却往往忽略了经济活动背后的环境代价和社会成本，如资源消耗、环境污染和生态破坏等。这种单一维度的评价体系，难以全面反映经济发展的真实面貌和长远影响，更无法有效引导经济向绿色、低碳、可持续的方向转型。

正是在这样的背景下，绿色 GDP 的概念应运而生。绿色 GDP 是对传统 GDP 的一种重要修正和补充，它在计算过程中充分考虑了经济活动对环境的负面影响，通过扣除环境污染和生态破坏所造成的经济损失，力求更真实地反映经济发展的质量和可持续性。这一转变，不仅是对统计方法的革新，更是经济发展理念的深刻变革。它要求我们在追求经济增长的同时，必须兼顾环境保护和生态平衡，实现经济效益与环境效益的双赢。

从 GDP 到绿色 GDP 的转变，意味着经济发展模式将发生根本性变化。绿色 GDP 的引入将促使政策制定者、企业和公众更加关注环境问题，推动形成绿色低碳的生产方式和生活方式。在政策层面，政府将出台更多有利于环境保护和生态建设的政策措施，如环境税、碳交易等市场机制的应用，以激励企业和个人减少污染排放和资源浪费。在企业层面，绿色 GDP 将成为衡量企业经营绩效的重要指标之一，促使企业加强环保投入和技术创新，提升产品的绿色竞争力。在公众层面，绿色 GDP 的宣传和教育将增强公众的环保意识，引导消费者选择绿色低碳的产品和服务，形成全社会共同推动绿色发展的良好氛围。

从 GDP 到绿色 GDP 的转变也将对经济产业结构产生深远影响。传统的高能耗、高污染产业将面临更加严格的环保约束和市场淘汰压力，迫使其加快转型升级和绿色发展的步伐。而绿色低碳产业则将迎来更加广阔的发展空间和市场机遇，成为推动经济高质量发展的新引擎。通过优化产业结构布局和推动产业升级转型，我们可以实现资源的高效利用和循环利用，降低经济发展的环境成本和社会成本，提高经济发展的质量和效益。

从 GDP 到绿色 GDP 的转变是生态文明理念在经济实践中的重要应用之一。它不仅有助于我们更全面地认识经济发展的真实面貌和长远影响，更将引领我们走向一个更加绿色、低碳、可持续的未来。在这一转变过程中，我们需要不断探索和完善绿色 GDP 核算体系和技术方法，加强跨学科的合作与交流，推动形成政府、企业和公众共同参与、协同推进的绿色发展格局。只有这样，我们才能确保经济发展与环境保护的和谐共生，为子孙后代留下一个更加美好的家园。

（2）低碳经济与能源革命

低碳经济是生态文明理念在经济实践中的具体体现和核心体现。它要求通过技术创新和制度创新降低能耗和排放，推动能源生产和消费方式的革命性变化。它不仅深刻改变了全球能源结构，还引领了一场能源生产和消费方式的根本性变革。低碳经济范式的核心在于通过技术创新与制度创新的双轮驱动，有效降低能源消耗和温室气体排放，推动经济体系向更加环保、高效的方向转型。

在低碳经济的框架下，技术创新占据了举足轻重的地位。随着科技的飞速发展，清洁能源技术、能效提升技术、碳捕捉与封存技术等不断涌现，为减少化石燃料依赖、提高能源利用效率提供了强有力的支撑。例如，太阳能、风能、水能等可再生能源技术的日益成熟，使得这些清洁能源在成本、效率和可靠性上逐渐接近甚至超越传统化石能源，成为全球能源供应的重要组成部分。同时，电动汽车、智能电网等新型能源利用方式的普及，进一步推动了能源消费结构的优化升级，降低了碳排放强度。

制度创新则是低碳经济发展的另一重要保障。政府通过制定和实施一系列政策法规，为低碳经济发展提供了有力的制度环境。这些政策包括但不限于碳排放交易体系、碳税制度、绿色信贷政策等，旨在通过市场机制引导企业和个人减少碳排放，促进绿色低碳技术的应用和推广。此外，政府还加大对低碳技术研发和产业化的支持力度，通过设立专项基金、提供税收优惠等措施，激励企业和科研机构加大研发投入，加速低碳技术的商业化进程。

低碳经济的实施对全球经济和社会产生了深远的影响。低碳经济有助于应对气候变化这一全球性挑战。通过减少温室气体排放，为缓解全球变暖趋势、保护生态环境作出了重要贡献。低碳经济促进了能源结构的优化升级，提高了能源利用效率，降低了能源消费成本，增强了经济的韧性和竞争力。低碳经济的发展还带动了相关产业链的兴起和壮大，为经济增长提供了新的动力源泉。

低碳经济的发展并非一蹴而就的，而是需要政府、企业和公众共同努力、协同推进。政府应继续加强政策引导和支持力度，完善低碳经济发展的制度环境；企业应积极承担社会责任，加大低碳技术研发和产业化投入；公众则应增强环保意识，倡导绿色生活方式，共同推动低碳经济的发展。低碳经济的发展还面临着一些挑战和问题，例如，可再生能源的间歇性和不稳定性对电网安全稳定运行提出了更高要求；低碳技术的研发和产业化需要大量资金投入和技术积累；部分国家和地区在低碳经济转型过程中可能面临经济结构调整和就业压力等问题。因此，在推动低碳经济发展的过程中，需要充分考虑这些挑战和问题，制定科学合理的政策措施加以应对和解决。

低碳经济作为生态文明理念在经济实践中的具体体现和核心体现，是推动全球能源结构转型、应对气候变化挑战、促进经济可持续发展的重要途径。在低碳经济模式下，通过技术创新与制度创新的双轮驱动，清洁能源和可再生能源成为能源供应的主体，对传统化石能源的依赖程度大大降低，在促进能源结构的优化升级和经济的可持续发展的巨大潜力下，低碳经济将引领全球经济体系向更加环保、高效的方向迈进。未来，随着全球对可持续发展理念的深入理解和实践探索的不断深入，低碳经济必将在全球范围内得到更加广泛的推广和应用。

（3）绿色产业与新兴产业的崛起

随着生态文明理念的深入人心和绿色经济的不断发展，绿色产业和新兴产业将迅速崛起。绿色产业与新兴产业的崛起，是生态文明理念与经济实践深度融合的生动体现，它们不仅标志着经济发展模式的绿色转型，更为实现经济、社会与环境的和谐共生开辟了新的路径。这一趋势在全球范围内日益显著，成为推动全球可持续发展的重要力量。

在绿色产业的范畴内，环保产业以其独特的使命感和责任感，成为绿色转型的先锋。这一领域涵盖了环境污染治理、生态修复、环境监测等多个方面，通过运用先进的环保技术和科学的管理方法，有效解决了长期以来困扰人类的环境问题。环保企业不仅致力于减少工业排放、治理水体污染、修复受损生态，还积极推广绿色建材、环保涂料等低碳环保产品，从源头上降低环境污染风险。同时，环保产业还带动了相关服务业的发展，如环境咨询、环境教育等，为全社会普及生态文明理念、增强环保意识发挥了积极作用。

新能源产业的兴起，则是绿色经济的重要驱动力。面对传统化石能源的枯竭和环境压力的增大，各国纷纷将目光投向了清洁能源的开发利用。太阳能、风能、水能、生物质能等可再生能源因其清洁、可再生的特性，成为新能源产业的核心组成部分。在这一领域，技术创新是推动产业发展的关键。随着光伏电池效率的提高、风电技术的成熟以及智能电网的建设，新能源的利用效率和稳定性得到了显著提高，使得其在能源供应体系中的地位日益重要。此外，新能源汽车产业的蓬勃发展，也为减少交通领域的碳排放、改善城市空气质量作出了重要贡献。

循环经济产业的崛起，则是绿色产业中一股不可忽视的力量。这一产业强调资源的循环利用和废弃物的减量化、资源化，通过构建闭环经济体系，实现了经济效益与环境效益的双赢。在循环经济模式下，企业不再简单地将废弃物视为无用的负担，而是通过技术创新和管理创新，将其转化为有价值的资源或产品。例如，通过废旧物资的回收再利用、工业废弃物的无害化处理以及农业废弃物的资源化利用等措施，不仅减少了环境污染和资源浪费，还为企业带来了新的增长点。循环经济的实践不仅提高了资源的利用效率，还促进了产业结构的优化升级和经济的可持续发展。

环保产业、新能源产业、循环经济产业等这些新兴产业以环境保护和资源节约为核心目标，通过技术创新和模式创新推动经济的绿色转型，不仅为经济发展注入了新的活力，更为实现经济、社会与环境的协调发展提供了有力支撑。这些产业以其独特的绿色属性和创新能力，推动了传统产业的绿色转型和新兴产业的快速发展。同时，它们还促进了就业增长、提高了人民生活水平、增强了国家的综合实力和国际竞争力。未来，随着生态文明理念的深入人心和绿色经济的不断壮大，绿色产业与新兴产业将持续引领经济发展的新潮流，为实现全球可持续发展目标贡献更大的力量。

1.3.3　生态文明与经济学交会的实践路径

（1）加强政策引导与制度保障

在探讨生态文明与经济学交会的实践路径时，加强政策引导与制度保障无疑是至关重要的一环。政府作为政策的制定者和执行者，其角色不可替代，对于推动生态文明与经济学的深度融合负有重要责任。通过科学制定和完善相关政策法规，政府不仅能够为生态文明建设提供坚实的法律基础，还能够有效引导社会资源的合理配置，促进绿色经济的健康发展。

建立健全生态环境保护法律法规体系，是加强政策引导的首要任务。这需要政府根据国家生态文明建设的总体部署，结合本地区实际情况，制定一系列针对性强、操作性好的生态环境保护法规。这些法规应明确界定生态环境保护的责任主体、监管机制以及违法行为的处罚标准，确保生态环境保护措施有法可依、有章可循。同时，政府还需加强法律法规的宣传普及工作，提高全社会的法治意识和环保责任感，形成“人人关心环保、人人参与环保”的良好氛围。

实施严格的环境保护执法，是保障生态环境保护法律法规得到有效执行的关键。政府应建立健全环境保护执法机构，加强执法队伍建设，提高执法人员的专业素质和执法水平。在执法过程中，要坚持严格、公正、文明的原则，对破坏生态环境的行为依法进行查处，形成强大的震慑力。同时，政府还应加强与其他部门的协作配合，形成合力，共同打击环境违法行为，维护良好的生态环境秩序。

推广环境友好型技术标准，是引导产业绿色升级的重要手段。政府应鼓励和支持科研机构、高等院校和企业开展环境友好型技术的研发和推广工作，制定并发布相关技术标准和规范。这些标准和规范应涵盖产品设计、生产、使用、回收等全生命周期的环保要求，引导企业采用先进的环保技术和设备，降低能耗和排放，提高资源利用效率。通过推广环境友好型技术标准，政府可以推动企业实现绿色转型，提高产业的整体环保水平。

政府还应通过经济激励措施鼓励企业和个人积极参与生态文明建设。具体而言，政府可以通过提供税收优惠、财政补贴等政策支持，降低绿色经济的成本门槛，增强市场主体的绿色发展动力。例如，对于采用环保技术和设备的企业，政府可以给予一定的税收减免或财政补贴；对于开发清洁能源、推广绿色建筑等项目，政府可以提供专项资金支持或贷款贴息等优惠政策。这些经济激励措施有助于降低绿色经济的市场风险和投资成本，吸引更多的社会资本投入生态文明建设中来。

政府在加强政策引导与制度保障的过程中，还应注重政策的科学性、合理性和可操作性。政策制定应充分考虑实际情况和各方利益诉求，确保政策的有效性和可持续性。同时，政府还应加强政策的评估和调整工作，及时发现问题并采取措施加以解决，确保政策能够真正落到实处、取得实效。

加强政策引导与制度保障是推动生态文明与经济学交会的重要实践路径。政府应充分发挥其主导作用，通过建立健全法律法规体系、实施严格的环境保护执法、推广环境友好型技术标准以及提供经济激励措施等手段，为生态文明建设和绿色经济发展提供有力保障。只有这样，我们才能实现经济发展与环境保护的双赢目标，推动经济社会全面协调可持续发展。

（2）推动技术创新与产业升级

技术创新与产业升级是推动生态文明与经济学交会的实践路径的重要动力。技术创新不仅是驱动绿色经济发展的核心引擎，也是实现生态文明与经济学深度融合的重要途径。面对全球资源环境约束日益加剧的现实，通过加强绿色低碳技术的研发与应用，不仅能够有效提高资源利用效率，降低能耗和排放，还能推动产业结构的优化升级，为经济社会的可持续发展奠定坚实的基础。

政府在这一过程中应扮演好引导者和支持者的角色。具体而言，政府应加大对绿色低碳技术研发的投入力度，为科研机构和企业提供必要的资金支持和政策保障。通过设立专项研发基金、实施税收优惠、提供财政补贴等多种方式，激励更多的科研力量投入绿色低碳技术的创新活动中。积极搭建产学研用合作平台，促进科研机构、高校与企业之间的紧密合作，加速科技成果的转化和应用，缩短从实验室到市场的距离。

在推动技术创新的同时，产业升级也是不可或缺的一环。随着绿色低碳技术的不断成熟和应用，传统产业面临着前所未有的转型压力和挑战。通过引导和支持企业积极采用新技术、新工艺，推动生产方式向绿色低碳转型。这要求企业在产品设计、生产过程、供应链管理等多个环节融入环保理念，减少资源消耗和废弃物排放，提高产品的环保性能和附加值。

通过产业升级，企业不仅能够提升自身竞争力，还能够在激烈的市场竞争中赢得消费者的青睐，实现经济效益与社会效益的双赢。为了实现这一目标，企业需要树立绿色发展的理念，将环保纳入企业战略规划的核心部分。通过引入先进的管理模式和技术手段，优化资源配置和生产流程，减少能耗和排放，提高资源利用效率。同时，企业还应加强与供应链上下游伙伴的合作，共同推动绿色供应链的构建和完善。通过协同创新和资源共享，实现产业链上下游的绿色转型和可持续发展。

在生态文明建设的背景下，技术创新与产业升级相辅相成、相互促进。通过加强绿色低碳技术的研发与应用以及推动产业的绿色转型和升级，在提高资源利用效率、降低能耗和排放的基础上，还能实现经济效益、社会效益和环境效益的全面提升。这不仅是生态文明建设的内在要求，也是推动经济社会可持续发展的重要途径。

（3）倡导绿色消费与生活方式

消费是经济活动的最终环节，也是推动生态文明与经济学交会的重要环节。倡导绿色消费与生活方式有助于减少资源浪费和环境污染，促进经济社会的可持续发展。政府应通过宣传教育等方式提高公众的环保意识和参与度，引导消费者选择绿色低碳产品和服务；同时鼓励和支持绿色消费市场的发展为消费者提供更多绿色消费选择。

1.3.4 生态文明与经济学交会的全球视野

（1）参与全球环境治理与合作

在探讨生态文明与经济学交会的全球视野时，参与全球环境治理与合作无疑是不可或缺的一环。这一领域的合作不仅超越了国界，更体现了“人类命运共同体”面对环境挑战的责任与担当。随着全球化的不断加深，环境问题已不再是一国一地之责，而是需要国际社会携手应对的全球性议题。气候变暖、生物多样性丧失、海洋污染等问题日益严峻，对全球生态安全构成了严重威胁，迫使各国必须超越狭隘的国家利益，共同探索解决之道。

中国，作为世界上最大的发展中国家之一和负责任的大国，始终秉持着共商共建共享的全球治理观念，积极参与全球环境治理体系的建设与完善。中国深知，环境问题的跨国性和全球性决定了任何单一国家都无法独善其身，唯有通过加强国际合作，才能实现共赢。因此，中国不仅在国内大力推进生态文明建设，还积极倡导和参与国际环境治理合作，为全球环境治理贡献中国智慧与中国方案。

在参与全球环境治理的进程中，中国致力于推动构建公平合理、合作共赢的全球环境治理体系。中国主张全球环境治理应遵循共同但有区别的责任原则，发达国家应承担更多历史责任，向发展中国家提供资金、技术和能力建设支持。同时，中国也强调南北合作与南南合作并重，鼓励发展中国家之间加强经验分享和技术交流，共同提升环境治理能力。

在具体合作领域，中国积极参与气候变化国际谈判，推动《巴黎协定》的达成与实施，为全球应对气候变化树立了标杆。中国还通过南南合作基金、气候变化南南合作委员会等机制，向其他发展中国家提供适应气候变化的资金和技术支持，帮助它们提高应对气候变化的能力。此外，中国还积极参与生物多样性保护、海洋环境保护等领域的国际合作，推动构建地球生命共同体。

在全球环境治理的实践中，中国不仅注重政策对话和机制建设，还通过实际行动展示中国担当。中国在可再生能源、绿色金融、清洁技术等领域取得了显著进展，为全球绿色转型提供了有益借鉴。中国还积极推动“一带一路”绿色发展国际联盟等合作平台的建设，促进共建“一带一路”国家共享绿色发展成果，实现共同繁荣。

展望未来，全球环境治理仍面临诸多挑战，但中国将坚定不移地走绿色发展道路，继续积极参与全球环境治理合作。中国将秉持“人类命运共同体”理念，与世界各国一道，共同应对全球性环境问题，推动全球生态文明建设向纵深发展。我们相信，通过加强国际合作与交流，汇聚全球智慧和力量，人类完全有能力克服环境挑战，为子孙后代留下一个天蓝、地绿、水清的美丽家园。同时，中国也期待与各国一道，共同探索更加高效、公正、可持续的全球环境治理模式，为构建人类命运共同体作出更大贡献。

（2）推动国际贸易与绿色投资

国际贸易与绿色投资是生态文明与经济学交会的又一重要领域，这一领域的发展不仅关乎全球经济结构的优化与升级，更是实现全球绿色转型和可持续发展的重要途径。国际贸易作为全球经济一体化的重要纽带，其在促进商品、服务和技术交流的同时，也承载着推动绿色低碳发展的重要使命。

在全球贸易体系中，各国应积极响应环保号召，严格遵守国际环保法规和贸易规则，共同构建一个绿色、低碳的国际贸易环境。这意味着，各国需逐步减少污染密集型产品的生产和出口，转而鼓励和支持绿色低碳产品的国际贸易合作。企业应当加强技术创新，开发符合环保标准的产品，提升产品在国际市场上的竞争力。政府应制定并执行严格的环保标准，对不符合环保要求的产品实施限制或禁止出口措施，以引导企业向绿色低碳方向发展。

绿色投资作为生态文明与经济学交会的又一亮点，其在促进绿色技术的研发与应用、推动全球经济的绿色转型中发挥着关键作用。绿色投资不仅涉及对清洁能源、节能环保、生态修复等领域的直接投资，还包括对绿色技术研发、绿色产业孵化等间接支持。通过鼓励和支持绿色投资，可以加速绿色技术的国际转移和应用，推动全球范围内绿色产业的快速发展。

为了实现这一目标，各国政府应制定积极的绿色投资政策，为绿色投资者提供税收减免、补贴奖励等优惠政策，降低绿色投资的成本和风险。同时，金融机构也应积极参与绿色投资，通过绿色信贷、绿色债券等金融产品为绿色项目提供资金支持。此外，跨国企业也应发挥其技术和资金优势，在全球范围内开展绿色投资合作，共同推动全球经济的绿色转型。

在推动国际贸易与绿色投资的过程中，国际合作与交流显得尤为重要。各国应加强政策对话和协调，共同制定和实施环保标准和贸易规则，以确保国际贸易的绿色化进程。各国还应加强信息共享和经验交流，共同探索适合本国国情的绿色转型路径和策略。通过国际合作与交流，可以汇聚全球智慧和力量，共同应对环境挑战，推动全球经济的可持续发展。

推动国际贸易与绿色投资并非一蹴而就的过程，需要各国政府、企业和民间组织等多方面的共同努力。政府应发挥引领作用，制定科学合理的政策措施，为国际贸易与绿色投资提供有力保障；企业应积极履行社会责任，加强技术研发和产品创新，推动绿色低碳产品的国际贸易合作；民间组织则应发挥其桥梁和纽带作用，加强公众教育和倡导绿色消费理念，为国际贸易与绿色投资营造良好的社会氛围。

推动国际贸易与绿色投资是生态文明与经济学交会的全球视野下的重要举措。通过加强国际合作与交流、制定科学合理的政策措施、鼓励和支持绿色技术研发与应用等措施的实施，我们可以共同推动全球经济的绿色转型和可持续发展进程，为子孙后代留下一个更加美好的家园。

生态文明与经济学的交会是时代发展的必然趋势，也是推动经济社会可持续发展的重要动力。通过加强政策引导与制度保障、推动技术创新与产业升级、倡导绿色消费与生活方式以及参与全球环境治理与合作等措施，我们可以实现经济发展与环境保护的双赢目标，构建人与自然和谐共生的美好未来。在这个过程中，经济学与生态文明的深度融合将为我们提供更多理论创新和实践探索的机遇，让我们共同期待这一交会点带来的美好前景。

第 2 章

生态文明思想的经济价值

2.1 “绿水青山就是金山银山”的新经济发展观

“绿水青山就是金山银山”的新经济发展观，是一种深远而独特的发展理念，它颠覆了传统经济与环境的对立关系，揭示了生态环境保护与经济发展的内在统一。这一理念的提出，不仅体现了对自然规律的深刻认识，也反映了人类社会可持续发展的迫切需求。在“绿水青山就是金山银山”的理念下，生态环境不再是经济发展的牺牲品，而是成为推动经济发展的重要资源。这种新的经济发展观，将生态环境的保护和改善视为经济发展的重要驱动力，通过有序利用自然资源优势，因地制宜地发展绿色产业，实现生态与经济双赢。

2.1.1 新经济发展观理念提出的时代背景与理论意义

“绿水青山就是金山银山”这一新经济发展观的提出，不仅是对当前严峻生态环境形势的深刻回应，更是新时代中国特色社会主义生态文明建设的时代需求和新时代中国特色社会主义生态文明建设理论创新的重大成果。随着全球工业化进程的快速推进，特别是中国作为世界上最大的发展中国家，在经历了几十年的经济高速增长后，面临着一系列严峻的生态环境挑战。资源过度消耗、环境污染加剧、生态系统退化等问题日益凸显，严重制约了经济的可持续发展和社会福祉的提升。

在此背景下，习近平总书记站在人类历史发展的高度，深刻洞察到经济发展与环境保护之间的内在关系，提出了“绿水青山就是金山银山”的重要理念，旨在从根本上扭转经济发展与环境保护对立的观念，为新时代经济发展指明了绿色转型的方向。这一理念的诞生，标志着中国经济发展模式的根本性转变，即从过去以牺牲环境为代价的粗放型增长，转向绿色低碳、循环发展的新模式。它不仅是对传统经济发展观念的深刻反思，更是对未来可持续发展道路的前瞻性探索。

从时代背景来看，“绿水青山就是金山银山”理念的提出恰逢其时。自改革开放以来，中国经济实现了前所未有的快速增长，但与此同时，环境压力也日益增大。传统的“先污染后治理”模式已难以为继，生态环境问题成为经济进一步发展的瓶颈。习近平总书记准确把握时代脉搏，高瞻远瞩地提出了这一理念，为破解经济发展与环境保护的矛盾提供了新思路。

在理论层面上，“绿水青山就是金山银山”的新经济发展观具有深远的理论意义。它突破了传统经济学中将经济发展与环境保护视为对立关系的狭隘视野，强调了人与自然和谐共生的理念。这一理念将生态环境保护提升至经济发展的内在需求层面，而非仅仅视为外在约束条件，从而构建了经济发展与环境保护相互促进、相得益彰的理论框架。

具体而言，“绿水青山就是金山银山”的理念是对马克思主义自然观和发展观的丰富和发展。马克思主义认为，自然界是人类社会存在和发展的物质基础，人类应当尊重自然、顺应自然、保护自然。习近平总书记提出的这一理念，正是对马克思主义自然观的深刻践行。它强调了人与自然的和谐共生，将生态环境保护视为经济发展的内在需求，而非外在约束，从而构建了经济发展与环境保护相互促进、相得益彰的理论框架，也是对发展观的创新和发展。传统的发展观往往侧重于经济增长速度和规模的扩大，而忽视了经济增长的质量和可持续性。而“绿水青山就是金山银山”则强调经济增长与环境保护的协调统一，追求经济效益、社会效益和环境效益的共赢。

“绿水青山就是金山银山”的新经济发展观还为全球可持续发展贡献了中国智慧和中国方案。面对全球性环境问题日益严峻的现实，国际社会普遍认识到可持续发展的重要性。然而，如何在保障经济发展的同时兼顾环境保护，成为摆在世界各国面前的共同难题。中国提出的这一理念及其实践探索，为国际社会提供了有益借鉴和参考。它不仅展示了中国在生态文明建设方面的决心和成效，也彰显了中国作为全球负责任大国的形象。

“绿水青山就是金山银山”的新经济发展观是新时代中国特色社会主义思想的重要组成部分，也是新时代中国特色社会主义生态文明建设的重要理论支撑。它深刻反映了新时代中国特色社会主义生态文明建设的时代需求，体现了对马克思主义自然观和发展观的丰富和发展，为全球可持续发展贡献了中国智慧和中国方案。在未来的发展中，我们理应继续坚持这一理念不动摇，加强生态文明制度建设和实践探索，推动经济社会向更加绿色、低碳、可持续的方向发展。

2.1.2　生态环境作为经济资源的重新认识

在传统经济发展模式下，生态环境往往被视为经济发展的外部条件甚至是牺牲品，这一观念的形成源于长期以来对经济增长速度与规模的单一追求，而忽视了生态环境的内在价值与长远效益。然而，“绿水青山就是金山银山”的理念犹如一股清流，彻底颠覆了这一固有的经济逻辑，赋予了生态环境以全新的经济内涵与资源价值。

这一理念的核心在于将生态环境视为推动经济发展的核心资源之一，而不仅仅是经济发展的背景或代价。生态环境不仅承载着自然美的审美价值，更是经济社会可持续发展的基石。它以其独特的生态服务功能，如气候调节、水土保持、空气净化等，为经济社会活动提供了不可或缺的支撑。清新的空气、洁净的水源、丰富的生物多样性，这些看似无形的资源，实则是经济发展不可或缺的“绿色资产”。

将生态环境视为经济资源，意味着我们需要重新审视和评估传统经济发展模式的成本与效益。传统的工业文明以资源的大量消耗和环境的严重污染为代价换取经济增长，这种模式无异于饮鸩止渴，最终将因资源枯竭和环境崩溃而难以为继。相反，“绿水青山就是金山银山”的理念倡导的是一种绿色、低碳、循环的发展模式，它强调在保护生态环境的前提下实现经济发展，使经济增长与环境保护相互促进、相得益彰。

这种对生态环境作为经济资源的重新认识，为绿色产业的发展开辟了广阔空间。绿色产业（如生态旅游、生态农业、清洁能源等）以其低能耗、低污染、高效益的特点，成为新时代经济发展的新引擎。它们不仅促进了经济的持续增长，更推动了产业结构的优化升级，为传统产业的转型升级提供了新动力。例如，生态旅游通过挖掘和展示自然风光的独特魅力，吸引了大量游客，带动了当地住宿、餐饮、交通等相关产业的发展；生态农业则通过采用生态友好型耕作方式，既保障了农产品的安全与质量，又保护了农村生态环境，实现了农业与生态的双赢。

这种新理念的实践也为传统产业的转型升级指明了方向。面对日益严峻的环境压力和资源约束，传统产业必须加快转型升级步伐，摒弃高能耗、高污染的生产方式，转而采用清洁生产、循环经济等绿色发展模式。这不仅有助于提升企业的市场竞争力，还能为企业带来良好的社会声誉和品牌形象。例如，一些传统制造业企业通过引入先进的环保技术和设备，实现了废水、废气、废渣的减量化、资源化和无害化处理，不仅降低了生产成本，还赢得了市场的广泛认可。

在实践中，“绿水青山就是金山银山”的理念得到了充分的验证和展现。许多地方通过科学规划和合理开发，成功地将生态优势转化为经济优势。例如，一些山区依托丰富的自然风光和独特的民俗文化资源，大力发展生态旅游产业，不仅带动了当地经济的快速发展，还促进了生态环境的保护和改善。又如，一些农村地区通过推广生态农业技术和发展农产品深加工产业，实现了农业增效、农民增收和农村繁荣的目标。这些成功案例充分证明了“绿水青山就是金山银山”理念的正确性和可行性。

“绿水青山就是金山银山”的理念深刻揭示了生态环境作为经济资源的内在价值，为新时代经济发展指明了绿色转型的方向。在未来的发展中，我们应继续坚持这一理念不动摇，加强生态环境保护与经济发展的深度融合与相互促进，推动经济社会向更加绿色、低碳、可持续的方向发展。同时，我们还应积极探索和实践绿色发展的新路径和新模式，为构建人与自然和谐共生的现代化强国贡献力量。

2.1.3 生态文明制度建设与绿色发展路径探索

在新时代背景下，实现“绿水青山就是金山银山”的发展目标，不仅是对传统经济发展模式的深刻反思与超越，更是推动经济社会向绿色、低碳、可持续方向转型的必由之路。这一转型过程离不开强有力的生态文明制度建设与科学的绿色发展路径探索，两者相辅相成，共同构成了实现绿色发展目标的关键支撑。

（1）生态文明制度建设：构建绿色发展的法律与政策基石

生态文明制度建设是实现绿色发展目标的重要保障。它要求我们从立法、执法、司法等多个环节入手，构建一套完整、科学、有效的生态环境保护法律法规体系，为绿色发展提供坚实的制度保障，推动经济发展方式的根本性变革。

第一，建立健全生态环境保护法律法规体系是基础。需要我们不断完善《中华人民共和国环境保护法》《中华人民共和国大气污染防治法》《中华人民共和国水污染防治法》等基础性法律，并适时出台相关配套法规、规章和规范性文件，确保生态环境保护的各个环节都有法可依、有章可循。同时，针对新出现的环境问题，如土壤污染、固体废物管理等，也应加快立法进程，填补法律空白。

第二，实施严格的环境保护执法是关键。法律的生命力在于实施，法律的权威也在于实施。各级政府和环保部门应加大对环境违法行为的查处力度，坚决做到有法必依、执法必严、违法必究。通过公开曝光典型案例、实行联合惩戒等措施，形成对环境违法行为的强大震慑力，让环保法律成为不可触碰的高压线。

第三，推广环境友好型技术标准是引导。制定并发布一系列环境友好型技术标准和技术规范，引导企业采用先进的环保技术和生产工艺，提高资源利用效率，降低污染物排放。这些标准不仅应包括产品设计、生产、使用等全生命周期的环保要求，还应覆盖能源、交通、建筑、农业等多个领域，形成全方位、多层次的环境保护技术支撑体系。

加强环境信息公开与公众参与也是不可或缺的一环。政府应建立健全环境信息公开制度，及时、准确地向社会公开环境质量、污染源排放等环境信息，保障公众的知情权、参与权和监督权。同时，鼓励和支持社会组织、企业和公民个人参与生态环境保护活动，形成全社会共同参与生态环境保护的良好氛围。

（2）绿色发展路径探索：推动经济社会全面绿色转型

在加强生态文明制度建设的同时，我们还需要积极探索适合我国国情的绿色发展路径。这要求我们在推动绿色低碳技术的研发和应用、优化产业结构与布局、加强国际合作与交流等方面持续发力，推动经济社会全面绿色转型，提高我国绿色发展的整体水平。

技术创新是推动绿色发展的关键。加大对绿色低碳技术的研发投入和支持力度，鼓励企业、高校和科研机构开展联合攻关，突破一批关键核心技术。这些技术应涵盖能源、交通、建筑、农业等多个领域，包括清洁能源技术、节能减排技术、污染控制技术等。通过技术创新降低能耗和排放水平，提高资源利用效率和经济效益。

产业结构调整是实现绿色转型的重要途径。积极推动传统产业向绿色低碳方向发展，通过技术改造和产业升级提高传统产业的环境绩效和资源利用效率。同时，加快发展新能源、新材料等绿色低碳产业，形成新的经济增长点。通过优化产业结构布局，推动经济高质量发展与生态环境保护相协调。

国际合作与交流是推动绿色发展的重要外部动力。积极参与全球环境治理和合作，借鉴国际先进经验和技术手段提高我国绿色发展的整体水平。通过加强与国际组织、跨国企业和其他国家的合作与交流，共同应对全球性环境问题挑战。

在具体实践中我们还需要关注以下几个方面：一是加强绿色金融体系建设，为绿色项目提供融资支持；二是推广绿色建筑和节能产品，降低建筑领域能耗和排放；三是发展绿色交通体系，减少交通领域对环境的影响；四是加强农村环境治理和保护，提高农村生态环境质量；五是推动形成简约适度、绿色低碳的生活方式，引导公众积极参与生态环境保护活动。

“绿水青山就是金山银山”的新经济发展观不仅是对传统经济发展模式的深

刻反思和超越，更是对生态文明与经济发展内在统一关系的深刻揭示。我们应继续坚持这一理念不动摇，加强生态文明制度建设与实践探索，推动经济社会向更加绿色、低碳、可持续的方向发展。

同时我们还要认识到，绿色发展是一项长期而艰巨的任务，需要政府、企业和社会各界共同努力才能取得实效。因此，我们要加强宣传教育，提高公众的环保意识和参与度，形成全社会共同推动绿色发展的强大合力。只有这样我们才能真正实现“绿水青山就是金山银山”的美好愿景，为子孙后代留下一个天蓝、地绿、水清的美好家园。

在未来的发展中，“绿水青山就是金山银山”的新经济发展观将继续发挥重要作用。它将引导我们在保护生态环境的基础上推动经济发展，实现经济社会的可持续繁荣。在这个过程中，我们将不断享受到蓝天白云、绿水青山的美丽风景带来的视觉盛宴和精神愉悦；同时，我们也将在物质财富和精神财富上获得双重丰收。

“绿水青山就是金山银山”的新经济发展观不仅是一种理念上的革新，更是一种实践中的行动指南。它提醒我们在追求经济发展的过程中，要始终坚守对生态环境的敬畏之心和保护之责，努力实现人与自然的和谐共生。只有这样，我们才能为子孙后代留下一个更加美好的世界，让他们能在绿水青山中享受生活的美好和经济的繁荣。

2.2 “保护生态环境就是保护生产力，改善生态环境就是发展生产力”的新生产力经济学

在生态文明思想的指引下，“保护生态环境就是保护生产力，改善生态环境就是发展生产力”这一论断，在深刻揭示了生态环境保护与经济发展的内在联系之外，也为新时代生产力的发展指明了方向。这一新生产力经济学理论，不仅丰富和发展了马克思主义的生产力学说，也为全球可持续发展提供了新的思路和路径。

2.2.1 新生产力经济学的理论内涵

传统观念中，经济发展往往以牺牲环境为代价，似乎经济发展与环境保护之间存在着不可调和的矛盾。然而，“保护生态环境就是保护生产力”这一论断打破了这一固有思维，它指出生态环境保护与生产力之间并非对立关系，而是相互

依存、相互促进的。

良好的生态环境是生产力发展的重要基础。自然资源是生产力的重要组成部分，而自然资源的可持续利用依赖生态环境的稳定和健康。如果生态环境受到破坏，自然资源的数量和质量都会受到影响，进而制约生产力的发展。因此，保护生态环境就是保护生产力的重要基础。

生态环境保护能够促进生产力的转型升级。随着全球资源环境约束的日益加剧，传统的粗放型发展模式已经难以为继。通过加强生态环境保护，推动产业结构的优化升级，发展绿色低碳产业，可以实现生产方式的转变和生产力的提升。这种转型升级不仅有利于减少对环境的压力，还能够提高经济发展的质量和效益。

2.2.2 改善环境与发展生产力的互动关系

“改善生态环境就是发展生产力”这一论断进一步强调了环境改善对生产力发展的积极作用。改善环境不仅能够提升生态系统的服务功能，还能够激发新的经济增长点，为生产力的发展注入新的动力。

生态系统具有多种服务功能，如气候调节、水源涵养、土壤保持等。通过加强环境治理和生态修复，可以恢复和提升这些生态系统的服务功能，为经济社会发展提供更好的生态支撑。这种支撑作用不仅有利于农业、林业等传统产业的发展，还能够为旅游业、健康产业等新兴产业提供广阔的发展空间。

随着人们对环保和健康的重视程度不断提高，绿色消费和绿色发展成为新的趋势。通过发展绿色低碳技术、推广绿色产品和服务，可以培育新的市场需求和经济增长点。例如，新能源汽车、绿色建筑、生态旅游等领域的快速发展，不仅促进了相关产业的发展壮大，也为经济增长提供了新的动力源泉。

2.2.3 新生产力经济学的实践探索

（1）推动绿色低碳技术的研发与应用

绿色低碳技术是实现环境保护与生产力协同发展的重要支撑。通过加强绿色低碳技术的研发与应用，可以降低能耗和减少排放，提高资源利用效率，从而推动生产力的绿色转型。

加大对绿色低碳技术的研发投入。鼓励科研机构和企业开展技术创新和研发活动。通过技术创新提高能源利用效率、减少污染物排放等关键技术难题的解决方案，为生产力的绿色转型提供有力支撑。

加快绿色低碳技术的推广应用，通过政策引导和市场机制等手段推动绿色低碳技术的普及和应用。例如，通过实施碳排放权交易、绿色信贷等政策工具引导企业采用绿色低碳技术；通过建设绿色低碳产业园区等方式推动产业集聚集约发展；通过推广绿色消费理念引导消费者选择绿色低碳产品和服务等。

（2）优化产业结构与布局

产业结构与布局是影响生产力发展的重要因素之一。优化产业结构与布局实现资源的优化配置和高效利用，从而提高生产力水平并减少对环境的影响。

一是要推动传统产业的转型升级。针对传统产业中存在的高能耗、高污染等问题，应积极推动其向绿色低碳方向发展。通过技术改造、产品升级等方式提高传统产业的生产效率和环保水平；通过兼并重组等方式优化资源配置和产业结构布局；通过培育新增长点等方式推动传统产业向新兴领域拓展等。

二是要加快发展绿色低碳产业。绿色低碳产业是未来经济发展的重要方向之一。应加大对绿色低碳产业的支持力度和引导力度，鼓励其发展壮大并形成竞争优势。例如，在新能源、新材料、节能环保等领域加强政策扶持和市场培育；在生态农业、生态旅游等领域推广先进技术和模式并扩大市场影响力等。

2.2.4 新生产力经济学的全球意义

（1）为全球可持续发展提供中国方案

“保护生态环境就是保护生产力，改善生态环境就是发展生产力”的新生产力经济学理论不仅适用于中国的发展实践，也为全球可持续发展提供了有益借鉴和参考。

中国作为世界上最大的发展中国家之一，通过实施生态文明建设和绿色发展战略成功实现了经济与环境的协调发展。这种成功经验不仅为中国自身的发展注入了新动力，也为全球可持续发展提供了宝贵经验和启示。

中国提出的“绿水青山就是金山银山”理念以及一系列生态文明建设措施已经得到国际社会的广泛认可和赞誉。这些理念和措施为全球可持续发展提供了新思路和新路径，并促进了国际社会的合作与交流。

（2）推动全球环境治理体系的完善

当前全球环境治理体系面临着诸多挑战和问题。一些国家和地区在追求经济发展的同时忽视了环境保护，导致环境问题日益严峻；一些发达国家在环境治理方面缺乏合作与协调导致全球环境治理效果不佳等。

“保护环境就是保护生产力，改善环境就是发展生产力”的新生产力经济学理论为全球环境治理体系的完善提供了重要参考依据和理论支持。通过加强环境保护和生态修复可以实现全球资源的可持续利用和环境的可持续发展；通过加强国际合作与交流可以共同应对全球性环境问题并推动全球环境治理体系的不断完善和提升。继续秉持绿色发展理念积极参与全球环境治理体系的建设和完善，为推动全球可持续发展贡献中国智慧和力量。

“保护生态环境就是保护生产力，改善生态环境就是发展生产力”的新生产力经济学理论不仅丰富和发展了马克思主义的生产力学说，也为新时代生产力的发展提供了新的思路和路径。通过加强绿色低碳技术的研发与应用、优化产业结构与布局等措施可以实现环境保护与生产力的协同发展；通过参与全球环境治理体系的建设和完善可以推动全球可持续发展的进程。这一理论不仅具有重要的理论意义和实践价值，也为全球可持续发展提供了新的思路和方案。

2.3　人与自然是生命共同体的新生态价值观

2.3.1　生态伦理的重建：尊重与和谐共生

在生态文明思想的深刻指导下，“人与自然是生命共同体”的新生态价值观不仅是对传统生态伦理的一次重大革新，更是引领未来可持续发展的行动指南。这一理念不仅要求我们在理论上重新审视人与自然的关系，更在实践中探索出一条人与自然和谐共生的新路径。

尊重自然，作为人与自然和谐共生的前提，是这一新生态价值观的核心要义之一。自然界作为一个复杂而精密的系统，其内部运行规律与生态平衡机制历经亿万年的演化而形成，是人类生存与发展的基础。尊重自然，意味着我们必须摒弃过去那种以人类为中心的思维方式，转而以谦逊和敬畏的态度去面对自然。这意味着在经济活动中，我们不仅要考虑经济效益，更要充分评估其对自然环境可能产生的影响，确保所有发展举措都符合自然规律，不破坏生态平衡。为了实现这一目标，我们需要加强科学研究，深入了解自然界的运作机制，以便在利用自然资源的同时，能够最大限度地减少对生态系统的干扰和破坏。

形成一种敬畏自然的文化氛围，让尊重自然成为全社会的共识，是实现人与自然和谐共生的关键。这要求我们从教育入手，将生态伦理纳入国民教育体系，培养公民的环保意识和社会责任感。通过媒体宣传、公共活动等多种形式，广泛传播尊重自然、保护环境的理念，使之内化为每个人的自觉行动。当尊重自然成为全社会的共同价值追求时，人与自然之间的紧张关系将得到有效缓解，和谐共生的愿景也将逐步变为现实。

和谐共生，作为人与自然关系的理想状态，是我们在尊重自然的基础上追求的更高目标。在这一状态下，人类活动不再是自然界的异己力量，而是与其演化过程相互协调、相互促进的伙伴。为了实现和谐共生，我们需要推动经济社会发展全面绿色转型，这意味着需要在经济结构、能源结构、交通结构等方面进行深刻变革，大力发展绿色低碳产业，减少对化石能源的依赖，提高资源利用效率，降低污染物排放。同时，加强生态保护与修复工作，通过植树造林、湿地恢复、生物多样性保护等措施，维护生态系统的稳定性和服务功能。这些努力不仅有助于提升自然环境的承载能力，还能为人类社会的可持续发展提供坚实的生态保障。

在推动绿色转型的过程中，科技创新发挥着至关重要的作用。我们需要加大对绿色低碳技术的研发投入，鼓励和支持企业、高校、科研机构等各方力量协同创新，突破关键核心技术瓶颈。通过技术创新降低绿色转型的成本和风险，提高绿色产品和服务的市场竞争力。同时，加强绿色技术的推广应用，通过政策引导和市场机制促进绿色技术的普及和扩散。这些措施将有助于加速绿色转型的进程，实现经济效益与环境效益的双赢。

加强国际合作与交流也是实现人与自然和谐共生的重要途径。环境问题具有全球性特征，任何国家和地区都无法独善其身。因此，我们需要秉持共商共建共享的原则，加强与其他国家和地区的沟通与合作，共同应对全球性环境挑战。通过分享成功经验、协同研发新技术、联合开展环境治理项目等方式，我们可以汇聚全球智慧和力量，推动全球生态文明建设不断取得新成效。

在具体实践中，“人与自然是生命共同体”的新生态价值观要求我们树立全局观念和系统思维。这意味着在决策过程中要充分考虑生态系统的整体性和关联性，避免局部利益损害整体利益、短期行为损害长期利益的情况发生。同时，加强法律法规和政策措施的建设和完善也是保障这一理念得以落实的重要手段。通过建立健全生态环境保护法律法规体系、加大环境监管和执法力度等措施，我们可以为人与自然和谐共生提供坚实的制度保障。

“人与自然是生命共同体”的新生态价值观为我们提供了审视人与自然关系的新视角和新思路。我们需要以这一理念为指导，加强生态文明建设、推动经济社会全面绿色转型、加强国际合作与交流等方面的工作。通过这些努力我们有望实现人与自然和谐共生的美好愿景，为子孙后代留下一个更加美丽宜居的地球家园。

2.3.2　生态责任的担当：共建共享绿色家园

“人与自然是生命共同体”的新生态价值观，不仅是生态文明思想的核心要义之一，也是新时代中国特色社会主义生态文明建设的重要理论基础。这一价值观深刻揭示了人与自然之间密不可分的关系，强调了人类作为自然生态系统中的一员，所肩负的保护生态环境、促进人与自然和谐共生的历史使命。在这一价值观的引领下，共建共享绿色家园成为我们共同追求的目标，它要求政府、企业和公众三方面形成合力，共同承担起保护生态环境的责任，为子孙后代留下一个天蓝、地绿、水清的美好家园。

企业在生态文明建设中扮演着举足轻重的角色。作为经济活动的重要主体，企业应将环保理念融入生产经营全过程，实现经济效益与生态效益的双赢。具体来说，企业应积极履行社会责任，加强环境管理，减少污染物排放和资源消耗。通过采取清洁生产技术、节能减排措施等手段，降低生产过程中的环境风险。同时，企业还应关注产品全生命周期的环保性能，从设计、生产到回收处理的各环节都融入环保理念，提高产品的绿色竞争力。此外，企业还应积极参与社会公益活动，为生态环境保护贡献自己的力量。通过与政府、科研机构和公众的合作与交流，共同推动绿色低碳技术的创新与应用，促进产业结构的优化升级。

公众作为生态文明建设的参与者和受益者，也应积极增强自身的环保意识，从身边小事做起，共同参与生态环境保护的行动。公众应树立尊重自然、顺应自然、保护自然的生态伦理观，认识到人与自然和谐共生的重要性。在日常生活中，公众应保持节约用水用电、减少一次性用品的使用、优先选择公共交通工具等环保行为。同时，公众还应关注环保政策动态，积极参与环保公益活动，为生态环境保护贡献自己的力量。通过教育和宣传等方式，提高全社会的环保意识和参与度，形成全社会共同推动生态文明建设的良好氛围。

在共建绿色家园的过程中，我们还需要关注不同区域和群体之间的生态利益平衡问题。由于各地区自然条件和经济发展水平存在差异，导致生态环境问题呈现出区域性和复杂性的特点。因此，在制定和实施环保政策时，应充分考虑地区差异和群众需求，确保各项政策措施既符合实际情况又具有可操作性。同时，我们还应关注农村和边远地区的生态环境保护问题，通过加大政策扶持和资金投入力度，改善这些地区的生态环境状况，促进城乡协调发展。

我们还需要加强国际合作与交流，共同应对全球性环境问题。随着全球化的深入推进和各国之间的相互依存度不断提高，环境问题已经成为全球性议题。各国应秉持人类命运共同体的理念，加强政策对话和合作机制建设，共同应对气候变化、生物多样性丧失等全球性环境问题。通过共享环保技术和经验、加强环境监管和执法合作等方式，推动全球环境治理体系的不断完善和提升。我们还应积极参与国际环保组织和倡议活动，为推动全球生态文明建设贡献中国智慧和力量。

“人与自然是生命共同体”的新生态价值观要求我们树立尊重自然、和谐共生的生态伦理观，承担起保护生态环境的责任。共建共享绿色家园需要我们全社会的共同努力和持续奋斗。政府应发挥主导作用制定科学合理的环保政策和规划；企业应积极履行社会责任将环保理念融入生产经营全过程；公众则应增强环保意识，从身边小事做起，共同参与环保行动。只有这样我们才能实现人与自然和谐共生的美好愿景，让每个人都能在蓝天白云、绿水青山中享受生活的美好和经济的繁荣。在这一过程中，我们不仅关注当代人的福祉，还为后代人留下可持续的发展空间，让生态文明之光永远照耀人类前行的道路。

2.3.3 生态文明实践的深化：推动全球可持续发展

在探讨“人与自然是生命共同体”这一新生态价值观对全球可持续发展的深远影响时，我们不得不深刻认识到，这一理念不仅是对人与自然关系的一次深刻反思与重构，更是对全球经济社会发展模式的一种全新引领与导向。在全球化加速推进的今天，环境问题已不再局限于某一国家或地区，而是成为全人类共同面临的严峻挑战。气候变化、生物多样性丧失、资源枯竭等全球性环境问题，迫切需要我们以更加开放、包容、合作的姿态，共同寻求解决方案，推动全球可持续发展。

（1）生态文明实践的国际化路径探索

1）加强国际合作机制的构建

推动全球可持续发展，需要在国际合作机制的构建上下功夫。当前，国际社会已经建立了一系列多边环境协议和合作平台，如《联合国气候变化框架公约》《生物多样性公约》《巴黎协定》等，为各国在环境领域的合作提供了重要基础和框架。然而，面对日益复杂多变的全球环境问题，现有的合作机制仍需不断完善和强化。我们应积极倡导并参与建立更加高效、公正、包容的国际环境治理体系，鼓励各国在平等互利的基础上，就环境政策、技术标准、资金援助等方面进行深入交流与合作。同时，通过加强国际环境法的制定与执行，为全球环境治理提供坚实的法律保障。

2）促进绿色技术的国际合作与转移

绿色技术是推动全球可持续发展的重要支撑。然而，当前绿色技术的研发与应用在全球范围内呈现出不平衡的状态，发达国家在绿色技术领域占据领先地位，而发展中国家则相对滞后。因此，促进绿色技术的国际合作与转移显得尤为重要。我们应鼓励和支持发达国家向发展中国家转让先进的绿色技术，降低技术壁垒，推动全球绿色技术的普及与应用。同时，加强国际的科研合作与人才培养，共同研发新一代环保技术，提升全球应对环境挑战的能力。

3）协同推进全球环境治理项目

环境治理是全球可持续发展的关键领域之一。我们应积极倡导并参与跨国界的环境治理项目，如跨国界河流保护、海洋污染治理、生物多样性保护等。通过协同推进这些项目，不仅可以有效应对具体环境问题，还能增进国家间的相互理解与信任，为更广泛的国际合作奠定基础。此外，我们还应关注全球环境治理项目的可持续性，确保项目在实施过程中充分考虑生态环境的长远影响，避免短期行为对环境造成二次伤害。

（2）倡导全球绿色生活方式的变革

1）加强公众教育与意识提升

公众是推动全球绿色生活方式变革的重要力量。我们应通过加强环境教育、普及绿色生活知识等方式，提升全球公众的环保意识与责任感，包括在学校教育中融入环保课程、举办环保主题活动、利用媒体宣传绿色生活理念等。通过这些举措，我们可以让更多人了解绿色生活的重要性与可行性，激发他们的环保热情与行动力，共同推动全球绿色生活方式的形成与发展。

2）推广简约适度、绿色低碳的生活方式

简约适度、绿色低碳的生活方式是全球可持续发展的必然要求，我们应积极倡导并推广这种生活方式，鼓励人们在日常生活中减少资源消耗、降低碳排放。这包括减少一次性用品的使用、优先选择公共交通工具、节约用水用电、支持可再生能源等。同时，通过政策引导与市场激励相结合的方式，推动绿色消费市场的发展壮大，为消费者提供更多绿色、环保的产品与服务选择。

3）加强社区与民间组织的参与

社区与民间组织是推动全球绿色生活方式变革的重要力量。我们应鼓励并支持这些组织参与环保活动，通过组织志愿者活动、开展环保宣传、提供环保咨询等方式，发挥其在环保领域的独特作用。同时，加强与政府、企业的合作与交流，形成政府主导、市场运作、公众参与的多方共治格局，共同推动全球绿色生活方式的深入发展。

（3）“人与自然是生命共同体”理念下的全球可持续发展路径

1）推动经济结构的绿色转型

经济结构的绿色转型是全球可持续发展的重要途径之一。各国应根据自身国情与发展阶段，制定并实施绿色发展战略与规划，推动经济结构的优化升级。这包括大力发展绿色能源产业、推广清洁能源技术、促进循环经济发展等。通过经济结构的绿色转型，我们可以有效降低经济活动对环境的负面影响，实现经济效益与环境效益的双赢。

2）加强环境政策的国际协调与统一

环境政策的国际协调与统一是全球可持续发展的关键保障。各国应在遵循国际环境协议与标准的基础上，结合自身实际情况制定并实施具有针对性的环境政策与措施。同时，加强与国际社会的沟通与协商，推动环境政策的相互认可与协同执行。这有助于形成全球一致的环境保护行动方案，提升全球环境治理的整体效能。

3）强化环境监管与执法力度

环境监管与执法力度的强化是全球可持续发展的必然要求。各国应建立健全环境监管体系与执法机制，加大对环境违法行为的查处力度与惩罚力度。同时加强环境监测与评估能力建设，为环境监管提供科学依据与技术支撑。通过这些举措我们可以有效遏制环境破坏行为的发生与传播，维护全球生态环境的健康与稳定。

“人与自然是生命共同体”的新生态价值观为我们提供了审视人与自然关系的全新视角与实践路径。在未来的发展中我们应继续深化对这一理念的理解与践行，推动经济社会向更加绿色、低碳、可持续的方向发展。同时加强国际合作与交流，共同应对全球性环境问题挑战，为全球可持续发展贡献更多智慧与力量。在全球环境治理的道路上，我们肩负着共同的责任与使命，需要携手前行共创美好未来。

2.4 推动形成绿色发展方式和生活方式的新文明实践观

2.4.1 绿色发展方式的实践路径

在生态文明时代下，推动绿色发展方式不仅是应对环境危机、实现经济可持续发展的必由之路，也是践行生态文明思想、促进人与自然和谐共生的生动实践。绿色发展方式的实践路径，涵盖了产业结构的绿色化转型、能源结构的优化调整以及循环经济模式的深度推进等多个方面，共同构成了推动经济社会高质量发展的强大动力。

（1）构建绿色产业体系，推动传统产业绿色化改造

绿色产业体系是绿色发展方式的核心载体，它要求我们在经济活动中注重资源节约和环境保护，通过技术创新和模式创新，实现产业结构的优化升级。我们需要大力发展节能环保、清洁能源、生态农业等绿色产业，这些产业不仅能有效降低能耗和减少排放，还能为社会提供更为清洁、高效的产品和服务。

在推动传统产业绿色化改造方面，政府层面发挥积极的引导作用，通过制定和实施一系列优惠政策，如税收减免、财政补贴等，激励企业加大环保投入，引进先进技术和设备，实现生产过程的绿色化。同时，政府还应加强对绿色产业的规划引导，促进产业集聚发展，形成规模效应和协同效应。这不仅有助于提升绿色产业的竞争力，还能带动相关产业链的协同发展，为经济社会发展注入新的活力。

（2）优化能源结构，提高清洁能源使用比例

能源是经济社会发展的基础，优化能源结构、提高清洁能源使用比例是实现绿色发展方式的重要途径。当前，化石能源的大量消耗不仅导致了严重的环境污染和生态破坏，还加剧了全球气候变化的严峻形势。因此，我们必须加快能源结构的转型升级，大力发展可再生能源，减少对化石能源的依赖。

在推广太阳能、风能、水能等可再生能源方面，政府应加大政策支持力度，通过制定优惠电价、提供补贴资金等措施，降低可再生能源项目的建设和运营成本，提高其经济性和可行性。同时，还应加强智能电网建设，提高能源利用效率，降低能源浪费。智能电网能够通过先进的通信技术和控制技术，实现能源的高效调度和优化配置，为可再生能源的大规模接入和消纳提供有力保障。

（3）推进循环经济模式，实现资源最大化利用和废弃物最小化排放

循环经济模式是实现资源节约和环境保护的有效手段之一。它强调在生产和消费过程中注重资源的循环利用和废弃物的减量化处理，实现经济、社会和环境效益的协调统一。为了推进循环经济模式的发展，我们需要建立完善的废弃物回收再利用体系，促进资源的循环利用。这包括建立废旧物品回收站、开展垃圾分类和回收活动、推广废旧物品再利用技术等措施。

同时，大力推广清洁生产技术和环保工艺，从源头上减少污染物的产生。这要求企业在生产过程中采用先进的生产工艺和设备，提高资源利用效率，减少污

染物的排放。此外，加强工业固体废弃物的综合利用也是推进循环经济模式的重要手段之一。通过对工业固体废弃物的无害化处理和资源化利用，我们可以实现废弃物的减量化、资源化和无害化目标，降低其对环境的污染。

（4）加强科技创新和人才培养，为绿色发展提供有力支撑

科技创新是推动绿色发展方式的重要驱动力。为了加快绿色技术的发展和应用步伐，我们需要加强科技创新体系建设，加大科研投入力度，鼓励科研机构和企业开展联合攻关和技术创新活动。同时，我们还应注重人才培养和引进工作，为绿色发展提供充足的人才保障。通过建立完善的人才培养体系和激励机制，吸引更多的优秀人才投入绿色技术的研发和应用中来，推动绿色技术的不断创新和进步。

（5）加强国际合作与交流，共同应对全球性环境问题

环境问题具有全球性和跨国性特点，需要各国携手合作、共同应对。在推广绿色发展方式的过程中，我们应加强国际合作与交流工作，借鉴国际先进经验和技术手段，推动全球环境治理体系的不断完善和提升。通过加强与国际组织的合作和交流工作，我们可以共同应对气候变化、生物多样性丧失等全球性环境问题的挑战；通过与发达国家的合作和交流工作，我们可以引进先进的环保技术和设备；通过与发展中国家的合作和交流工作，我们可以分享成功经验和做法、帮助其提高环保能力水平。这些合作和交流工作将有助于推动全球绿色发展方式的深入实施和普及推广。

绿色发展方式的实践路径涵盖了产业结构的绿色化转型、能源结构的优化调整、循环经济模式的深度推进以及科技创新和人才培养等多个方面。这些措施的实施将有助于推动经济社会向更加绿色、低碳、可持续的方向发展，实现经济效益与环境效益的双赢，最终推动全球绿色发展方式的深入实施和普及推广。

2.4.2 绿色生活方式的倡导与实践

绿色生活方式，作为生态文明时代的重要标志，既体现了人与自然和谐共生的理念，也是推动经济社会可持续发展的重要力量。它要求我们在日常生活中，秉持简约适度、绿色低碳的原则，以实际行动响应生态文明建设的号召，共同承担起保护地球家园的责任。

在倡导绿色生活方式的过程中，增强公众的环保意识是关键一步。环保意识的觉醒，是推动绿色生活方式普及的内在动力。因此，我们需要通过多渠道、多形式的教育宣传活动，普及绿色生活的理念和知识，让更多人认识到绿色生活的

重要性和紧迫性。在学校教育中，应将环保教育纳入课程体系，通过生动有趣的课堂教学和实践活动，培养学生从小树立绿色生活的观念和习惯。同时，社区作为人们日常生活的重要场所，也是宣传绿色生活理念的重要场地。通过组织环保讲座、展览、志愿服务等活动，激发居民参与环保的热情，引导他们在日常生活中实践绿色生活。此外，媒体作为信息传播的重要渠道，也应承担起宣传绿色生活方式的责任，通过新闻报道、专题节目、公益广告等形式，提高全社会对绿色生活的关注度和认知度。

推广绿色出行方式，是实践绿色生活方式的重要举措之一。随着城市化进程的加快，交通拥堵和环境污染问题日益突出，推广绿色出行显得尤为重要。绿色出行不仅有助于减少碳排放，还能缓解城市交通压力，提高居民生活质量。为了实现这一目标，我们需要从多个方面入手。一方面，政府应加大对公共交通的投入力度，提高公共交通的覆盖面和服务质量，使公共交通成为市民出行的首选方式。同时，应优化公交线路和站点布局，提升公共交通的便捷性和舒适度，吸引更多市民选择公共交通出行。另一方面，鼓励市民采用步行、骑行等低碳出行方式。在城市规划中，应充分考虑步行和骑行的需求，建设完善的步行道和自行车道网络，为市民提供安全、舒适的出行环境。此外，还应加大对新能源汽车的推广力度，通过购车补贴、免费停车等优惠政策，鼓励市民购买和使用新能源汽车，减少传统燃油车的使用量。

绿色建筑和节能产品的推广使用，是构建绿色家园的必然要求。建筑业作为能源消耗和碳排放的重要领域之一，其绿色化转型对于推动生态文明建设具有重要意义。在建筑设计阶段，应充分考虑建筑节能的需求，采用节能环保的设计理念和建筑材料，提高建筑的能效水平。同时，在施工过程中应严格控制能耗和污染排放，确保施工活动符合环保要求。在运营阶段则应注重建筑的维护和管理，通过智能化控制系统和节能技术手段降低能耗和运营成本。此外还应鼓励居民使用节能灯具、高效家电等节能产品减少家庭能耗。政府可以通过出台相关政策措施（如实施能效标识制度、提供节能补贴等方式）引导居民选择节能产品并积极参与节能改造工作。同时企业也应承担起社会责任，加大节能产品研发和推广力度，不断提高产品能效水平以满足市场需求。

除了上述措施外，倡导绿色消费也是推广绿色生活方式的重要途径之一。绿色消费是指消费者在购买商品和服务时注重环保因素选择那些对环境影响较小或有利于环保的商品和服务。为了实现绿色消费的目标，我们需要加强对消费者的教育，引导消费者树立正确的消费观念和价值观，认识到绿色消费的重要性和意义。同时企业也应积极响应绿色消费的号召，通过提供绿色产品和服务满足消费者的需求。企业则应注重产品研发和创新，不断推出符合环保标准的绿色产品和服务，满足市场需求并引导消费者进行绿色消费。

推动绿色生活方式的实践还需要社会各界的共同努力和协作。政府应发挥主导作用，制定和完善相关法律法规和政策措施，为绿色生活方式的推广提供有力保障；企业应积极履行社会责任，将环保理念融入生产经营活动中，推动绿色供应链管理和绿色技术创新；公众则应增强环保意识，积极参与环保活动，从身边的小事做起，共同构建绿色家园。

绿色生活方式的倡导与实践既是生态文明时代的重要任务也是全社会共同的责任。我们需要通过加强公众环保意识教育、推广绿色出行方式、推广绿色建筑和节能产品以及倡导绿色消费等多种措施共同推动绿色生活方式的普及和发展。只有这样我们才能构建起人与自然和谐共生的美好家园，为子孙后代留下一个更加美好的世界。

推动形成绿色发展方式和生活方式的新文明实践观是一个系统工程，是实现经济高质量发展和生态环境保护双赢的重要途径，需要政府、企业、社会等各方面的共同努力和协作。通过构建完善的制度保障和政策支持体系，加强环境监管和执法力度，加大绿色技术研发和产业化的投入力度，完善绿色金融政策体系，加强国际合作与交流以及倡导绿色生活方式等措施的实施，我们可以逐步迈向生态文明的新时代，实现经济高质量发展和生态环境保护的双赢目标。这不仅是对生态文明思想的深入践行，更是对子孙后代和未来世界负责的重要体现。

第3章

生态文明时代的经济理论基础

3.1 绿色经济理论的发展

绿色经济理论，作为生态文明时代经济理论的重要组成部分，其核心理念在于实现经济发展与环境保护的和谐统一。这一理论不仅是对传统经济发展模式的深刻反思，更是对未来可持续发展路径的积极探索。随着全球环境问题的日益严峻，绿色经济理论逐渐成为引领全球经济发展的重要指导思想。以下将从绿色经济理论的起源与背景、核心要义、发展路径及其对生态文明建设的贡献四个方面进行深入探讨。

3.1.1 绿色经济理论的起源与背景

绿色经济理论的兴起，是应对全球环境危机、实现可持续发展的必然选择。在传统工业文明的发展模式下，经济增长往往以资源的高消耗和环境的严重污染为代价。随着工业化进程的加速推进，环境污染、生态破坏和资源枯竭等问题日益凸显，严重制约了经济的可持续发展。在这一背景下，人们开始认识到，经济发展必须建立在生态环境可承受的基础之上，绿色经济理论应运而生。

在全球化进程不断加速的今天，环境问题已不再是单一国家或地区面临的局部挑战，而是成为一个跨国界、全球性的重大议题。随着工业化的迅猛发展，人类活动对自然环境的影响日益加剧，资源枯竭、环境污染、生态退化等问题接踵而至，严重威胁着地球生态系统的健康与稳定。在这一背景下，绿色经济理论的兴起不仅是对全球环境危机的深刻回应，更是实现经济可持续发展的重要途径。

在传统工业文明的发展进程中，尽管其显著推动了全球经济的高速增长和物质财富的积累，但其固有的局限性和潜在危机也日益显现，对人类社会的可持续发展构成了严峻挑战。

传统工业文明的核心在于人类对自然资源的无度开采与利用，以满足其不断膨胀的经济增长需求。然而，自然资源并非无穷无尽，尤其是矿产资源、化石燃料等不可再生资源，其储量有限且再生周期极长。随着工业化进程的加速，这些资源的消耗速度远远超过了其自然恢复的速度，导致资源储备迅速减少，甚至面临枯竭的风险。这不仅限制了经济发展的可持续性，还可能引发资源争夺战和地缘政治冲突，进一步加剧全球不稳定性。即使是一些可再生资源，如水资源、森林资源等，在传统工业文明的掠夺式开发下也面临着严重破坏。水资源污染、森林砍伐等现象频发，导致生态系统服务功能受损，生物多样性丧失，进一步削弱了地球的自然恢复能力。这种资源过度消耗的模式，无疑是对未来世代生存权利的剥夺，违背了代际公平的原则。

传统工业文明追求经济效益的最大化，往往忽视了环境保护的重要性。在工业生产过程中，废水、废气、固体废弃物等污染物的排放成为常态，这些污染物未经妥善处理便直接排入自然环境，对水体、大气、土壤等生态系统造成了严重污染。水体富营养化、酸雨频发、雾霾笼罩等现象屡见不鲜，不仅影响了自然环境的健康与平衡，也对人类社会的生产生活和生命健康构成了直接威胁。与此同时，工业活动还导致了大面积的生态破坏。森林砍伐、草原退化、湿地消失等现象在全球范围内蔓延，不仅破坏了生态系统的完整性和稳定性，还导致了生物多样性的急剧减少。许多珍稀物种因栖息地丧失而濒临灭绝，生态系统的自我调节和恢复能力受到严重削弱。这种生态破坏的后果是灾难性的，不仅影响自然界的物质循环和能量流动，还对人类社会的可持续发展构成了潜在威胁。

传统工业文明将经济增长视为社会发展的唯一目标，忽视了经济增长与社会福祉之间的内在联系。在追求经济总量增长的过程中，往往忽视了收入分配的公平性和社会福利的普及性，导致贫富差距拉大、社会矛盾激化。尽管物质财富不断增长，但社会公平与正义却未能得到有效保障，人民的生活质量并未得到实质性提升，且传统工业文明下的经济增长模式还带来了严重的社会问题，快节奏的工作生活使得人们面临巨大的心理压力和身体负担，身心健康问题日益突出。同时，城市化进程中的城乡差距、区域差距等问题也日益显现，加剧了社会的不稳定性。这些问题不仅影响了人民群众的幸福感和满意度，也对经济社会的可持续发展构成了潜在威胁。

传统工业文明的发展模式是以资源的高消耗和环境的严重污染为代价换取经济增长的线性模式。这种模式在短期内或许能够实现经济的快速发展和物质财富的积累，但从长远来看却难以为继。资源的枯竭和环境的恶化将严重制约经济的进一步发展和社会福祉的提升。此外，传统工业文明下的经济增长还往往伴随着对外部环境的依赖和剥削，这种外部性导致了全球经济的不平衡和不公平现象加剧。

为了克服传统工业文明的局限性并实现可持续发展目标，人类社会必须从根本上转变经济发展模式，由传统工业文明的经济发展模式转变为绿色经济发展模式。这就要求我们在经济发展过程中充分考虑到资源的有限性和环境的脆弱性，实现经济效益、社会效益和环境效益的有机统一。具体而言就是要在资源节约、环境保护和社会公平三个方面取得平衡和协调，以实现经济社会的全面、协调、可持续发展。

绿色经济理论的起源，根植于 20 世纪 60 年代末至 70 年代初那场席卷全球的西方环境运动之中。在这一时期，随着工业化进程的加速，环境污染与生态破坏问题日益凸显，引起了社会各界对环境保护的广泛关注与深刻反思。人们开始意识到，传统工业文明下的经济发展模式虽然带来了物质财富的增长，但以牺牲生态环境为代价，这种代价从长远来看是沉重且难以承受的。正是在这样的背景下，环保意识的觉醒成为推动绿色经济理论诞生的催化剂。

在 20 世纪 60 年代末，西方世界经历了一系列震撼人心的环境恶化事件，如美国洛杉矶的光化学烟雾事件、英国伦敦的雾霾事件等，这些事件不仅严重影响了人们的身体健康，也促使公众对环境问题的认识达到了前所未有的高度。环保组织如雨后春笋般涌现，它们通过游行示威、舆论宣传等多种方式，呼吁政府和企业关注环境保护，减少污染排放。这一时期的环保运动不仅唤醒了民众的环保意识，也为绿色经济理论的提出奠定了社会基础。在此背景下，一些具有前瞻性的学者和环保组织开始积极探索经济发展与环境保护之间的平衡点。他们认识到，经济发展并不必然导致环境污染，关键在于如何转变经济发展模式，实现经济效益与生态效益的双赢。于是，“绿色经济”这一概念应运而生。它强调在经济发展过程中，必须充分考虑生态环境的承载能力和恢复能力，通过技术创新、制度创新和产业转型等手段，减少资源消耗和环境污染，实现经济社会的可持续发展。

绿色经济理论在形成初期，主要聚焦于以下几个方面：一是强调环境成本的内部化，即将环境污染和生态破坏的成本纳入经济核算体系，促使企业和个人在决策时更加全面地考虑环境因素；二是推动绿色技术的研发与应用，通过技术创新提高资源利用效率，减少污染排放；三是倡导绿色消费模式，引导消费者选择环保产品和服务，形成绿色生活方式；四是加强环境政策与法规的制定与执行，为绿色经济的发展提供制度保障。随着全球环境问题的日益严峻，绿色经济理论逐渐得到了国际社会的广泛关注和认可。1972年，联合国在瑞典斯德哥尔摩召开了人类环境会议，这是人类历史上第一次在全球范围内讨论环境保护问题的国际会议。会议通过了《人类环境宣言》，呼吁各国政府和人民为维护和改善人类环境而努力。这一事件标志着全球环境治理体系的初步建立，也为绿色经济理论的发展提供了国际舞台。

随后，一系列国际环保公约和协议的签订，如《联合国气候变化框架公约》《生物多样性公约》等，进一步推动了全球环境治理和绿色经济的发展。这些公约和协议不仅明确了各国在环境保护方面的责任和义务，也为绿色技术的国际合作与转移、绿色产业的跨国发展提供了制度框架。

进入21世纪，随着全球化的深入发展和科学技术的不断进步，绿色经济理论得到了进一步的深化与发展。一方面，绿色经济的内涵和外延不断拓展，涵盖了清洁能源、节能环保、循环经济、绿色农业等多个领域；另一方面，绿色经济的实践模式也日益丰富多样，包括绿色金融、绿色贸易、绿色投资等多种形式。同时，绿色经济理论的研究也逐渐与国际政治经济学、发展经济学、环境科学等多学科交叉融合，形成了跨学科的研究体系。学者们从不同角度探讨绿色经济的发展路径、政策工具、市场机制等问题，为绿色经济的实践提供了丰富的理论支撑和智力支持。

在中国，绿色经济理论同样得到了广泛的关注和实践探索。中国政府高度重视生态文明建设和绿色发展，将其纳入国家发展战略的重要组成部分。自党的十八大以来，生态文明建设被纳入中国特色社会主义事业“五位一体”总体布局，这标志着中国对生态文明建设重要性的认识达到了新的高度。在实践中，中国积极推动产业结构优化升级和能源结构转型，大力发展清洁能源和节能环保产业；加强环境监管和执法力度，严厉打击环境违法行为；推广绿色建筑和节能产品，倡导绿色消费模式；加强国际合作与交流，共同应对全球性环境问题。这些举措不仅促进了中国经济的绿色转型和可持续发展，也为全球绿色经济的发展贡献了中国智慧和中国方案，为人类的可持续发展贡献中国力量。

3.1.2 绿色经济理论的核心要义

绿色经济理论的核心要义在于实现经济发展与环境保护的和谐统一。具体而言，该理论强调以下几个方面：

（1）尊重自然规律，实现可持续发展

绿色经济理论要求在经济活动中遵循“尊重自然规律，实现可持续发展”这一基石性原则。这一原则不仅是绿色经济理论构建的逻辑起点，也是指导全球经济转型与可持续发展的重要指南针。人类社会的发展必须建立在自然生态系统的承载能力之内，避免对自然资源的过度开发和浪费。通过科学规划和管理，实现资源的合理开发和循环利用，确保经济发展的可持续性。

自然规律是宇宙间万物运行的基本法则，它不以人的意志为转移，是人类社会赖以生存和发展的根本基础。在经济发展过程中，尊重自然规律意味着我们必须摒弃那种以征服自然、改造自然为目标的人类中心主义思想，转而采取一种与自然和谐共生的态度。这种态度要求我们在经济决策和实践中，始终将自然生态系统的完整性和稳定性放在首位，确保人类活动不对自然环境造成不可逆的损害。

尊重自然规律的最终目的是实现可持续发展。可持续发展强调经济发展、社会进步与环境保护的协调统一，追求的是长期、稳定、健康的发展模式。在绿色经济理论的框架下，可持续发展不仅关注当前经济利益的最大化，更重视未来世代的发展需求和权益保障。这意味着我们在追求经济增长的同时，必须充分考虑环境因素的制约和影响，通过绿色转型和创新驱动，实现经济、社会和环境的共赢。

“尊重自然规律，实现可持续发展”作为绿色经济理论的核心要义之一不仅体现了人类对自然界客观规律的深刻认识和敬畏之心，也指明了未来经济发展的正确方向。在全球环境问题日益严峻的今天，我们需要更加坚定地践行这一原则。通过绿色转型和创新驱动推动全球经济向更加可持续、更加健康的方向发展。

（2）倡导低碳、循环、高效的生产方式

绿色经济理论倡导低碳、循环、高效的生产方式。在生产过程中，要尽可能减少能耗和排放，提高资源利用效率。通过技术创新和工艺改进，实现废弃物的减量化、资源化和无害化处理。同时，积极推广清洁能源和可再生能源的使用，减少对化石能源的依赖。这不仅是对传统工业生产模式的一次深刻变革，更是推动全球经济向绿色、低碳、可持续方向转型的关键路径。

低碳生产，作为绿色经济理论的重要组成部分，其核心在于通过技术革新和管理优化，大幅减少生产过程中的能源消耗和温室气体排放。随着全球气候变化的严峻挑战日益加剧，减少碳排放已成为国际社会普遍关注的议题。低碳生产不仅是对环境负责的体现，也是企业自身转型升级、提升竞争力的必然选择。

在生产过程中实现低碳化，首先需要企业在设备选型、工艺流程等方面进行优化升级。采用先进的节能技术和设备，如高效节能电机、余热回收系统等，可以显著降低生产过程中的能耗水平。同时，优化生产流程，减少不必要的能源消耗和物料浪费，也是实现低碳生产的有效途径。清洁能源的广泛应用也是低碳生产不可或缺的一环。太阳能、风能、水能等可再生能源具有清洁、可再生的特点，能够大幅降低生产过程中的碳排放。因此，企业应积极引入清洁能源，替代传统的化石能源，实现能源结构的优化调整。

循环生产是绿色经济理论的另一大亮点，它强调在生产过程中实现资源的最大化利用和废弃物的最小化排放。通过构建循环经济体系，企业可以在保证生产效益的同时，最大限度地减少对自然资源的消耗和对环境的污染。

循环生产的核心在于废弃物的资源化利用。在生产过程中产生的各种废弃物，如废水、废气、废渣等，通过适当的技术处理，可以转化为有价值的资源或产品。例如，工业废水经过处理后可以用于农业灌溉或景观用水；工业废渣经过无害化处理后可以用作建筑材料或填充材料等。这种废弃物资源化利用的方式，不仅减少了环境污染，还为企业创造了新的经济效益。为了实现循环生产，企业需要加大技术研发和创新投入力度。通过开发和应用先进的废弃物处理技术和资源回收技术，提高废弃物的资源化利用率。同时，建立完善的废弃物分类收集、储存和运输体系，确保废弃物的安全、高效处理。

高效生产是绿色经济理论的又一重要特征，它要求企业在生产过程中实现资源的高效利用和经济效益的最大化。通过优化生产布局、改进生产工艺、提高设备性能等手段，企业可以显著提高生产效率和产品质量，降低生产成本和能耗水平。

为了实现高效生产，企业需要注重技术创新和管理创新。在技术创新方面，企业应积极引进和应用先进的生产技术和设备，提高生产自动化、智能化水平；在管理创新方面，企业应建立完善的质量管理体系和生产调度机制，确保生产过程的顺畅进行和产品质量的稳定可靠。企业还应加强与供应链上下游企业的合作与协同。通过构建紧密的供应链合作关系，企业可以共享资源、降低成本、提高效率。例如，与供应商建立长期稳定的合作关系，确保原材料的稳定供应和质量的可靠保障；与分销商和终端客户建立紧密的联系和沟通机制，及时了解市场需求和反馈意见，为产品的持续改进和创新提供依据。

倡导低碳、循环、高效的生产方式是绿色经济理论的核心要义，也是推动全球经济向绿色可持续方向转型的关键路径。在全球环境问题日益严峻的背景下，我们需要采取一系列有效措施推动生产方式的绿色转型和发展，为人类的可持续发展事业作出更大贡献。

（3）促进产业结构优化升级

在绿色经济理论的核心框架内，促进产业结构的优化升级是实现经济高质量发展与生态环境保护相协调的必由之路。这一过程不仅是对传统经济结构的深刻调整，更是对未来可持续发展路径的积极探索。通过淘汰落后产能、推动传统产业绿色转型以及培育新兴产业，我们能够为生态文明建设奠定坚实的经济基础，实现经济效益与生态效益的双赢。

1）传统产业的绿色转型

面对日益严峻的环境挑战，传统的高能耗、高污染产业已难以为继，其绿色转型势在必行。这一转型不仅是技术层面的革新，更是发展理念和经营模式的全面升级。

传统产业应加大技术研发投入力度，引入先进的节能环保技术，对现有生产工艺进行改造升级。通过采用低能耗、低排放的生产设备和技术，有效降低生产过程中的能耗和污染排放。例如，钢铁、化工等行业可通过实施清洁生产项目，减少废气、废水、固体废弃物的产生和排放，提高资源利用效率。同时，鼓励企业加强与科研机构和高等院校的合作，共同研发和推广新技术、新工艺，推动传统产业的技术进步和产业升级。

传统产业在生产过程中应注重节能减排和资源的循环利用。通过实施严格的能源管理制度，加强对能源使用的监测和控制，减少不必要的能源浪费。同时，建立完善的废弃物回收和再利用体系，实现废弃物的减量化、资源化和无害化处理。例如，纺织、造纸等行业可通过回收废旧纺织品和废纸等原材料，进行再生利用，减少对新资源的依赖和环境污染。

传统产业还应注重产品与服务的创新，以满足消费者对绿色、环保产品的需求。通过研发和推广绿色产品，提升产品的环保性能和附加值，增强市场竞争力。同时，提供环保咨询、节能改造等增值服务，帮助客户实现绿色转型和可持续发展。这种以市场需求为导向的产品与服务创新，不仅能够推动传统产业的转型升级，还能促进绿色消费市场的形成和发展。

2）绿色产业的培育与发展

在推动传统产业绿色转型的同时，大力发展节能环保、清洁能源、生态农业等绿色产业，形成新的经济增长点，是产业结构优化升级的重要方向。这些绿色产业以其低能耗、低污染、高效益的特点，成为引领未来经济发展的重要力量。

节能环保产业是绿色经济的重要组成部分，涵盖了污染治理、资源回收、环境监测等多个领域。随着全球环保意识的增强和环保政策的不断加强，节能环保产业市场需求持续增长。我国应加大对节能环保产业的支持力度，鼓励企业加大研发投入和技术创新，提升产业核心竞争力。同时，建立健全环保产业标准体系和服务体系，推动环保产业健康有序发展。

清洁能源产业是推动能源结构转型和减少温室气体排放的关键领域。太阳能、风能、水能等可再生能源具有资源丰富、清洁无污染等优点，是未来能源发展的主要方向。我国应加快清洁能源技术的研发和应用推广，提高清洁能源的利用效率和经济性。同时，加强清洁能源基础设施建设，完善清洁能源供应体系，保障清洁能源的稳定供应和安全使用。

生态农业是农业可持续发展的新模式，强调在保护生态环境的前提下实现农业生产的高效、优质和可持续发展。通过采用生态友好型耕作方式和技术手段，减少化肥农药的使用量，提高土壤肥力和生物多样性，实现农业与生态环境的和谐共生。我国应加大对生态农业的扶持力度，推广生态农业技术和模式，提高农产品的品质和安全性。同时，加强农产品品牌建设和市场推广，提升生态农业的经济效益和社会效益。

3）优化产业结构布局

在促进产业结构优化升级的过程中，优化产业结构布局同样至关重要。通过合理规划和布局产业空间分布，促进产业协同发展和资源高效利用，推动区域经济的高质量发展。

产业园区是产业集聚发展的重要载体，通过集中布局、统一管理的方式促进产业的协同发展。我国应加快产业园区建设步伐，推动相关产业向园区集聚发展。通过完善园区基础设施和公共服务平台建设，提升园区的承载能力和服务水平。同时，加大对园区内企业的引导和扶持力度，推动形成产业链上下游协同发展的良好格局。

区域经济一体化是推动区域经济高质量发展的重要途径。通过加强区域间的合作与交流，实现资源共享、优势互补和协同发展。我国应积极推动区域经济一体化进程，加强跨区域基础设施建设和产业协作机制建设。通过构建开放合作、互利共赢的区域经济发展新格局，推动区域经济的高质量发展和可持续发展。

城乡融合发展是推动产业结构优化升级的重要方面。通过加强城乡间的互动与合作，促进城乡要素自由流动和公共资源在城乡间均衡配置。我国应加大对农村地区的支持力度，推动农村地区产业结构的优化升级和绿色发展。通过发展特色农业、乡村旅游等产业，提高农民收入水平和生活质量；同时加强农村基础设施建设和社会事业发展水平，缩小城乡差距，推动城乡融合发展。

促进产业结构的优化升级是推动绿色经济发展的重要途径之一。通过推动传统产业的绿色转型、培育发展绿色产业以及优化产业结构布局等措施的实施，我们可以实现经济发展与生态环境保护的协调统一，为生态文明建设奠定坚实的经济基础和注入新的发展动力。

（4）倡导绿色消费和绿色生活方式

绿色经济理论还倡导绿色消费和绿色生活方式。鼓励消费者选择环保、节能、低碳的产品和服务，减少一次性用品的使用，倡导简约适度的生活方式。通过教育和宣传等手段提高公众的环保意识和参与度，使公众形成绿色、低碳、环保的生活习惯和消费习惯，形成全社会共同推动绿色发展的良好氛围。

绿色消费，作为绿色经济理论在消费领域的具体实践，强调的是在满足生活需求的同时，尽可能减少对环境的负面影响。它要求消费者在购买商品和服务时，不仅要关注产品的性能、价格等传统因素，更要重视其环保属性，如是否可循环利用、是否在生产过程中产生了较少的环境污染等。这种消费观念的转变，是对传统消费理念的一种超越，体现了人与自然和谐共生的新时代要求。

绿色消费的实现，依赖多方面的共同努力。政府应发挥引导作用，通过立法、政策扶持等手段，为绿色消费创造良好的外部环境。例如，可以制定绿色产品的认证标准，对符合环保要求的产品给予税收减免、补贴等优惠政策；同时加大对绿色消费理念的宣传力度，提高公众的环保意识和参与度。企业作为商品和服务的提供者，应积极响应绿色消费的号召，加大绿色产品的研发和生产力度，推出更多符合环保标准的产品和服务。这不仅有助于提升企业的市场竞争力，还能为企业树立良好的社会形象。消费者自身主动践行绿色消费理念，从日常生活中的点滴做起，如选择使用环保购物袋、减少一次性用品的使用、优先选择公共交通等，用实际行动支持绿色经济。

绿色生活方式是绿色消费理念在更广泛生活领域的延伸。它倡导一种简约适度、绿色低碳的生活方式，鼓励人们在满足基本生活需求的基础上，尽量减少对自然资源的消耗和环境污染。这种生活方式不仅关乎个体的消费行为，更涉及居住、出行、休闲等多个方面。

在居住方面，绿色建筑和节能产品的推广使用是实现绿色生活方式的重要途径。绿色建筑通过采用节能环保的设计理念和建筑材料，降低能耗和排放，提高居住环境的舒适度和可持续性。节能产品（如 LED 照明、高效家电等）的应用，则能有效降低家庭能耗，减少电费支出。同时，鼓励居民进行垃圾分类和资源回收，也是实现绿色生活方式的有效手段。通过分类投放垃圾，促进资源的循环利用，减少垃圾填埋和焚烧带来的环境压力。

在出行方面，绿色出行方式的推广是构建绿色生活方式的重要一环。随着城市化进程的加快和汽车保有量的增加，交通拥堵和环境污染问题日益突出。因此，鼓励市民采用步行、骑行、公共交通等低碳出行方式显得尤为重要。政府应加大对公共交通的投入力度，提高公共交通的便捷性和舒适度；同时加强步行道和自行车道等慢行交通设施的建设和管理；推广新能源汽车和共享单车等新兴出行工具的应用。通过这些措施的实施，可以有效降低交通领域的碳排放量，改善城市空气质量。

在休闲方面，绿色旅游和生态体验成为新趋势。随着人们生活水平的提高和休闲需求的增加，越来越多的人开始追求更加健康、环保的休闲方式。绿色旅游强调在旅游过程中尊重自然、保护生态、倡导低碳出行和文明游览等行为准则。通过选择生态旅游目的地、参与生态保护活动等方式，游客可以在享受自然风光的同时为生态环境保护贡献自己的力量。此外，倡导简约适度的休闲方式也是实现绿色生活的重要方面。避免过度消费和浪费资源的行为模式，倡导简单而有意义的生活体验，让人们在放松身心的同时更加注重精神层面的满足而非物质的堆砌。

绿色消费和绿色生活方式的普及离不开广泛而深入的教育与宣传。教育是提高公众环保意识和参与度的重要手段之一。在学校教育中融入环保教育内容培养学生的环保意识和责任感至关重要。通过开设环保课程、组织环保实践活动等形式让学生从小树立起尊重自然、保护环境的观念。同时加强师资培训以提高教师对环保教育的认识和教学能力，确保环保教育的有效实施。媒体作为信息传播的重要渠道也应承担起宣传绿色生活方式的责任。通过新闻报道、专题节目、公益广告等多种形式普及绿色生活的理念和知识，提高全社会对绿色消费的关注度和认知度。媒体也可以深入挖掘和推广绿色生活的成功案例和典型经验，激发公众的环保热情和参与度。此外还可以利用社交媒体等新媒体平台，加强与公众的互动和交流，及时回应公众关切、解答公众疑问，推动绿色生活方式的广泛传播和实践。

倡导绿色消费和绿色生活方式既是绿色经济理论的重要组成部分也是实现生态文明建设目标的关键举措之一。随着全球对可持续发展的重视程度不断提升，绿色消费和绿色生活方式将成为主流趋势，引领全球经济社会的绿色转型和可持续发展。

3.1.3　绿色经济理论的发展路径

绿色经济理论的发展路径可以归纳为以下几个方面。

（1）加强理论研究与创新

绿色经济理论的发展离不开理论研究的深入和创新。学者们应加强对绿色经济理论的探索和研究，不断完善理论体系和框架。同时，要注重跨学科的研究合作与交流，借鉴生态学、环境科学、经济学等多学科的研究成果和方法论，推动绿色经济理论的创新与发展。

绿色经济理论作为一门新兴的经济学分支，其理论体系尚处于不断构建和完善之中。因此，加强理论研究是首要任务。这要求学者们回归理论原点，系统梳理绿色经济的概念、范畴、基本原理及其运行机制，明确其在现代经济体系中的定位与作用。在此基础上，结合国内外绿色经济发展的最新实践，对既有理论进行批判性反思与重构，确保理论体系的科学性与时代性。同时，学者们还需关注绿色经济与其他经济理论（如可持续发展经济学、生态经济学等）的交叉融合，探索它们之间的内在联系与互补性，为绿色经济理论提供更广阔的视野和更深厚的理论支撑。

在理论研究过程中，创新是不可或缺的灵魂。绿色经济理论的发展需要勇于突破传统经济学的思维定式，敢于挑战既有的经济逻辑与框架。这意味着学者们要在尊重客观经济规律的前提下，敢于提出新的假设、构建新的模型、设计新的分析工具，以揭示绿色经济特有的运行规律与发展趋势。例如，可以借鉴复杂系统理论、演化经济学等新兴理论工具，对绿色经济系统的动态演化过程进行深入剖析；或者利用大数据、人工智能等现代信息技术手段，对绿色经济活动的微观基础与宏观表现进行精准刻画与预测。这些创新努力不仅有助于深化对绿色经济的理解，还能为政策制定者提供更加科学、有效的决策依据。

跨学科的研究合作与交流是推动绿色经济理论创新的重要途径。绿色经济作为一个综合性的研究领域，涉及经济学、生态学、环境科学、技术科学等多个学科的知识与技能。因此，加强跨学科的研究合作与交流，有助于打破学科壁垒，促进知识的融合与碰撞，从而产生新的研究灵感与发现。学者们可以通过组建跨学科研究团队、参与国际学术会议、共享研究成果等方式，加强与相关领域专家的交流与合作。这种跨学科的合作模式不仅能够拓宽绿色经济理论的研究视野，还能提升研究的深度与广度，为绿色经济理论的创新发展注入新的活力。

实践是检验真理的唯一标准。绿色经济理论的发展离不开实践的滋养与检验。学者们应积极参与绿色经济发展的实践过程，通过实地调研、案例分析、政策评估等手段，收集第一手数据资料，验证理论假设的合理性与有效性。在实践过程中发现的问题与挑战，也将为理论研究的深化提供宝贵的素材与方向。因此，学者们应建立理论与实践相结合的研究机制，确保理论研究成果能够真正服务于绿色经济发展的实际需要。

随着全球环境问题的日益严峻和绿色经济的快速发展，绿色经济理论的研究还需关注国际动态与趋势。学者应密切关注国际绿色经济理论研究的最新进展，及时跟踪国外绿色经济发展的成功经验与教训，为己所用。同时，积极参与国际学术交流与合作，提升我国绿色经济理论研究在国际上的影响力与话语权。

加强理论研究与创新是推动绿色经济理论发展的关键路径。这要求学者深入探索绿色经济的本质与规律，勇于创新、敢于挑战传统经济学的思维定式；加强跨学科的研究合作与交流，促进知识的融合与碰撞；注重理论与实践相结合的研究机制建设，确保理论研究成果能够真正服务于绿色经济发展的实际需要；同时关注国际动态与趋势，提升我国绿色经济理论研究在国际上的影响力与话语权。通过这些努力，我们有理由相信绿色经济理论将在未来得到更加深入的发展和完善，为全球绿色转型和可持续发展贡献更大的智慧与力量。

（2）推动政策创新与实践

在绿色经济理论的发展路径中，政府是推动绿色经济发展的关键力量。政策创新与实践是确保绿色经济理念落地生根、开花结果的关键环节。政府作为政策制定与实施的主体，其角色与责任至关重要。这一过程不仅要求政府具备前瞻性的战略眼光，更需将理论探索与实际操作紧密结合，以形成一套既符合国情又具创新性的绿色经济政策体系。

政府推动绿色经济政策创新的首要任务，是建立健全生态环境保护法律法规体系。这一体系应全面覆盖资源开发利用、污染排放控制、生态保护修复等各个环节，确保绿色发展的每一步都有法可依、有章可循。具体而言，政府需对现有环保法律法规进行系统性梳理与评估，针对存在的漏洞与不足进行修订完善，同时结合绿色经济发展的新趋势、新要求，制定出台一批新的法律法规。例如，可以加大对新能源产业的扶持力度，通过立法形式明确其市场地位与发展方向；同时，对高污染、高能耗产业实施更为严格的限制措施，通过法律手段倒逼其转型升级或淘汰出局。

在政策创新过程中，政府还应注重政策的系统性与协同性。绿色经济的发展涉及多个领域与部门，需要跨部门、跨区域的协同合作。因此，政府应建立高效的协调机制，确保各项政策在制定、执行、评估等各个环节上相互衔接、形成合力。通过构建绿色发展的政策矩阵，政府可以引导各类资源向绿色领域集聚，形成推动绿色经济发展的强大合力。

在政策实施过程中，政府需采取一系列激励措施，引导企业和社会各界积极参与绿色发展。这些激励措施可以包括税收优惠、财政补贴、绿色金融等多种形式。例如，对于采用清洁能源、实施节能减排技术的企业，政府可以给予税收减免或返还的优惠政策；对于从事环保技术研发与创新的机构和个人，可以设立专项基金给予资金支持。此外，政府还可以通过绿色信贷、绿色债券等金融工具为绿色项目提供低成本的资金支持，推动绿色金融的发展。

除激励措施之外，环境监管同样不可或缺。政府应建立健全环境监管体系，加强对企业排污行为的监测与管理。通过安装在线监测设备、定期开展环保检查等手段，确保企业严格按照环保标准排放污染物。对于违法排污行为，政府应依法依规进行严厉查处，形成强大的震慑力。同时，政府还应加强环保法律法规的宣传教育，增强企业和社会公众的环保意识与责任感。

在政策执行环节，政府需确保各项政策措施得到有效落实和执行。这要求政府具备高效的执行力与严格的监督机制。一方面，政府应建立健全政策执行的责任体系，明确各级各部门在政策执行中的职责与任务。通过签订责任状、实施绩效考核等手段，确保政策执行有人抓、有人管、有成效。另一方面，政府应加强对政策执行情况的监督检查，及时发现问题并督促整改。通过建立定期报告、随机抽查、第三方评估等机制，政府可以全面了解政策执行情况，为进一步优化政策提供有力支撑。

在实践过程中，国内外涌现出众多绿色发展的成功案例，这些案例为政策创新提供了宝贵的经验与启示。例如，丹麦通过实施风能发展战略，成为全球领先的风电大国。丹麦政府通过立法形式明确风电发展目标与路径，同时出台一系列优惠政策吸引国内外投资。在政策激励与环境监管的共同作用下，丹麦风电产业实现了快速发展，不仅为国家提供了大量清洁能源，还带动了相关产业链的发展。

在国内，浙江安吉通过践行“绿水青山就是金山银山”的发展理念，走出了一条生态与经济协调发展的新道路。安吉县政府通过立法形式保护生态环境，同时大力发展生态旅游、生态农业等绿色产业。在政策引导与市场机制的共同作用下，安吉县成功实现了从污染重灾区到全国生态文明示范区的华丽转身。

这些成功案例表明，政策创新与绿色发展之间存在着紧密的互动关系。通过制定科学合理的政策体系与激励机制，政府可以引导企业和社会各界积极参与绿色发展；通过加大环境监管与执法力度，政府可以确保各项政策措施得到有效落实和执行。在这一过程中，绿色经济理论得到了充分验证与丰富发展，为生态文明建设提供了有力的理论支撑与实践指导。

推动政策创新与实践是绿色经济理论发展的重要路径之一。在这一过程中，政府需充分发挥主导作用，通过建立健全法律法规体系、制定实施优惠政策激励措施、加强环境监管与执法力度等手段，引导企业和社会各界积极参与绿色发展。同时，政府还需注重政策执行的有效性与可持续性，确保各项政策措施真正落到实处、取得实效。只有这样，我们才能在新时代背景下推动绿色经济理论的不断发展与完善，为生态文明建设贡献更大的力量。

（3）加强国际合作与交流

在全球化的时代背景下，绿色经济不再是一个国家或地区内部的事务，而是需要国际社会共同努力、协同推进的全球议题。面对气候变化、生物多样性丧失、海洋污染等全球性环境问题，任何单一国家的努力都显得微不足道，唯有加强国际合作与交流，才能有效应对这些挑战，推动绿色经济的深入发展。

1）加强政策对话与协调，共同制定并执行国际环保协议和标准

政策对话与协调是国际合作的基础。各国政府应建立常态化的对话机制，就绿色经济发展战略、政策措施、技术标准等进行深入交流，寻求共识，缩小分歧。通过多边和双边渠道，推动形成具有广泛参与性和约束力的国际环保协议和标准，为各国绿色经济的发展提供指导和规范。

在协议和标准的制定过程中，充分考虑各国的发展阶段、资源禀赋、环境状况等差异，确保协议的公平性和可操作性。发达国家应承担更多的责任和义务，利用其技术和资金优势，为发展中国家提供必要的支持和帮助。同时，发展中国家也应积极参与协议和标准的制定过程，反映自身关切和利益，推动形成更加合理、科学的国际环保体系。

2）加强绿色技术的研发与应用合作，推动全球绿色技术的普及与推广

绿色技术是绿色经济发展的核心驱动力。然而，目前绿色技术的研发和应用在全球范围内存在不平衡现象，发达国家在绿色技术领域占据领先地位，而发展中国家则相对滞后。为了改变这种局面，加强绿色技术的国际合作与交流显得尤为重要。

各国政府、科研机构、企业等应建立广泛的合作关系，共同投入资源，开展绿色技术的联合研发和创新。通过共享科研成果、交流技术经验、协同攻克技术难题，推动绿色技术的不断进步和突破。同时，加强绿色技术的转移和扩散，降低技术壁垒，使更多国家和地区能够受益于绿色技术的成果。

在国际合作中，应特别关注发展中国家对绿色技术的需求。发达国家应通过多种方式（如技术转让、技术援助、人才培养等）帮助发展中国家提高绿色技术的研发和应用能力，缩小技术差距，实现共同发展。

3）加强环境治理项目的跨国界合作，共同应对全球性环境问题挑战

环境治理是全球绿色发展的重要组成部分。面对跨国界的环境污染和生态破坏问题，如海洋塑料污染、跨国界空气污染、跨国界河流污染等，各国应加强合作，共同推进环境治理项目的实施。

各国建立信息共享机制，及时掌握跨国界环境问题的最新动态和数据，为环境治理提供科学依据。加强联合监测和评估，对跨国界环境问题进行全面、系统的监测和分析，评估其影响范围和程度。在此基础上，制订科学、合理的治理方案和行动计划，明确各方责任和义务。在实施治理项目的过程中，各国应加强协调与配合，形成合力。通过资金、技术、人才等方面的投入和支持，推动治理项目的顺利进行。同时，加强公众参与和社会监督，确保治理项目的透明度和公正性，提高治理效果。

在应对气候变化、生物多样性丧失等全球性环境问题方面，各国也应加强合作与交流。通过共同参与国际气候谈判、签署并执行国际气候协议等方式，推动全球气候治理体系的完善和提升。加强气候适应和减缓技术的研发与应用合作，提高全球应对气候变化的能力和水平。

4）推动形成绿色经济的国际标准和认证体系

为了促进绿色经济的全球化发展，需要建立一套统一的国际标准和认证体系。这套体系应涵盖绿色产品、绿色服务、绿色技术等多个方面，确保各国在绿色经济发展过程中的规范性和一致性。

国际标准的制定应由多方参与、共同协商完成。各国政府、国际组织、行业协会、企业等应积极参与标准的制定过程，充分反映各方关切和利益。同时，加强与国际标准化组织的合作与交流，借鉴其先进经验和做法，推动国际标准的不断完善和提升。

在标准的实施过程中，各国应加强监管和执法力度，确保标准的严格执行。对于不符合标准的产品、服务和技术进行限制或禁止进入市场，保障消费者的合法权益和生态环境的健康稳定。

5）促进绿色金融的国际合作与发展

绿色金融是推动绿色经济发展的重要手段之一。为了促进绿色金融的国际合作与发展，各国应加强政策沟通和协调，共同推动绿色金融体系的建立和完善。

各国政府应就绿色金融的定义、范围、标准等进行深入交流，寻求共识。在此基础上，制定并执行统一的绿色金融政策框架和监管规则，为绿色金融的发展提供有力支持。加强绿色金融产品和服务的创新与合作。各国金融机构应加强合作与交流，共同研发和推广符合国际标准的绿色金融产品和服务。通过提供绿色信贷、绿色债券、绿色基金等多种形式的金融支持手段，降低绿色项目的融资成本和风险，推动绿色经济的发展。加强绿色金融的国际交流与合作。通过举办绿色金融论坛、研讨会等活动形式，加强各国在绿色金融领域的交流与合作。分享成功经验、探讨发展趋势、提出政策建议等共同推动绿色金融的国际合作与发展。

6）推动形成全球绿色供应链体系

在全球化的生产网络中，供应链已成为连接生产者与消费者的关键环节。为了推动绿色经济的发展，需要构建一个全球性的绿色供应链体系。这个体系应涵盖原材料采购、生产制造、物流配送、销售服务等各个环节，确保整个供应链过程的绿色化和可持续性。

各国政府和企业应加强合作与交流，共同推动绿色供应链体系的建设。通过制定统一的绿色供应链标准和规范，引导企业加强环境管理和社会责任履行；通过加强国际合作与交流，推动跨国企业之间的绿色供应链协同与整合；通过提供政策支持和激励措施，鼓励企业积极参与绿色供应链的建设和运营。

加强绿色供应链的信息共享和透明度建设。通过建立绿色供应链信息平台，实现供应链各环节信息的实时共享和追溯；通过加强公众监督和社会责任审计等手段，提高供应链的透明度和公信力；通过推动绿色消费理念的普及和推广，引导消费者关注并选择绿色供应链产品，从而推动整个供应链向更加绿色、可持续的方向发展。

加强国际合作与交流是推动绿色经济发展的重要途径之一。通过政策对话与协调、绿色技术研发与应用合作、环境治理项目跨国界合作、绿色金融国际合作与发展以及全球绿色供应链体系建设等措施的共同推进，形成国际合力共同应对全球性环境问题挑战，推动全球绿色经济的深入发展。

（4）促进科技与产业创新融合

在生态文明观的框架下，绿色经济理论的发展不仅依赖政策引导与国际合作，更关键在于科技与产业的深度融合与创新。科技创新作为绿色经济发展的核心驱动力，其与传统产业的转型升级、新兴绿色产业的崛起以及国际绿色技术交流共同构成了推动绿色经济持续发展的支柱。

以下将从加强绿色低碳技术的研发与应用推广、推动传统产业向绿色低碳方向转型升级、扶持绿色产业发展以及深化绿色技术国际合作与交流四个方面，详细阐述科技与产业创新融合在绿色经济发展中的重要作用。

1）加强绿色低碳技术的研发与应用推广

绿色低碳技术的研发是绿色经济发展的基石。这些技术涵盖了能源、交通、建筑、工业等多个领域，旨在通过技术革新提高资源利用效率，减少能耗和排放，实现经济活动的绿色化。

政府应发挥主导作用，通过设立专项基金、提供税收优惠、搭建研发平台等措施，鼓励企业、高校和科研机构加大绿色低碳技术的研发投入。建立健全技术创新体系，促进产学研用深度融合，加速科技成果的转化与应用。这不仅能缩短技术从实验室到市场的距离，还能有效提升技术的实用性和经济性。

在绿色低碳技术的研发过程中，应聚焦那些对绿色经济发展具有关键影响的技术领域，如高效能源转换技术、储能技术、碳捕捉与封存技术、废物资源化技术等。通过集中力量攻克这些技术难关，可以显著提高资源利用效率，降低能耗和污染排放，为绿色经济的发展提供强有力的技术支撑。

对于已经研发成功并经过验证的绿色低碳技术，应加大推广力度，鼓励企业在生产过程中广泛应用。通过政策引导和市场机制，降低技术应用的成本门槛，提高技术普及率。例如，对于采用清洁能源、节能减排设备的企业给予税收减免或财政补贴；建立绿色信贷体系，为绿色技术项目提供融资支持等。这些措施将有助于扩大绿色低碳技术的应用规模，提升整体经济效益和环境效益。

2）推动传统产业向绿色低碳方向转型升级

传统产业是国民经济的重要组成部分，但其高能耗、高污染的特性严重制约了绿色经济的发展。因此，推动传统产业向绿色低碳方向转型升级是绿色经济理论实践的关键环节。

政府应会同行业协会、企业代表等制定详细的传统产业绿色低碳转型规划，明确转型目标、时间表和路线图。通过政策引导和市场机制，鼓励企业采用先进适用技术，优化生产流程，降低能耗和污染排放。同时，建立健全绿色供应链管理体系，确保原材料采购、生产加工、物流配送等各个环节均符合绿色低碳要求。

传统产业应加大技术改造力度，通过引进先进技术和设备，提高生产效率和环保水平。例如，在钢铁、水泥等高能耗行业推广余热回收、废渣综合利用等技术；在化工、印染等高污染行业实施清洁生产、废物资源化利用等措施。此外，还应建立健全环保监测和评估体系，确保企业排放达到国家及地方规定的环保标准。

传统产业在转型过程中应注重培育绿色品牌，提升市场竞争力。通过加强品牌建设和市场营销策略的调整，将绿色低碳理念融入产品和服务中，满足消费者对环保、健康、可持续产品的需求。同时积极参与国内外绿色产品认证和标准制定工作，提升自身在国际市场上的话语权和影响力。

3）扶持绿色产业发展

绿色产业是指以保护环境、改善生态、高效利用资源为主要特征的产业类型。扶持绿色产业发展是推动绿色经济快速发展的重要途径之一。政府应明确绿色产业的发展方向，制定有针对性的扶持政策。例如，重点发展节能环保、清洁能源、生态农业、绿色建筑等领域；鼓励企业加大研发投入和技术创新力度；建立健全绿色产业标准体系和认证制度；加强与国际绿色产业界的交流与合作；等等。这些措施将有助于促进绿色产业的快速成长和健康发展。

为了拓宽绿色产业的市场空间，政府应采取一系列措施降低绿色产品和服务的成本门槛，提高其市场竞争力。例如，通过政府采购、税收优惠、价格补贴等方式支持绿色产业的发展；加强绿色消费理念的宣传和推广工作，提高公众对绿色产品和服务的认知度和接受度；鼓励金融机构为绿色产业项目提供融资支持；等等。这些措施将有助于激发市场对绿色产品和服务的需求潜力，推动绿色产业的持续繁荣。

领军企业是推动绿色产业发展的关键力量。政府应加大对领军企业的扶持力度，鼓励其加大研发投入和技术创新力度；支持其拓展国内外市场；加强与国际领先企业的交流与合作等。通过培育一批具有国际竞争力的领军企业，可以带动整个绿色产业链的协同发展，推动绿色经济整体水平的提升。

4）深化绿色技术国际合作与交流

绿色技术的发展具有全球性特征，需要各国携手合作共同应对全球性环境问题挑战。因此，深化绿色技术国际合作与交流是推动绿色经济发展的重要途径之一。

政府应积极参与国际绿色技术合作机制的建设和完善工作，加强与国际组织、跨国企业和其他国家的交流与合作。通过签订合作协议、建立联合研发机构、开展技术转移和项目合作等方式推动绿色技术的跨国界流动和应用。这些合作机制将有助于汇聚全球智慧和资源共同应对环境问题挑战，提高全球绿色发展的整体水平。

在国际合作过程中应积极引进国外先进的绿色技术和管理经验，提高自身技术水平和管理能力。例如，通过技术引进、消化吸收再创新等方式，将国外先进技术转化为自身竞争优势；借鉴国外成功的绿色管理经验，推动国内企业建立更加科学高效的环保管理体系等。这些措施将有助于加速国内绿色技术和管理水平的提高，推动绿色经济的快速发展。

作为负责任的大国，中国应积极参与国际绿色技术交流与合作活动，分享自身在绿色经济发展方面的成功经验和成果。通过举办国际研讨会、展览会等活动展示中国绿色技术的创新成果和应用成效；加强与发展中国家的技术援助和人才培养，合作提高其环保能力水平；推动建立全球绿色技术转移中心，促进全球绿色技术的普及与推广等。这些举措将有助于提升中国在国际绿色技术合作领域的影响力和话语权，推动全球绿色经济的协同发展。

促进科技与产业创新融合是推动绿色经济发展的关键举措之一。通过加强绿色低碳技术的研发与应用推广、推动传统产业向绿色低碳方向转型升级、扶持绿色产业发展以及深化绿色技术国际合作与交流等措施，将有效提高资源利用效率，降低能耗和污染排放，推动经济社会的可持续发展，为构建生态文明和美丽家园贡献力量。

3.1.4　绿色经济理论对生态文明建设的贡献

绿色经济理论对生态文明建设的贡献主要体现在以下几个方面。

（1）推动经济发展方式的绿色转型

在生态文明建设的宏伟蓝图中，绿色经济理论如同一股清新的春风，不仅为传统经济发展模式带来了深刻的变革，更为实现可持续发展目标开辟了全新的路径。其核心在于强调经济发展与环境保护的和谐统一。这一理念深刻地影响了全球经济格局的演变，推动了经济发展方式的根本性绿色转型。

绿色经济理论通过倡导低碳、循环、高效的生产方式，引领了全球经济体系的绿色革命。在传统经济发展模式下，高能耗、高排放的生产活动曾是经济增长的主要驱动力，但这种模式不可避免地加剧了资源枯竭和环境恶化的危机。绿色经济理论则倡导在生产过程中减少能耗、降低排放，提高资源利用效率，实现废弃物的减量化、资源化和无害化处理。这种生产方式的转变，不仅有助于缓解环境压力，还能提升企业的经济效益和竞争力，形成绿色发展的良性循环。

具体而言，绿色经济理论鼓励企业采用清洁能源和可再生能源，减少对化石能源的依赖。例如，太阳能、风能等可再生能源的广泛应用，不仅降低了企业的能源成本，还显著减少了温室气体排放，为应对全球气候变化贡献了力量。同时，绿色经济理论还推动了工业废弃物的综合利用和再生资源产业的发展，使得原本被视为负担的废弃物成为新的资源来源，促进了经济的循环发展。

绿色经济理论还强调绿色消费和绿色生活方式的重要性。随着人们环保意识的增强，越来越多的消费者开始关注产品的环保性能和企业的社会责任，绿色消费逐渐成为市场的新趋势。这种消费观念的转变，不仅促进了绿色产品和服务的市场需求，还推动了企业在生产过程中更加注重环保和社会责任，形成了绿色生产和绿色消费的良性互动。

在这一过程中，绿色经济理论通过政策引导、市场激励和社会宣传等多种手段，促进了经济发展方式的绿色转型。政府通过制定和实施一系列环保法规和政策措施，如碳排放交易、环保税、绿色信贷等，引导企业向绿色低碳方向发展。同时，市场机制也发挥了重要作用，绿色产品和服务因其环保性能和成本效益的优势，逐渐获得了消费者的认可和市场的青睐。此外，社会各界通过宣传教育、公益活动等方式，提高了公众的环保意识和参与度，形成了全社会共同推动绿色发展的良好氛围。

绿色经济理论推动了经济发展方式的绿色转型，这不仅有助于缓解环境压力、实现资源节约和生态保护，还为经济的可持续发展注入了新的动力。随着全球经济一体化的深入发展，绿色经济已成为国际竞争的新焦点。那些率先实现绿色转型的国家和企业，将在全球市场中占据更有利的地位，获得更多的发展机遇和竞争优势。

值得注意的是，绿色经济理论的实践并非一蹴而就，它需要政府、企业和公众三方的共同努力和持续推动。政府需要制定科学合理的环保法规和政策措施，加强环境监管和执法力度；企业需要积极履行社会责任，加强环保技术研发和应用推广；公众则需要增强环保意识，选择绿色消费和生活方式。只有这样，我们才能真正实现经济发展与环境保护的双赢目标，推动生态文明建设不断取得新的成果。

绿色经济理论对生态文明建设的贡献在于推动了经济发展方式的绿色转型。通过倡导低碳循环高效的生产方式和绿色消费生活方式，绿色经济理论引领了全球经济体系的绿色革命。它不仅促进了资源节约和环境保护，实现了经济效益与生态效益的双赢，还为经济的可持续发展注入了新的动力。

（2）促进产业结构的优化升级

绿色经济理论在推动经济发展方式绿色转型的同时也深刻地影响着产业结构的优化升级。这一进程不仅是生态文明建设的内在要求，更是实现经济高质量发展的必由之路。绿色经济理论倡导的是一种全新的经济发展模式，它鼓励通过技术创新和产业创新，推动传统产业向绿色低碳方向转型升级，同时大力培育和发展绿色产业，从而构建一个更加环保、高效、可持续的产业结构。

绿色经济理论为传统产业的转型升级指明了方向。在传统工业文明模式下，许多产业依赖高能耗、高排放的生产方式，对生态环境造成了严重的破坏。绿色经济理论强调，这些产业必须摒弃旧有的发展模式，积极寻求绿色转型之路。这要求企业加大研发投入，引入先进的节能环保技术，改进生产工艺，提高资源利用效率，减少污染物排放。同时，政府也应通过政策引导和支持，鼓励企业进行绿色转型，如提供财政补贴、税收优惠等激励措施，降低企业绿色转型的成本和风险。在绿色经济理论的指引下，越来越多的传统产业开始意识到绿色转型的重要性，并付诸实践，取得了显著成效。

绿色经济理论促进了绿色产业的快速发展。以环境保护和资源节约为核心的绿色产业，包括节能环保、清洁能源、生态农业等多个领域。这些产业不仅符合生态文明建设的理念，也为经济发展注入了新的活力。绿色经济理论鼓励大力发展绿色产业，通过政策扶持、市场培育等手段，推动绿色产业形成规模效益，提高市场竞争力。随着绿色产业的快速发展，越来越多的企业开始投身于绿色产品的研发和生产，形成了新的经济增长点。这些绿色产业不仅为经济发展提供了新的动力源泉，也为生态环境的改善作出了重要贡献。

在具体实践中，绿色经济理论对产业结构的优化升级产生了深远影响。一方面，通过技术改造和产业升级，传统产业的生产效率和环保水平得到了显著提高。许多企业通过引入先进的节能环保技术，实现了生产过程的绿色化、低碳化。例如，钢铁、水泥等高能耗、高排放行业通过实施节能减排措施，有效降低了能耗和污染排放；纺织、印染等行业通过推广清洁生产技术和环保工艺，减少了废水、废气的排放。这些传统产业在绿色转型中焕发出了新的生机与活力。另一方面，绿色产业的蓬勃发展也为产业结构优化升级提供了重要支撑。在政府的政策扶持和市场机制的共同作用下，节能环保、清洁能源、生态农业等绿色产业迅速崛起。这些产业不仅具有广阔的市场前景和巨大的发展潜力，也为经济发展注入了新的增长点。例如，太阳能、风能等可再生能源产业在政策支持下快速发展壮大；节能环保服务业通过提供节能咨询、环保治理等服务满足了市场需求；生态农业通过推广有机种植、生态养殖等模式提高了农产品的附加值和市场竞争力。这些绿色产业的快速发展不仅推动了经济的高质量发展，也为生态环境的改善作出了积极贡献。

绿色经济理论还促进了产业间的融合与协同发展。在传统产业转型升级和绿色产业快速发展的过程中，不同产业之间的界限逐渐模糊化，产业间的融合与协同发展成为新的趋势。例如，信息技术与节能环保产业的融合催生了智能电网、绿色建筑等新兴领域；制造业与服务业的融合推动了绿色制造、绿色物流等新型业态的发展。这些产业间的融合与协同发展不仅提高了产业的整体竞争力，也为经济的高质量发展注入了新的活力。

绿色经济理论对产业结构的优化升级产生了深远影响。它推动了传统产业的转型升级和绿色产业的快速发展，形成了新的经济增长点；促进了产业间的融合与协同发展，提高了产业的整体竞争力；为经济的高质量发展与生态环境保护的协调统一，提供了重要支撑和发展动力，为生态文明建设和经济高质量发展贡献更大力量。

（3）提高公众的环保意识和参与度

绿色经济理论倡导绿色消费和绿色生活方式，提高了公众的环保意识和参与度。通过教育和宣传等手段，普及环保知识，传播绿色理念，激发了公众的环保热情和行动力。推动了全社会生态文明建设的良好氛围的形成，为生态文明建设构筑了坚实的社会基础。

绿色经济理论的核心价值在于倡导一种人与自然和谐共生的经济发展模式，

这种理念要求我们在追求经济增长的同时，必须兼顾生态环境的保护。这种观念的转变，直接影响了公众对于环境问题的认知态度和行为选择。绿色经济理论强调绿色消费和绿色生活方式的重要性，通过教育和宣传等手段，将环保知识普及到千家万户，使得环保不再是一个遥远而抽象的概念，而是成为人们日常生活中不可或缺的一部分。

教育，作为提高公众环保意识的重要途径，在绿色经济理论的推广中扮演着至关重要的角色。在学校教育体系中，环保教育被纳入必修课程，成为培养学生综合素质不可或缺的一部分。通过生动的课堂教学、实践活动和社会调查，学生不仅能够学习到环保的基本知识，更能在实践中体会到环保的重要性，从而树立正确的环境观念和养成良好的行为习惯。这种从娃娃抓起的环保教育策略，确保了环保理念能够代代相传，不断发扬光大。

除了学校教育外，社会各界也积极参与环保宣传。媒体作为信息传播的重要渠道，通过新闻报道、专题节目、公益广告等多种形式，广泛传播绿色经济理念和环保知识。这些宣传内容不仅深入浅出地解释了环保的重要性，还通过生动的案例和故事激发了公众的环保热情和行动意愿。例如，一些媒体会报道因环境污染导致的健康问题和社会问题，引发公众对环保问题的关注和思考；同时，也会介绍一些成功的环保案例和绿色生活方式，为公众提供可借鉴的样本和榜样。

政府和社会组织定期举办各种环保活动和赛事，鼓励公众参与进来。这些活动形式多样、内容丰富，既有知识竞赛、讲座论坛等理论性较强的活动，也有植树造林、垃圾分类等实践性较强的活动。通过这些活动，公众不仅能学习到环保知识，还能在实践中锻炼自己的环保技能和能力。更为重要的是，这些活动激发了公众的环保热情和行动力，使得越来越多的人愿意投身到环保事业中来，共同为生态文明建设贡献自己的力量。

绿色经济理论倡导的绿色消费和绿色生活方式更是直接影响了公众的消费行为和日常生活。随着环保意识的增强，越来越多的消费者开始关注产品的环保性能和可持续性。在购买商品时，他们更倾向于选择那些符合环保标准、低碳节能的产品；在出行方式上，他们更愿意选择步行、骑行或乘坐公共交通工具来减少碳排放；在日常生活中，他们也会注重节能减排、减少浪费等行为。这些看似微小的改变，却汇聚成了推动生态文明建设的强大合力。

绿色经济理论还鼓励企业承担更多的社会责任，积极推广绿色产品和服务。在这个过程中，企业不仅实现了经济效益的提升，还树立了良好的社会形象。越来越多的企业开始意识到环保的重要性，并将其纳入企业战略规划的核心部分。他们通过引入先进的环保技术和设备、优化生产流程和管理模式等措施来降低能耗和污染排放；同时，他们也积极开发符合环保标准的新产品和新技术来满足市场需求。这些企业的行动不仅推动了绿色经济的发展，也为生态文明建设注入了新的活力和动力。

绿色经济理论还促进了环保产业的发展和壮大。随着环保意识的普及和环保政策的推动，越来越多的企业和人才涌入环保领域寻求发展机会。这些企业专注于环保技术的研发和应用推广，为环保产业注入了新的活力，而人才的聚集则为环保产业的创新和发展提供了有力支撑。环保产业的兴起不仅推动了经济结构的优化升级，还为生态文明建设提供了重要的产业支撑和物质基础。

正是这些多方面的努力，共同形成了全社会共同推动生态文明建设的良好氛围，为生态文明建设的深入推进奠定了坚实的基础。

（4）加强国际合作与交流推动全球绿色发展

在全球化的今天，环境问题已不再局限于某一国家或地区，而是跨越国界，成为全球共同面临的挑战。绿色经济理论不仅强调国内经济的绿色转型，更倡导国际合作与交流，以推动全球绿色发展的进程。这种跨国界的合作不仅有助于共同应对全球性环境问题，还促进了知识、技术和经验的广泛传播与共享，为生态文明建设提供了强有力的国际支持。

1）政策对话与协调：构建全球环境治理体系

绿色经济理论强调，通过加强政策对话与协调，各国能够就共同关心的环境问题达成共识，从而推动全球环境治理体系的完善和提升。在这一过程中，国际环保协议和标准的制定与执行成为关键环节，以《联合国气候变化框架公约》及其后续协议《京都议定书》和《巴黎协定》为例，这些国际法律文书的出台，凝聚了全球各国在应对气候变化方面的共识，明确了各国的减排目标和责任。绿色经济理论鼓励各国政府积极参与这些国际协议的谈判与签署，并通过国内政策的调整与实施，确保国际承诺的有效履行。

同时，区域合作机制在推动全球绿色发展中也发挥了重要作用。例如，欧盟通过实施碳排放交易体系，不仅促进了成员国之间的绿色经济合作，还为全球碳定价机制提供了宝贵经验。此外，亚太经合组织（APEC）、非盟（AU）等地区性组织也积极推动绿色经济合作，通过共享政策信息、技术交流和资金支持，促进区域内部的绿色发展。

2）绿色技术的研发与应用合作：提升全球环保能力

绿色经济理论高度重视绿色技术的研发与应用合作，认为这是推动全球绿色发展的关键。面对全球性环境挑战，任何单一国家都难以独自应对，而绿色技术的跨国界传播与应用则能有效提升全球环保能力。

在绿色技术研发方面，国际合作促进了科研资源的优化配置和协同创新。发达国家凭借其在科技领域的优势，往往能够率先取得突破，而发展中国家则拥有丰富的自然资源和巨大的市场需求。通过国际合作项目，发达国家可以向发展中国家转让先进技术和经验，帮助它们克服技术瓶颈，加速绿色技术的本土化和商业化进程。例如，联合国环境规划署（UNEP）与多国政府、企业及研究机构合作，共同推进清洁能源、节能减排等领域的技术创新与应用。

在技术应用方面，国际合作加速了绿色技术的普及与推广。各国通过政策激励、市场准入和技术标准等手段，鼓励企业和消费者采用绿色技术。跨国企业凭借其全球化布局和市场影响力，将绿色技术带到世界各地，促进了全球范围内的绿色转型。

3）环境治理项目的跨国界合作：应对全球性环境问题

环境治理项目的跨国界合作是绿色经济理论推动全球绿色发展的重要实践。这些项目往往涉及多个国家和地区，需要各方共同努力才能取得成功。气候变化、生物多样性丧失、海洋污染等全球性环境问题，成为跨国界环境治理合作的重点领域。

以气候变化为例，各国通过参与《巴黎协定》下的“国家自主贡献”（NDCs）机制，制订并实施减排计划，共同应对全球变暖挑战。此外，多国还共同参与了“气候变化全球行动倡议”（GCAI）等国际合作项目，通过资金援助、技术转让和能力建设等方式，支持发展中国家提高应对气候变化的能力。

在生物多样性保护方面，跨国界自然保护区网络建设成为国际合作的重要内容。各国通过签署双边或多边协议，共同管理和保护跨境生态系统，维护生物多样性和生态平衡。例如，中、老、缅、泰四国联合建立了湄公河—澜沧江流域生物多样性保护合作机制，共同推进该流域的生态保护与恢复工作。

海洋污染治理作为跨国界环境治理的另一重要领域，也吸引了全球各国的广泛关注。海洋塑料垃圾、油污泄漏等问题严重威胁着海洋生态系统和人类健康。各国通过加强信息共享、联合监测和应急响应等方面的合作，共同应对海洋污染挑战。同时，国际海事组织（IMO）等全球性机构也积极推动航运业的绿色转型，减少船舶排放对海洋环境的影响。

4）贡献中国智慧与力量：展现负责任大国形象

中国作为世界上最大的发展中国家和负责任的大国，在推动全球绿色发展进程中发挥了积极作用。绿色经济理论不仅为中国自身的生态文明建设提供了理论支撑和实践指导，还为中国在国际舞台上展现负责任大国形象提供了契机。

中国积极参与全球环境治理体系的建设和完善工作。中国政府高度重视气候变化等全球性环境问题，积极参与国际气候谈判并作出郑重承诺。通过实施一系列国内减排政策和措施（如碳交易市场建设、清洁能源推广等）为全球应对气候变化作出了重要贡献。同时，中国还积极参与南南合作向其他发展中国家提供资金、技术和能力建设支持，帮助其提高应对环境问题的能力。

在绿色技术研发与应用方面中国也展现出了强大实力和创新活力。中国在可再生能源、新能源汽车、智能电网等领域取得了显著成就，为全球绿色技术的普及与推广作出了积极贡献。同时，中国还积极推动绿色“一带一路”建设，加强与共建国家的绿色经济合作，共同推动区域乃至全球的绿色发展进程。

绿色经济理论通过强调国际合作与交流推动了全球绿色发展的进程。在政策对话与协调、绿色技术研发与应用合作以及环境治理项目的跨国界合作等方面，各国携手共进，共同应对全球性环境问题挑战。中国作为负责任的大国在这一过程中积极贡献智慧与力量，继续深化对绿色经济理论的研究和探索，不断完善理论体系和实践路径，为全球生态文明建设作出了重要贡献。

3.2 可持续发展经济学的贡献

在生态文明观的语境下，可持续发展经济学不仅是对传统经济学的深刻反思与超越，更是对经济发展模式、政策制定及实践路径的全面革新。它强调经济发展与环境保护的协调统一，追求经济、社会、环境三大系统的整体最优，为生态文明时代的经济建设提供了坚实的理论基础和实践指南。以下将从理论创新、政策导向及实践应用三个层面，深入探讨可持续发展经济学的贡献。

3.2.1 理论创新：构建绿色发展的新经济学框架

可持续发展经济学在理论层面的创新，主要体现在其跨学科的性质、对传统经济增长理论的批判性重构和对传统经济学的创新，以及对可持续发展目标的重新定义和评估经济活动影响的新视角和工具。传统经济学往往将经济增长视为无限追求 GDP 的过程，忽视了资源环境的约束和生态平衡的维护。可持续发展经济学则从根本上打破了这一局限，将生态环境作为经济发展的内在变量，构建了绿色发展的新经济学框架。

（1）可持续发展经济学的跨学科性质

在深入探讨生态文明时代的经济理论基础时，可持续发展经济学的贡献不容忽视。作为生态文明与经济理论深度融合的产物，可持续发展经济学不仅在理论上实现了对传统经济学的革新与拓展，更在实践中为构建绿色、低碳、循环的经济体系提供了坚实的支撑。

可持续发展经济学并非孤立的理论体系，而是植根于多学科交叉融合的肥沃土壤之中。它广泛吸纳了环境经济学、资源经济学、生态经济学、社会学以及政治学等多个学科的理论精髓，形成了独具特色的跨学科研究范式。这种跨学科性质不仅丰富了可持续发展经济学的内涵，也为其提供了源源不断的创新动力。

环境经济学为可持续发展经济学提供了分析环境外部性的工具，揭示了经济发展过程中环境污染与生态破坏的根源，强调了将环境成本内部化的重要性。

资源经济学则聚焦于自然资源的合理配置与高效利用，探讨了资源稀缺性对经济发展的制约作用以及如何通过市场机制和政策干预实现资源的可持续利用。

生态经济学则将生态系统服务纳入经济分析框架，揭示了经济活动与生态系统之间的相互依存关系，为评估经济发展对生态环境的影响提供了科学的方法论。

社会学和政治学也为可持续发展经济学增添了人文关怀和社会责任。社会学关注经济发展过程中的社会公平与正义，强调经济发展应惠及全民，避免贫富差距的进一步扩大。政治学则强调国家政策和国际合作在推动可持续发展中的关键作用，倡导通过制度建设与国际合作共同应对全球性环境挑战。

正是这种跨学科性质的融合，使得可持续发展经济学能够超越单一学科的局限，从多维度、多层次审视经济发展与环境保护之间的复杂关系，从而构建起一个更加全面、深入、科学的绿色发展新经济学框架。在跨学科融合的基础上，可持续发展经济学在理论创新方面取得了显著成果，为构建绿色发展的新经济学框架奠定了坚实的基础。

可持续发展经济学作为生态文明时代经济理论基础的重要组成部分，它通过跨学科融合与理论创新，构建了绿色发展的新经济学框架，为经济社会的绿色转型提供了有力支撑。

（2）经济增长与资源环境的双重考量

可持续发展经济学，作为生态文明与经济学交融的典范，其理论创新深刻体现在对经济增长与资源环境双重考量的全新视角上。这一视角不仅超越了传统经济学的局限，更为解决全球面临的资源枯竭、环境污染和生态退化等紧迫问题提供了科学依据和实践路径。在生态文明时代的宏大叙事中，可持续发展经济学构建起一个绿色发展的新经济学框架，重新定义了经济增长的内涵与价值追求。

在传统经济学的框架下，经济增长往往被简化为经济总量的持续扩张，以GDP为主要衡量标准。然而，这种单一维度的增长模式忽视了经济增长背后的资源消耗与环境污染成本，导致了“有增长无发展”的尴尬局面。随着工业化、城市化的加速推进，资源短缺、环境污染和生态破坏等问题日益凸显，严重威胁到人类社会的可持续发展。正是在这一背景下，可持续发展经济学应运而生，它以更加全面、长远的视角审视经济增长，将资源环境的可持续性纳入经济发展的核心考量之中。

可持续发展经济学强调，经济增长不应仅关注经济总量的增加，而应是一个涉及经济、社会、环境三个维度的综合发展过程。这一过程要求我们在追求经济增长的同时，必须充分考虑资源消耗、环境污染及生态破坏等多重因素，确保经济增长不以牺牲环境为代价，实现经济效益、社会效益和环境效益的有机统一。这一理念颠覆了传统经济学中经济增长与环境保护对立的旧观念，提出了绿色发展的新思路。

具体而言，可持续发展经济学认为，经济增长必须遵循自然规律，确保经济活动在生态系统可承受的范围内进行。它倡导通过技术创新、制度创新等手段，提高资源利用效率，减少环境污染，实现经济系统的绿色化转型。在这一过程中，政府、企业和公众都是不可或缺的行动主体，需要共同参与、协同努力，推动经济社会向更加绿色、低碳、可持续的方向发展。

为了更真实地反映经济发展的质量和可持续性，可持续发展经济学提出了“绿色GDP”的概念。绿色GDP是在传统GDP的基础上扣除环境成本后的经济总量指标，它更全面地考虑了经济增长对资源环境的负面影响，如资源消耗、环境污染和生态破坏等。通过计算绿色GDP，我们可以更准确地评估经济发展的真实成本，为政策制定者提供更加科学的决策依据。

绿色GDP的引入，不仅改变了我们对经济增长的传统认知，也促使我们在追求经济增长的过程中更加注重环境保护和生态平衡。它要求我们在制定经济政策、规划产业发展时，必须充分考虑环境因素，避免以牺牲环境为代价换取短期的经济增长。同时，绿色 GDP 也为公众提供了更加清晰、透明的经济发展信息，有助于提升公众的环保意识和社会责任感，形成全社会共同推动绿色发展的良好氛围。

可持续发展经济学通过对经济增长与资源环境的双重考量，实现了对传统经济学的深刻反思与超越；通过构建绿色发展的新经济学框架为经济社会向绿色、低碳、可持续方向发展提供了科学依据和实践路径；可持续发展经济学突破了新古典经济学，综合考虑经济增长的自然极限问题，力求系统地研究人类社会的经济增长等问题。

（3）多元目标的综合平衡

可持续发展经济学，作为生态文明理念在经济领域的深入实践，其追求的是经济、社会、环境三大目标的综合平衡。在追求经济、社会、环境三大目标综合平衡的过程中，可持续发展经济学展现出了其独特的理论魅力与实践价值。真正的可持续发展不应是单一维度的经济增长，而应是经济繁荣、社会进步与环境保护三者之间的和谐统一。为此，可持续发展经济学提供了一系列科学的方法和工具，如生态足迹分析、环境库兹涅茨曲线模型等，帮助政策制定者和研究者在不同目标之间进行权衡和取舍，找到最优的发展路径。这些工具不仅提高了决策的科学性和合理性，也为评估可持续发展的成效提供了客观标准。

经济形态理论作为可持续发展经济学的重要组成部分，深入探讨了可持续发展状态下的经济特征和运行规律。它认为，可持续发展的经济形态不仅关注物质财富的增长，更强调经济效率、社会公平与环境可持续之间的内在联系。在这种经济形态下，经济增长不再以资源的高消耗和环境的重污染为代价，而是通过技术创新、管理优化和制度革新，实现资源的高效利用和循环利用，确保经济活动的环境友好性。同时，可持续发展经济形态注重缩小贫富差距，促进社会各阶层之间的公平与包容，确保经济增长成果惠及全体人民。这种经济形态论不仅为政策制定者提供了理论支撑，也为企业和个人指明了发展方向，共同推动经济社会向更加绿色、低碳、可持续的未来迈进。

生态资本理论是可持续发展经济学的另一重要创新目标点，它将自然生态系统纳入经济学的研究范畴，赋予生态资源以经济价值，强调生态资本在社会总资本运动中的重要作用。传统经济学往往忽视了自然资源的稀缺性和生态系统的服务功能，将其视为无限供给的免费资源。在可持续发展经济学的视角下，生态资本如同物质资本和人力资本一样，是社会经济发展的重要基础。通过科学评估和管理生态资本，可以确保其得到合理保护和有效利用，避免过度开发和浪费。生态资本理论的提出，不仅拓宽了经济学的研究边界，也为政策制定者提供了更全面的决策依据。它促使政府在制定经济发展规划时，必须充分考虑生态环境的承载能力，实现经济发展与环境保护的双赢。

三位一体创新理论（制度创新、技术创新和生态创新）是可持续发展经济学推动现代经济可持续发展的重要路径。制度创新为可持续发展提供了制度保障和政策支持。通过建立和完善环境保护法律法规体系，强化环境监管和执法力度，可以确保生态环境得到有效保护。同时，通过实施绿色税制、碳交易市场等经济政策工具，可以引导企业和个人采取更加环保的生产和消费行为。技术创新则是推动绿色转型和产业升级的关键。通过研发和推广绿色低碳技术，可以降低能耗和排放，提高资源利用效率，实现经济活动的绿色化。例如，清洁能源技术的突破，如太阳能、风能等可再生能源的开发利用，为减少化石能源的依赖和降低温室气体排放提供了有力支持。生态创新则侧重于生态系统的修复和保护，通过科学规划和合理管理，恢复和提升生态系统的服务功能，为经济社会活动提供更加坚实的生态支撑。

可持续发展经济学作为生态文明理念在经济领域的深入实践，为全球经济社会的可持续发展提供了重要的理论支撑和实践指导。通过构建绿色发展的新经济学框架，追求经济、社会、环境三大目标的综合平衡，推动制度创新、技术创新和生态创新等多方面的努力，我们可以共同迈向一个更加绿色、低碳、可持续的未来。

3.2.2　政策导向：推动绿色转型的制度安排

可持续发展经济学在政策层面的贡献，主要体现在为绿色转型提供了系统的制度安排和政策建议。这些制度安排不仅有助于克服市场失灵，还能引导社会资源向绿色低碳领域倾斜，推动经济结构的优化升级。

（1）环境政策的创新与强化

可持续发展经济学主张通过制定和实施严格的环境政策，减少污染排放和资源浪费。其核心在于通过一系列创新且强有力的环境政策，引导社会经济活动逐步向低碳、环保、可持续的方向发展。这些政策包括排污许可制度、环境税、碳交易市场等，这些政策不仅旨在减少污染排放和资源浪费，更深层次地，它们致力于构建一个公平、高效、和谐的绿色发展体系，确保经济增长与环境保护的双重目标得以实现。

可持续发展经济学强调，环境政策的制定与实施是推动绿色转型的关键环节。面对日益严峻的环境挑战，传统的环境治理手段已难以满足现实需求，因此，政策创新成为必然选择。具体而言，环境政策的创新体现在以下几个方面。

1）排污许可制度与市场机制的融合

排污许可制度作为环境管理的重要手段之一，通过明确企业的排污权限和标准，有效限制了污染物的排放量。然而，单一的行政管制往往难以充分调动企业的积极性，实现污染减排的最大化。因此，可持续发展经济学倡导将排污许可制度与市场机制相结合，如通过排污权交易，使企业在满足自身生产需求的同时，也能够通过市场手段优化资源配置，降低减排成本。

在实践中，排污权交易市场的建立，允许企业在市场上买卖排污权，那些减排成本较低的企业可以通过出售多余的排污权获得经济收益，而减排成本较高的企业则可以通过购买排污权来满足生产需要。这种市场机制不仅激励了企业主动减排，还促进了环保技术的研发与应用，推动了整个行业的绿色转型。

2）环境税与绿色税制的构建

环境税作为一种经济激励手段，通过对污染行为和资源消耗征税，提高了企业和个人的环境成本意识，促使其在生产生活中更加注重节能减排和资源高效利用。可持续发展经济学认为，环境税不仅能够筹集资金用于环境治理和生态保护，更重要的是，它能够引导社会经济活动向绿色、低碳方向转型。

在绿色税制的构建过程中，可持续发展经济学强调税制的公平性与效率性。一方面，应根据不同污染物的环境危害程度和资源稀缺性设定合理的税率，确保税收负担的公平分配；另一方面，应优化税收征管机制，提高税收征管的效率与透明度，避免重复征税和税收逃避现象的发生。

此外，绿色税制还应与其他环境政策相协调，形成政策合力。例如，将环境税收收入专项用于环境治理、生态修复和绿色技术研发等领域，既保障了环境治理的资金需求，又促进了绿色产业的发展。

3）碳交易市场的深化与完善

碳交易市场作为应对气候变化的重要手段之一，通过为碳排放权定价，引导企业和个人减少温室气体排放。可持续发展经济学认为，碳交易市场的深化与完善对于推动全球绿色转型具有重要意义。一方面，碳交易市场的建立促进了碳排放权的合理配置与高效利用；另一方面，通过市场机制激励企业采用低碳技术和清洁能源，降低了减排成本并提高了减排效率。

为了深化和完善碳交易市场，可持续发展经济学提出了一系列政策建议。首先，应扩大碳交易市场的覆盖范围，将更多的行业和企业纳入市场体系中，提高市场的代表性和影响力。其次，应建立健全碳排放监测、报告与核查体系，确保碳排放数据的真实性和准确性。此外，还应加大碳交易市场的监管力度，防范市场操纵和欺诈行为的发生，维护市场的公平性和稳定性。

4）环境监管与执法力度的强化

在环境政策的实施过程中，监管与执法是确保政策效果的关键环节。可持续发展经济学强调，必须强化环境监管与执法力度，形成对污染行为的强大震慑力。具体而言，应建立健全环境监管体系，完善环境监测网络和技术手段，实现对环境污染的实时监测和预警。同时，应加大对环境违法行为的查处力度和惩罚力度，提高违法成本，让违法者付出沉重代价。

在执法过程中，应注重法治思维和法治方式的运用。一方面，应依法依规开展环境执法工作，确保执法的合法性和权威性；另一方面，应加强执法队伍的建设和管理，提高执法人员的专业素养和执法能力。此外，还应加强社会监督和公众参与力度，形成全社会共同监督环境保护的良好氛围。

5）多元目标的综合平衡与政策协调

可持续发展经济学在推动绿色转型的过程中，不仅关注环境目标的实现，还强调经济、社会与环境三大目标的综合平衡。因此，在政策制定与实施过程中，应注重多元目标的协同推进和政策间的相互协调。可持续发展经济学认为，通过创新驱动和绿色发展模式的构建，可以实现经济增长与环境保护的双赢。具体而言，应加大对绿色技术的研发投入和推广力度，提高资源利用效率和污染治理水平；同时，应积极培育和发展绿色产业和新兴产业，形成新的经济增长点。

在政策层面上，应制定和实施一系列支持绿色发展的政策措施。例如，通过税收优惠、财政补贴等方式降低绿色技术的研发和应用成本；通过政府采购和绿色认证等方式扩大绿色产品的市场需求；通过绿色金融和绿色投资等手段引导社会资本向绿色领域倾斜。这些政策措施不仅有助于推动绿色技术的研发与应用，还能够促进产业结构的优化升级和经济质量的提高。

环境保护不仅是政府的责任和义务，更是全社会的共同事业。可持续发展经济学强调社会公平在环境保护中的重要作用，强调社会公平与环境保护的协同推进。具体而言，应注重环境保护政策的公平性和包容性，确保不同群体在环境保护中的权益得到保障；同时，应加强环境教育和公众参与力度，提高全社会对环境保护的认识和参与度。

在政策制定与实施过程中，应注重环境保护政策与社会保障政策的衔接与协调。例如，在推动产业绿色转型的过程中，应关注转型过程中可能产生的就业问题和社会稳定风险；在环境治理项目的实施过程中，应充分听取当地居民的意见和建议，确保项目的顺利实施和社会接受度。通过这些措施的实施，可以形成全社会共同推动环境保护的良好氛围和合力。

通过创新环境政策、强化监管与执法力度以及实现多元目标的综合平衡等措施的实施，引导社会经济活动逐步向低碳、环保、可持续的方向发展。在这一过程中，政府、企业和公众都扮演着重要角色。政府应发挥主导作用，制定科学合理的环境政策并加强监管与执法力度；企业应积极履行社会责任，加强绿色技术研发与应用并推动产业绿色转型；公众则应提高环保意识并积极参与环境保护行动。只有全社会共同努力、协同推进，才能实现真正的可持续发展目标。

（2）绿色金融体系的构建

可持续发展经济学在倡导绿色经济转型的过程中，不仅注重环境政策的创新与强化，还深刻认识到绿色金融体系的构建对于促进绿色项目落地与可持续发展的重要性。绿色金融，作为金融创新与环境保护相结合的产物，其核心理念在于通过绿色信贷、绿色债券、绿色基金等金融工具，进行金融资源的优化配置，引导社会资本更多地流向清洁能源、节能环保、生态修复等有利于环境保护和生态建设的领域。降低绿色项目的融资成本，从而为经济的绿色转型提供强有力的资金支持，激发社会对绿色投资的热情，推动经济结构的绿色转型。

绿色金融，简言之，是指金融部门在投融资决策中充分考虑环境因素，通过金融工具和服务支持环境保护、应对气候变化和资源节约高效利用的经济活动。这一体系涵盖了绿色信贷、绿色债券、绿色基金、绿色保险等多种金融产品与服务，旨在通过市场机制引导资金流向低碳、环保、可持续的项目和产业，促进经济结构的优化升级。

绿色金融体系的构建，对于推动可持续发展具有重要意义。它能够有效降低绿色项目的融资成本，解决绿色产业因初期投入大、回报周期长而面临的融资难题。通过绿色金融工具，企业可以更容易地获得长期、稳定的资金支持，加速绿色技术的研发与应用，推动产业向绿色低碳方向转型。

绿色金融还能够激发社会对绿色投资的热情，引导社会资本向绿色领域倾斜。随着公众环保意识的提高和对可持续发展重要性的认识加深，越来越多的投资者开始关注绿色项目的长期价值和社会责任。绿色金融体系的构建，为这些投资者提供了丰富的投资选择和良好的回报预期，从而吸引了更多社会资本参与绿色发展。

绿色金融还能够促进金融市场的创新与发展。在推动绿色金融的过程中，金融机构需要不断创新金融产品和服务模式，以满足市场对绿色投资的需求。这种创新不仅有助于提高金融市场的效率和活力，还能够推动金融与实体经济之间的良性互动，促进经济的整体转型升级。

构建绿色金融体系是一项系统工程，需要政府、金融机构、企业和公众等多方面的共同努力，其中，政府在构建绿色金融体系中发挥着至关重要的作用。政府可以通过制定和实施一系列政策措施，为绿色金融的发展提供有力的制度保障和支持。政府应加快完善绿色金融相关的法律法规建设，明确绿色金融的定义、范围、监管要求等关键内容，为绿色金融的发展提供坚实的法律基础。同时，政府还应加大对绿色金融市场的监管力度，确保市场规范有序运行。政府可以通过给予绿色项目税收优惠、财政补贴等政策措施，降低绿色项目的融资成本，提高其市场竞争力。此外，政府可以设立绿色产业基金，专项支持绿色技术的研发与应用推广。政府还可以推动建立绿色信用评价体系，对参与绿色金融活动的企业和个人进行信用评估与分类管理。通过公开透明的信用信息披露机制，激励企业和个人积极履行环保责任和社会责任。

市场机制是绿色金融发展的核心驱动力。为了促进绿色金融市场的有效运行和发展壮大，需要建立健全市场机制体系。完善绿色债券发行与交易机制。政府应鼓励和支持符合条件的绿色企业通过发行绿色债券筹集资金，并建立健全绿色债券的发行审核、信息披露、信用评级等配套机制。同时，推动建立绿色债券交易市场，提高绿色债券的流动性和市场认可度。

发展绿色信贷市场。金融机构应加大对绿色信贷的支持力度，制定专门的绿色信贷政策和产品体系。通过简化审批流程、降低贷款利率等措施，鼓励企业申请绿色信贷资金用于环保项目和清洁能源技术的研发与应用。

推动绿色保险产品与服务创新。保险机构应积极探索绿色保险产品与服务创新，为绿色项目提供风险保障和损失补偿机制。通过开发环境污染责任险、气候变化保险等绿色保险产品，提高绿色项目的抗风险能力和可持续发展水平。

金融机构作为绿色金融市场的主体力量之一，在推动绿色金融体系构建中发挥着关键作用。为了促进绿色金融市场的健康发展与创新发展，金融机构要加强绿色金融产品研发与创新。金融机构应加强对绿色金融市场的深入研究与分析，根据市场需求和客户特点开发具有针对性的绿色金融产品与服务。例如，推出绿色信用卡、绿色住房贷款等创新产品以满足消费者对绿色消费的需求；同时开发绿色供应链金融产品支持绿色产业链上下游企业的融资需求等。

提高绿色金融服务的专业化水平。金融机构应建立健全绿色金融专业团队和服务体系，提升对绿色项目的识别能力、评估能力和风险管理能力。通过加强与环保部门、科研机构等单位的合作与交流，共同推动绿色金融产品的创新与应用推广。

强化绿色金融风险管理能力。金融机构应建立健全绿色金融风险管理体系和内部控制机制，确保绿色金融业务的稳健运行和风险控制。通过加强对绿色项目环境风险、信用风险和市场风险等方面的监测与评估工作，及时发现并应对潜在风险问题；同时加强与国际同行的交流与合作，共同提高全球绿色金融风险管理水平。

绿色金融作为全球经济转型的重要方向之一，已经引起了国际社会的广泛关注与认可。为了推动全球绿色金融市场的共同发展与繁荣进步，需要加强国际合作与交流工作，要加强国际绿色金融政策对话与协调机制建设。各国政府应加强在国际绿色金融政策制定与执行过程中的对话与协调机制建设，共同推动全球绿色金融标准体系的建设与完善工作；同时加大在国际绿色金融监管合作方面的力度，确保全球绿色金融市场的规范有序运行和发展壮大。

推动跨国界绿色金融产品与服务的创新与应用推广。各国金融机构应加强跨国界合作与交流工作，共同推动跨国界绿色金融产品与服务的创新和应用推广工作；通过借鉴国际先进经验和技术手段提高本国绿色金融市场的创新发展能力和竞争力水平；同时加强与国际金融组织、跨国企业等单位的合作与交流工作，共同推动全球绿色金融市场的发展繁荣与进步提升。

加强绿色金融人才培养与交流合作工作力度，提高全球绿色金融领域的人才队伍素质和能力水平；通过举办国际绿色金融论坛、研讨会等活动形式加强各国在绿色金融领域的人才交流与合作工作力度，共同推动全球绿色金融领域的创新发展与应用实践工作进程；同时加大对发展中国家在绿色金融领域的技术支持与援助工作力度，帮助其提高绿色金融发展水平，实现全球绿色经济的共同繁荣与发展进步目标。

（3）产业政策的绿色导向

可持续发展经济学在推动经济社会向绿色转型的过程中，不仅着眼于宏观层面的环境政策与绿色金融体系的构建，更深入中观层面的产业政策设计，通过绿色导向的产业政策引导经济结构优化与产业升级，为可持续发展奠定坚实的基础。

产业政策作为政府调控经济的重要手段之一，其绿色导向不仅体现了政府对环境保护的坚决态度，也反映了经济发展模式的深刻变革。在可持续发展经济学的指导下，产业政策不再单纯追求经济总量的增长，而是更加注重经济增长的质量与可持续性，力求在经济、社会、环境三个维度上实现平衡与和谐。

具体而言，产业政策的绿色导向体现在多个方面。通过制定严格的环保标准和排放标准，限制高污染、高能耗产业的发展，促使这些产业通过技术改造和升级，减少污染物排放，提高资源利用效率。这一措施不仅有助于改善环境质量，还能倒逼企业加大研发投入，推动技术创新，提升产业竞争力。同时，政府还通过环保执法力度的加强，确保环保标准得到有效执行，防止企业为追求短期经济利益而忽视环境保护责任。

产业政策绿色导向的核心还在于对传统产业进行绿色低碳转型的扶持与引导。政府通过提供财政补贴、税收优惠、技术研发支持等一系列优惠政策，降低企业绿色转型的成本和风险，鼓励其主动向绿色低碳方向发展。例如，对于采用清洁能源、实施节能减排措施的企业，政府可以给予税收减免或返还的优惠政策；对于开展绿色技术研发和创新的企业，可以设立专项基金予以资助。这些政策的实施，不仅能够激发企业绿色转型的积极性，还能够带动整个产业链的绿色发展，形成良性循环。

产业政策的绿色导向还体现在对绿色新兴产业的扶持与培育上。节能环保、清洁能源、生态农业等绿色新兴产业以其低能耗、低污染、高效益的特点，成为推动经济社会可持续发展的重要力量。政府通过制定具有针对性的扶持政策，如设立专项基金、提供融资担保、优化审批流程等，为绿色新兴产业的发展提供有力支持。同时，政府还积极推动绿色新兴产业与传统产业的融合发展，促进产业间的协同创新与优势互补，推动经济结构的优化升级。

在绿色导向的产业政策推动下，经济社会逐渐形成了绿色低碳的发展模式。一方面，传统产业通过技术改造和升级，实现了节能减排和资源高效利用的目标；另一方面，绿色新兴产业蓬勃发展，为经济增长注入了新的活力。这种发展模式不仅有助于缓解环境压力、保护生态系统健康，还能提高经济发展的质量和效益，实现经济社会的可持续发展。

产业政策的绿色导向也并非一蹴而就的，而是需要政府、企业和社会各界的共同努力与持续推进。政府应不断完善和优化绿色导向的产业政策体系，确保其针对性和有效性；企业应积极响应政府号召，加大绿色技术研发和应用力度，推动自身向绿色低碳方向转型；社会各界也应积极参与其中，共同营造绿色低碳的发展氛围。只有这样，我们才能真正实现经济社会的绿色转型与可持续发展目标。

在全球气候变化和资源环境约束日益严峻的背景下，可持续发展经济学的政策导向显得尤为重要。通过制定和实施严格的环境政策、构建绿色金融体系和推动产业政策的绿色导向等措施，我们可以有效应对环境挑战、促进资源节约和循环利用、推动经济社会的绿色低碳发展。这些政策的实施不仅符合生态文明建设的内在要求，也是实现全球可持续发展目标的重要途径。

3.2.3　实践应用：探索绿色发展的多元路径

可持续发展经济学在实践层面的贡献，体现在为绿色发展提供了多元路径和具体策略。这些路径和策略不仅适用于国家层面的宏观决策，也为企业和个人的微观行为提供了指导。

（1）低碳经济与能源革命

低碳经济是可持续发展经济学的重要实践领域之一。它要求通过技术创新和制度创新，降低能耗和排放，推动能源生产和消费方式的革命性变化。在低碳经济模式下，清洁能源和可再生能源成为能源供应的主体，对传统化石能源的依赖程度大大降低。这不仅有助于应对气候变化挑战，还能促进经济的可持续发展。能源革命的核心在于技术创新与产业升级的紧密结合，通过引入先进的低碳技术和装备，提高能源利用效率，减少污染物排放。同时，加强能源基础设施建设，完善能源供应体系，保障清洁能源的稳定供应和安全使用。

1）低碳经济的实践探索

低碳经济强调在经济发展过程中降低碳排放强度，通过提高能源利用效率和推广清洁能源技术，实现经济发展与环境保护的双赢。这一模式的核心在于技术创新与制度创新的双重驱动，旨在构建以清洁能源和可再生能源为主体的能源供应体系，减少对传统化石能源的依赖。

技术创新是低碳经济发展的关键驱动力。在清洁能源领域，太阳能、风能、水能等可再生能源技术的快速发展，为低碳经济的实现提供了有力支撑。例如，光伏技术的不断进步使得太阳能发电成本持续下降，使得太阳能成为全球最具竞争力的清洁能源之一。国际能源署数据显示，全球太阳能装机容量在过去 10 年中增长了数十倍，预计到 2030 年，太阳能将成为全球最大的电力来源之一。

风能技术同样取得了显著进展。随着风力发电技术的进步和规模效应的显现，风电成本也在迅速下降。海上风电作为风能开发的新前沿，其技术难度虽大，但潜力巨大。欧洲多国已率先布局海上风电项目，如英国的 Dogger Bank 风电场、荷兰的 Gemini 海上风电场等，这些项目不仅规模宏大，而且技术先进，为全球风电发展树立了标杆。

此外，电动汽车和氢能技术的发展也为交通领域的低碳转型提供了新路径。电动汽车通过电池技术的不断突破，续航里程和充电便利性大幅提升，正在逐步替代传统燃油车。而氢能作为未来清洁能源的重要方向，其在燃料电池汽车、分布式能源等领域的应用前景广阔。日本、韩国、德国等国家已纷纷出台氢能发展战略，加大研发投入，推动氢能产业链的完善与成熟。

碳排放交易市场的建立是制度创新的重要体现。欧盟碳排放交易体系（EU ETS）作为全球最大的碳排放市场，自 2005 年启动以来，有效降低了欧盟地区的碳排放总量。通过为碳排放设置上限并发放配额，允许企业在市场上买卖配额，碳排放交易市场实现了碳定价机制，激励企业减少碳排放、提高能效。

碳税政策也是促进低碳经济发展的有效手段之一。瑞典、芬兰、丹麦等北欧国家率先实施碳税政策，对化石燃料的使用征税，并将税收收入用于支持可再生能源项目和能效提升计划。这种“双重红利”效应不仅降低了碳排放，还促进了绿色经济的发展。

2）实践案例分享

在低碳经济与能源革命的全球实践中涌现出众多成功案例，这些案例不仅展示了低碳发展的巨大潜力，也为其他国家提供了宝贵经验。

德国能源转型案例。德国作为欧洲最大的经济体之一，在能源转型方面走在了世界前列。德国政府提出了“能源转型”（Energiewende）战略，旨在到 2050 年实现温室气体排放比 1990 年减少 80%~95% 的目标。德国大力发展可再生能源，特别是风能和太阳能。截至 2022 年，德国可再生能源占电力消费的比例已超过 40%，成为全球可再生能源利用的典范。同时，德国还积极推动电动汽车普及和充电基础设施建设，为交通领域的低碳转型奠定了坚实的基础。

丹麦风能案例。丹麦是全球风能利用的领军者之一。丹麦政府高度重视风能发展，通过提供补贴、税收优惠等政策措施，鼓励企业和个人投资风能项目。目前，丹麦风能发电量已超过全国电力消费总量的 40%，成为全球风能利用率最高的国家之一。丹麦风能产业的发展不仅促进了经济增长和就业创造，还为全球应对气候变化作出了重要贡献。

中国光伏产业案例。中国作为全球最大的光伏产品生产国和应用国之一，在光伏产业发展方面取得了举世瞩目的成就。中国政府通过制定一系列扶持政策，如上网电价优惠、投资补贴等，推动了光伏产业的快速发展。近年来，中国光伏技术不断进步，成本持续下降，使得光伏电力成为越来越多地区的主流能源选择。据统计，截至 2022 年年底，中国光伏发电装机容量已超过 3 亿千瓦，成为全球光伏产业发展的领头羊。

3）能源革命的核心要素

能源革命作为低碳经济发展的关键环节，其核心在于技术创新与产业升级的紧密结合。通过引入先进的低碳技术和装备，提高能源利用效率，减少污染物排放；同时加强能源基础设施建设，完善能源供应体系，保障清洁能源的稳定供应和安全使用。

在能源生产领域，清洁能源技术的不断突破使得清洁能源的利用效率和经济性大幅提升。例如，光伏电池转换效率的提升、风电技术的智能化改造等都极大地促进了清洁能源产业的发展。同时，储能技术的进步也为清洁能源的稳定供应提供了重要保障。通过建设大规模储能设施，可以有效平衡清洁能源供应的不稳定性问题，提高电网的可靠性和安全性。

在能源消费领域，电动汽车、智能电网等技术的广泛应用也推动了能源消费的低碳化转型。电动汽车的普及不仅减少了交通领域的碳排放量，还促进了电池产业链的完善和发展。智能电网通过先进的通信技术和控制技术实现了能源的高效调度和优化配置，为清洁能源的大规模接入和消纳提供了有力支撑。

能源基础设施建设是保障清洁能源稳定供应和安全使用的重要保障。政府应加大对能源基础设施建设的投入力度，提高清洁能源的输送效率和扩大其覆盖范围。一方面政府应加快电网改造升级步伐，提高电网对清洁能源的接纳能力和调节能力；另一方面政府还应加强油气管道、储气库等油气基础设施建设，提高油气资源的稳定供应和安全保障能力。

政府还应鼓励社会资本参与能源基础设施建设，通过引入市场竞争机制，降低建设成本和运营成本，提高能源基础设施的运营效率和服务质量。通过完善能源供应体系，保障清洁能源的稳定供应和安全使用，为低碳经济的发展提供坚实的基础。

低碳经济与能源革命作为可持续发展经济学的重要实践领域之一，在推动全球应对气候变化挑战、促进经济可持续发展方面发挥着重要作用。通过技术创新与制度创新的双重驱动以及产业链上下游的协同发展，引导社会资源向低碳领域倾斜，推动能源结构的优化升级和经济的高质量发展。

（2）绿色产业与新兴产业的崛起

绿色产业和新兴产业的崛起是可持续发展经济学实践应用的又一重要体现。绿色产业以环境保护和资源节约为核心目标，通过技术创新和模式创新推动经济的绿色转型。环保产业、新能源产业、循环经济产业等绿色产业不仅为经济发展注入了新的活力，还为实现经济、社会与环境的和谐共生开辟了新路径。新兴产业的崛起则进一步丰富了绿色发展的内涵和外延，通过引入新技术、新业态和新模式，推动经济的创新驱动发展。

（3）循环经济与资源高效利用

循环经济是可持续发展经济学倡导的重要发展模式之一。它强调资源的循环利用和废弃物的减量化、资源化，通过构建闭环经济体系，实现经济效益与环境效益的双赢。在循环经济模式下，企业不再简单地将废弃物视为无用的负担，而是通过技术创新和管理创新，将其转化为有价值的资源或产品。这不仅减少了环境污染和资源浪费，还为企业带来了新的增长点。循环经济的实践不仅提高了资源的利用效率，还促进了产业结构的优化升级和经济的可持续发展。

（4）国际合作与全球治理

可持续发展经济学还强调国际合作与全球治理的重要性。面对气候变化、生物多样性丧失等全球性环境问题挑战，任何单一国家的努力都显得微不足道。因此，加强国际合作与交流成为推动全球绿色发展的必由之路。通过政策对话与协调、绿色技术的研发与应用合作、环境治理项目的跨国界合作等途径，各国可以共同应对全球性环境问题挑战，推动全球绿色发展的进程。中国作为负责任的大国，在这一过程中发挥了积极作用，通过参与全球环境治理体系的建设和完善工作积极贡献中国智慧与力量。

可持续发展经济学在生态文明时代的框架下发挥了重要作用，它不仅在理论层面构建了绿色发展的新经济学框架，为政策制定提供了科学依据，还在实践层面探索了绿色发展的多元路径，为经济结构的优化升级和可持续发展提供了有力支撑。未来随着全球对可持续发展理念的深入理解和实践探索的不断深入，可持续发展经济学将继续发挥其独特优势，引领全球经济向更加绿色、低碳和可持续的方向发展。

3.3　生态经济学的核心思想

生态经济学作为生态文明与经济学交叉融合的新兴学科，其核心思想在于深刻揭示生态系统与经济系统之间的内在联系与相互作用机制，探索在保护生态环境的前提下实现经济可持续发展的路径。本节将从生态经济系统的本质特征、生态价值理论、生态资源优化配置、生态补偿机制以及可持续发展路径五个方面，深入剖析生态经济学的核心思想。

3.3.1　生态经济系统的本质特征

生态经济学认为，经济系统并非孤立存在，而是与生态系统紧密相连、相互依存的整体。经济系统的运行依赖生态系统的物质与能量流动，而经济活动的副产品又可能对生态系统造成压力与破坏。因此，生态经济系统具有以下几个本质特征。

（1）整体性与关联性

生态经济系统是一个由经济子系统和生态子系统构成的复合系统，两者之间相互关联、相互影响。经济子系统通过资源开发与利用实现经济增长，而生态子系统则通过提供自然资源和环境服务支持经济活动。两者之间的物质循环、能量流动和信息传递构成了生态经济系统的整体功能。

（2）动态平衡性

生态经济系统在不断变化中寻求动态平衡。经济子系统的发展需要不断从生态子系统中获取资源，同时产生废弃物排放至生态系统中。生态子系统则通过自我调节与恢复机制维持生态平衡，但这种调节能力是有限的。因此，生态经济系统需要在经济发展与生态保护之间找到平衡点，确保系统整体稳定运行。

（3）层级性与复杂性

生态经济系统具有多层级、多要素、多功能的复杂性。不同层级（如个体、种群、群落、生态系统）之间的相互作用构成了复杂的网络关系。这些关系涉及物质循环、能量流动、信息传递等多个方面，使得生态经济系统的运行规律难以简单概括，需要运用多学科的知识和方法进行综合研究。

3.3.2　生态价值理论

生态价值理论是生态经济学的重要组成部分，它突破了传统经济学对价值的狭隘理解，将生态系统的服务功能纳入价值评估范畴。这一理论不仅强调自然资源的经济价值，更重视生态系统的非使用价值和存在价值，为全面认识生态保护的重要性提供了理论基础。

（1）使用价值与非使用价值

使用价值是指生态系统为人类提供的直接利益，如食物、水源、木材等。非使用价值则包括选择价值、遗产价值和存在价值。选择价值是指未来可能利用的生态系统的潜在价值；遗产价值是指后代继承自然资源的权利；存在价值则是指生态系统本身具有的不依赖人类使用的内在价值。这些非使用价值揭示了生态系统对于人类社会的深远影响，强调了对生态系统进行全面保护的必要性。

（2）总经济价值评估

为了全面反映生态系统的价值，生态经济学家发展了总经济价值（Total Economic Value, TEV）评估方法。该方法将使用价值和非使用价值相加得到生态系统的总经济价值。通过成本效益分析、条件价值评估（CVM）等方法，可以量化生态系统的经济价值，为政策制定和资源配置提供科学依据。

（3）生态系统服务付费制度

基于生态价值理论，生态经济学家提出了生态系统服务付费（Payment for Ecosystem Services, PES）制度。该制度通过市场机制激励生态系统服务的提供者保护生态环境，确保生态系统服务的持续供给。政府或企业通过向生态系统服务的提供者支付费用，鼓励其采取有利于生态保护的行为，从而实现生态保护与经济发展的双赢。

3.3.3 生态资源优化配置

生态资源优化配置是生态经济学关注的核心问题之一。在传统经济学中，资源被视为无限供给的生产要素，其优化配置主要关注如何以最少的资源投入获得最大的产出。然而，在生态经济学的视角下，资源的稀缺性和生态系统的脆弱性使得资源优化配置必须考虑生态环境的影响。

（1）资源承载力与可持续发展

生态经济学强调资源承载力对可持续发展的制约作用。资源承载力是指在一定技术条件下，一个地区或国家所能持续稳定供养的人口数量及其生活水平。超过资源承载力的经济活动将导致生态系统退化和资源枯竭，进而威胁人类的生存和发展。因此，生态资源优化配置必须遵循资源承载力的限制，确保经济活动在生态系统可承受的范围内进行。

（2）绿色技术与资源替代

为了实现资源的可持续利用，生态经济学倡导绿色技术的研发与应用。绿色技术能够在提高资源利用效率的同时减少环境污染和生态破坏，是资源优化配置的重要手段。此外，生态经济学还鼓励资源替代策略的实施，通过开发新的资源或提高现有资源的利用率来减少对稀缺资源的依赖。例如，可再生能源的利用可以替代化石能源，减少对传统能源的消耗和排放。

（3）循环经济模式

循环经济模式是实现资源优化配置的重要途径之一。循环经济强调资源的循环利用和废弃物的减量化、资源化，通过构建闭环经济体系实现经济效益与环境效益的双赢。在循环经济模式下，企业不再简单地将废弃物视为无用的负担，而是通过技术创新和管理创新将其转化为有价值的资源或产品，这不仅减少了资源浪费和环境污染，还为企业带来了新的增长点。

3.3.4　生态补偿机制

生态补偿机制是生态经济学在应对生态保护与经济发展矛盾时提出的重要解决方案。由于生态保护往往具有外部性特征，即生态保护的成本由保护者承担而收益则由全社会共享，因此需要通过生态补偿机制来激励保护者积极参与生态保护活动。

（1）补偿原则与标准

生态补偿机制应遵循“谁受益、谁补偿”的原则，确保生态保护活动的外部效益内部化。补偿标准应根据生态服务的价值评估结果确定，确保补偿金额能够覆盖生态保护的成本并获得合理的回报。此外，补偿机制还应考虑地区发展差异和生态保护难度的不同制定差异化的补偿政策。

（2）政府主导与多元参与

在生态补偿机制的实施过程中政府应发挥主导作用，通过制定政策法规、提供财政支持等方式推动生态补偿工作的顺利开展。同时还应鼓励企业、社会组织和个人等多元主体参与生态补偿活动，形成政府主导、市场运作、社会参与的多元化补偿格局。

（3）跨区域补偿与国际合作

由于生态系统具有跨区域性和全球性特征，因此生态补偿机制还需考虑跨区域和国际合作的问题。通过建立跨区域补偿机制可以促进不同区域之间的生态合作与协同发展；通过参与国际生态补偿项目可以加强与国际社会的合作与交流，共同应对全球性环境问题挑战。

3.3.5 可持续发展路径

基于上述核心思想，生态经济学为可持续发展提供了科学的理论指导和实践路径。这些路径涵盖了经济发展方式的转变、产业结构优化升级以及政策制度创新等多个方面，共同构成了可持续发展的完整框架。

（1）绿色经济发展模式

绿色经济发展模式是生态经济学倡导的重要发展路径之一。该模式强调在经济发展过程中充分考虑生态环境的影响，通过技术创新和制度创新，实现经济增长与环境保护的双赢。绿色经济发展模式要求企业采用清洁生产技术，提高资源利用效率，减少污染物排放；政府通过制定环保法规和政策措施，引导企业和个人采取环保行为；社会各界通过宣传教育等方式，提高公众的环保意识和社会责任感，共同推动经济社会向绿色低碳方向发展。

（2）产业结构优化升级

产业结构优化升级是实现可持续发展的关键环节之一。生态经济学认为传统产业往往具有高能耗、高污染的特征，难以实现可持续发展目标。因此，需要通过技术创新和产业政策，引导传统产业向绿色低碳方向转型升级，同时大力发展节能环保、清洁能源等绿色新兴产业，形成新的经济增长点。通过优化产业结构，可以实现资源的高效利用和循环利用，推动经济高质量发展。

（3）政策制度创新

政策制度创新是推动可持续发展的重要保障之一。生态经济学强调，政府应制定科学合理的环保法规和政策措施，为可持续发展提供制度保障和支持。这些政策措施包括环境税、碳交易市场、绿色信贷等经济激励手段以及排污许可制度、环保执法等行政管制手段，共同构成了推动可持续发展的政策体系。还应加强政策之间的协调与配合，确保各项政策措施能够形成合力，共同推动经济社会可持续发展目标的实现。

生态经济学的核心思想在于揭示生态系统与经济系统之间的内在联系与相互作用机制，探索在保护生态环境的前提下，实现经济可持续发展的路径。通过深入研究生态经济系统的本质特征、生态价值理论、生态资源优化配置、生态补偿机制以及可持续发展路径等方面内容，可以为推动经济社会可持续发展提供科学的理论指导和实践路径。

3.4　循环经济模式的探索

在生态文明观的语境下，循环经济模式作为推动经济可持续发展的重要路径，日益受到广泛关注。循环经济强调在资源利用的全过程中，通过减少资源消耗、提高资源使用效率、促进废弃物的循环利用，实现经济系统与生态系统的和谐共生。本节将从循环经济的内涵、核心要素、实施路径与影响及其对经济社会的深远影响四个方面，深入探索循环经济模式的理论与实践。

3.4.1　循环经济的内涵

循环经济，顾名思义，是一种倡导资源循环利用的经济模式。与传统线性经济模式不同，循环经济遵循“减量化、再使用、再循环”（Reduce, Reuse, Recycle，简称 3R 原则）的基本原则，通过资源的高效利用和废弃物的最小化排放，实现经济的可持续发展。循环经济的内涵主要体现在以下几个方面：

（1）系统思维：构建经济生态闭环

循环经济将经济活动视为一个复杂的、完整的生态系统，其中各个组成部分紧密相连、相互影响。这一系统思维要求我们在设计和实施经济政策时，必须从全局出发，考虑经济活动的全生命周期，即从资源的开采、加工、制造、流通、消费到最终废弃物的处理，形成一个闭环的循环体系。这种系统性的视角促使我们重新审视传统经济模式中资源的一次性使用和废弃物的无序排放问题，转而追求资源的最大化利用和废弃物的最小化排放。

以德国为例，其循环经济实践充分体现了系统思维的重要性。德国政府通过制定一系列法律法规和政策措施，如《循环经济与废弃物管理法》和《包装条例》，推动建立起了覆盖全社会的循环经济体系。从产品设计、生产、包装到回收处理，德国企业被要求在每个环节都融入循环经济的理念。例如，通过强制回收包装废弃物、推广“双元系统”回收模式等措施，德国成功实现了包装废弃物的显著减少和资源的高效回收再利用。

（2）资源高效利用：技术创新与管理优化并重

循环经济强调在资源利用过程中，通过技术创新和管理创新双重驱动，实现资源使用效率的大幅提高。在技术创新方面，循环经济鼓励采用清洁能源、节能技术和环保材料，降低生产过程中的能耗和物耗；同时，开发高效资源回收技术和废弃物资源化技术，提高资源的再生利用率。在管理创新方面，循环经济要求企业建立健全资源管理体系，优化生产流程，实施精细化管理，减少资源浪费和环境污染。

日本的“零废弃社会”构想是资源高效利用的典型案例。日本政府通过推广垃圾分类、资源回收和资源化利用等措施，鼓励企业和居民共同参与循环经济建设。例如，日本的“静脉产业”发展迅猛，通过先进的废弃物处理和资源化技术，将城市垃圾转化为再生资源，实现了资源的循环再利用。同时，日本政府还通过立法和政策扶持等手段，推动环保技术和产品的研发与应用，促进了循环经济的持续发展。

（3）废弃物循环利用：从负担到资源的转变

循环经济将废弃物视为潜在的资源，而非无用的负担。通过回收、再生利用和处理等方式，循环经济实现了废弃物的减量化、资源化和无害化。这不仅有助于减少环境污染，还能为经济发展提供新的资源来源。废弃物循环利用的过程涉及多个环节，包括废弃物的收集、分类、储存、运输、处理和再利用等，需要政府、企业和公众的共同努力和协作。

丹麦的卡伦堡生态工业园区是废弃物循环利用的典范。该园区内的企业通过相互之间的产业共生关系，实现了废弃物和副产品的最大化利用。例如，火电厂产生的余热被用于周边企业的供暖；硫酸厂产生的石膏被用作水泥厂的原料；炼油厂产生的废水经处理后供给电厂冷却系统使用。这种产业共生模式不仅减少了废弃物的产生和排放，还提高了资源利用效率和企业经济效益。

（4）多方共赢：政府引导、企业主体、公众参与

循环经济模式的成功实施离不开政府、企业和公众的共同努力和协作。政府作为政策的制定者和执行者，发挥着至关重要的引导作用。政府通过制定法律法规、提供政策激励和资金支持等措施，为循环经济的发展创造有利的环境和条件。企业作为循环经济的主体，通过技术创新和管理创新提高资源利用效率和废弃物处理能力，实现经济效益和环境效益的双赢。公众则通过绿色消费和环保行为支持循环经济的发展，形成全社会共同参与的良好氛围。

中国的“城市矿产”开发行动是多方共赢的生动体现。该行动旨在通过回收和利用废旧电子产品、废旧金属等“城市矿产”，实现资源的再生利用和减少环境污染。政府通过出台相关政策措施和建立回收体系，引导和支持“城市矿产”开发。企业则通过技术创新和产业升级提高废旧物资的回收利用率和产品质量，满足市场需求。公众则通过积极参与废旧物品的回收和分类等活动，为“城市矿产”开发提供了源源不断的原料来源。

循环经济的内涵丰富且深远，其系统思维、资源高效利用、废弃物循环利用以及多方共赢等特征共同构成了循环经济模式的核心要素。通过实施循环经济模式，我们可以实现资源的最大化利用和废弃物的最小化排放，促进经济、社会与环境的和谐共生。

3.4.2 循环经济的核心要素

循环经济模式的有效实施依赖一系列核心要素的支持和保障。这些要素包括政策法规体系、技术创新体系、市场机制、社会参与体系等，它们共同构成了推动循环经济发展的基础框架。同时，循环经济的这些核心要素更需要在实践中不断推动循环经济向更深层次、更广范围发展。以下是对这些核心要素的深入剖析。

（1）政策法规体系

政策法规体系是循环经济发展的基石。它不仅为循环经济的实践提供了明确的方向与指导，更是保障其顺利推进的强制力后盾。政府作为政策法规的制定者与执行者，需从国家发展战略的高度出发，构建一套全面、系统、具有前瞻性的循环经济政策体系。

政府应首先明确循环经济的发展目标与阶段性任务，通过制定国家级循环经济发展战略规划，为各地区、各行业提供方向指引。例如，我国自 2008 年起实施的《中华人民共和国循环经济促进法》，即为全国循环经济发展提供了法律保障，明确了政府、企业、公众在推动循环经济发展中的责任与义务。

在具体政策层面，政府可针对资源节约、废弃物回收利用、清洁能源利用等关键环节出台专项政策。例如，德国实施的《循环经济与废弃物管理法》及《包装条例》，通过严格限制废弃物产生、促进资源回收利用，有效推动了循环经济的发展。同时，采用经济激励措施（如税收优惠、补贴奖励等）鼓励企业和个人积极参与循环经济活动。例如，我国对从事资源综合利用的企业给予增值税即征即退等优惠政策，极大地激发了企业的积极性。

为确保政策法规的有效执行，建立健全监管与评估机制至关重要。政府应加强对循环经济活动的监管力度，对违反政策法规的行为依法严惩，形成有效的威慑力。同时，定期开展循环经济绩效评估，及时调整优化政策措施，确保循环经济的持续健康发展。

（2）技术创新体系

技术创新是推动循环经济发展的关键动力。企业应加大研发投入，引进和消化吸收国内外先进的循环经济技术，提高资源利用效率和废弃物处理能力。同时，政府应加强对循环经济技术创新的支持和引导，通过设立专项基金、提供税收优惠等方式，激励企业开展技术创新活动。

企业应成为技术创新的主体，加大研发投入，积极引进和消化吸收国内外先进的循环经济技术。例如，丹麦卡伦堡工业园区通过企业间的物质交换与能量梯级利用，实现了废弃物最小化与资源最大化利用，成为循环经济的典范。我国企业在固废处理、污水处理等领域也取得了显著进展，开发出了一系列具有自主知识产权的技术装备。

推动产学研用深度融合，是加快循环经济技术创新的有效途径。政府应鼓励高校、科研机构与企业建立紧密的合作关系，共同开展关键技术攻关和成果转化。通过设立联合实验室、技术创新联盟等形式，促进知识、技术、资金等创新要素的有机结合，加速科技成果向现实生产力转化。

人才是技术创新的关键。政府和企业应加大对循环经济领域人才的培养和引进力度，建立完善的人才培养体系和激励机制。通过设立专项基金、提供职业发展平台等措施，吸引更多优秀人才投入循环经济事业，为技术创新提供源源不断的智力支持。

（3）市场机制

市场机制在推动循环经济发展中发挥着重要作用。政府应建立健全绿色产品市场和废弃物回收市场，通过价格机制、竞争机制等，引导企业和消费者选择环保产品，促进废弃物的回收利用。同时，政府还应加强市场监管，打击假冒伪劣产品和环境污染行为，维护市场的公平竞争秩序。

建立健全绿色产品市场，是推动循环经济的重要一环。政府应加强对绿色产品的认证与管理，确保绿色产品的真实性与可靠性。通过推广绿色采购、设立绿色标签等方式，提高绿色产品的市场认可度。同时，鼓励企业开发符合环保标准的绿色产品，满足消费者对健康、安全、环保产品的需求。

废弃物回收与资源化利用是循环经济的重要组成部分。政府应建立健全废弃物回收体系，推动垃圾分类与资源化利用。通过设立废弃物回收站点、推广智能回收设备等措施，提高废弃物的回收率与资源化利用率。同时，鼓励社会资本参与废弃物回收与资源化利用产业，形成多元化、竞争性的市场格局。

运用价格与税收杠杆，可以引导企业和消费者选择更加环保的生产和消费方式。政府可对高污染、高能耗产品征收环境税或碳税，提高这些产品的生产成本和市场价格；同时，对绿色产品给予税收减免或补贴支持，降低其生产成本和市场价格。通过这种差异化的价格与税收政策，可以有效促进循环经济的发展。

（4）社会参与体系

社会参与是推动循环经济发展的重要力量。政府应加强生态文明教育，提高公众的环保意识和参与度。同时，鼓励和支持非政府组织、社区组织等社会力量参与循环经济的推广和实践，形成全社会共同推动循环经济发展的良好氛围。

加强生态文明教育是提高公众环保意识的重要途径。政府应将生态文明教育纳入国民教育体系，从娃娃抓起，培养青少年的环保意识和责任感。同时，通过媒体宣传、公益广告等多种形式普及环保知识，提高全社会的环保意识。例如，我国近年来开展的“美丽中国　我是行动者”等环保主题活动，有效提升了公众的环保参与度与行动力。

鼓励社区与公众参与循环经济活动是提升社会参与度的重要举措。政府应支持社区建立废旧物品交换站、环保志愿者队伍等组织平台，为居民提供参与循环经济的渠道与机会。同时，通过举办环保知识讲座、实践活动等形式引导居民养成绿色生活方式，减少资源消耗与废弃物产生。

非政府组织在推动循环经济发展中发挥着独特作用。它们可以动员社会资源、汇聚各方力量共同推动循环经济发展。政府应加强对非政府组织的支持与引导，鼓励它们开展环保宣传、技术研发、政策倡导等活动。同时，建立跨地区、跨行业的合作网络，促进信息共享与经验交流，共同提高循环经济发展水平。

政策法规体系、技术创新体系、市场机制以及社会参与体系等核心要素，共同构成了推动循环经济发展的基础框架。在实践中这些要素相互交织、相互促进，共同推动了循环经济的深入发展。随着全球对可持续发展的重视程度的不断提高，循环经济模式将在生态文明建设中发挥更加重要的作用，为经济社会的可持续发展提供有力支撑。

3.4.3　循环经济的实施路径与影响

循环经济的实施路径多种多样，包括构建循环产业链、推广绿色消费模式、建设循环经济园区等。这些路径的实施不仅有助于推动经济社会的可持续发展，还能产生广泛的经济效益、社会效益和环境效益。

（1）构建循环产业链：资源闭环流动与高效利用

循环产业链是循环经济模式的核心组成部分。它要求将经济活动视为一个闭环系统，实现资源从开采、加工、消费到回收再利用的全生命周期管理。通过构建包括原材料供应、生产制造、产品销售及废弃物回收再利用等环节的完整产业链，实现资源的闭环流动和高效利用。在这一过程中，企业应加强与上下游企业的合作与协同，共同推动产业链的绿色发展。

构建循环产业链的关键在于企业间的紧密合作与协同。这种合作不仅局限于产业链上下游的直接联系，更涉及跨行业、跨领域的深度融合。例如，在家电行业中，领先企业通过建立废旧家电回收体系，不仅解决了废旧家电处理难题，还为后续的资源再利用提供了原材料来源。在这一过程中，企业需要与回收处理企业、原材料供应商、产品设计制造商等多方合作，共同优化回收流程、提高拆解效率，并确保回收材料的高质量再利用，这种循环产业链的构建不仅减少了资源浪费和环境污染，还为企业带来了新的利润增长点。

合作与协同还体现在技术创新与共享方面。企业间可以通过建立技术创新联盟，共同研发高效的资源回收与再利用技术，推动整个产业链的技术进步。同时，共享信息平台的建设也至关重要，它能够促进产业链各环节之间的信息流通，提高资源调配效率，降低运营成本。

循环产业链的形成是一个系统工程，它要求将资源开采、生产加工、产品销售及废弃物回收再利用等环节紧密相连，形成一个闭环系统。在这个过程中，每一环节都需承担特定的环保责任，确保资源得到最大化利用，废弃物得到最小化排放。

以农业产业链为例，传统的农业生产往往伴随着化肥农药的过度使用，导致土壤污染和水体富营养化。而在循环农业产业链中，农作物秸秆、畜禽粪便等农业废弃物被视为宝贵的资源，通过生物质能转换、有机肥生产等方式得到再利用。在这一过程中，不仅减少了废弃物对环境的污染，还促进了农业生态系统的自我循环与修复。

（2）推广绿色消费模式：理念引领与政策支持

绿色消费是循环经济的重要推动力。政府和企业应共同倡导绿色消费理念，推广绿色产品和服务。它倡导消费者在购买和使用商品时考虑其对环境的影响，选择那些低碳、环保、可持续的产品和服务。推广绿色消费模式需要从理念引领与政策支持两方面入手，共同构建绿色消费的社会风尚。通过制定绿色产品标准和认证体系、提供绿色消费信贷等方式，引导消费者选择环保产品和服务。

政府和社会各界应加强对绿色消费理念的宣传与教育，提高公众的环保意识和参与度。学校、社区、媒体等各方应形成合力，通过举办讲座、展览、公益广告等多种形式，向公众普及绿色消费知识，倡导简约适度、绿色低碳的生活方式。

企业应积极承担社会责任，通过绿色营销和品牌建设，引导消费者关注产品的环保性能和企业的社会责任。例如，企业可以在产品包装上标注环保标志，提供产品的碳足迹信息，让消费者在购买时能够做出更加环保的选择。

政府还应推动绿色产品认证体系的建设，为消费者提供权威、可靠的绿色产品信息。通过建立统一、规范的绿色产品认证标准，确保市场上流通的绿色产品真正符合环保要求，保障消费者的权益。

（3）建设循环经济园区：区域资源整合与绿色发展

循环经济园区是推动区域循环经济发展的重要平台。通过整合区域内的资源、产业和技术优势，建设集研发、生产、销售及废弃物处理于一体的循环经济综合体。这种园区模式不仅有助于实现资源的优化配置和高效利用，还能带动区域经济的绿色转型和升级。

循环经济园区的建设需要充分整合区域内的各类资源，包括自然资源、人力资源、技术资源等。通过搭建资源共享平台，促进园区内企业间的交流与合作，实现资源的优化配置和高效利用。例如，园区可以引入先进的废弃物处理技术和设备，为区域内企业提供废弃物处理服务；同时，通过建立技术研发中心，推动园区内企业的技术创新和产业升级。

循环经济园区应致力于构建绿色产业链，将资源开采、生产加工、产品销售及废弃物回收再利用等环节紧密相连。在这一过程中，园区需要吸引具有环保意识和创新能力的企业入驻，形成产业集聚效应；同时，通过政策引导和市场机制，促进产业链上下游企业之间的紧密合作与协同发展。园区还应注重绿色基础设施的建设和完善，包括绿色建筑、绿色交通、绿色能源等方面。通过引入先进的绿色建筑技术和材料，降低建筑能耗和碳排放；通过建设便捷的公共交通系统，减少私人汽车的使用；通过推广太阳能、风能等可再生能源的应用，提高能源利用效率和环保水平。

循环经济园区的建设不仅要注重经济效益的实现，更要关注生态环境的保护与修复。园区应制定严格的环保法规和标准，加强对企业环保行为的监管和约束；同时，通过实施生态修复工程，恢复受损的生态系统功能，提高区域生态环境质量。

例如，园区可以在废弃矿山、污染土地等区域开展生态修复项目，通过植被恢复、水体净化等措施改善生态环境；通过建设生态廊道、湿地公园等生态保护设施，提高区域的生物多样性和生态服务功能。这些措施的实施将有助于构建人与自然和谐共生的美好家园。

循环经济的实施路径与影响深远而广泛。通过构建循环产业链、推广绿色消费模式以及建设循环经济园区等措施的落实与推进，我们有望实现资源的高效利用和环境的可持续发展，为生态文明时代的经济社会发展贡献重要力量。在这一过程中，政府、企业和公众需携手共进、共同努力，形成推动循环经济发展的强大合力。

3.4.4 循环经济对经济社会的深远影响

循环经济的实施对经济社会的可持续发展产生了深远的影响。它不仅有助于解决资源短缺和环境污染等现实问题，还能推动经济结构的优化升级和产业竞争力的提升。

（1）促进资源节约和环境保护

循环经济通过资源的利用效率最大化和废弃物的资源化，从根本上改变了传统的“开采—生产—消费—废弃”的线性经济模式，转而形成“资源—产品—再生资源”的闭环经济系统。在这一系统中，资源不再是消耗品，而是通过回收、再加工、再利用等方式实现其价值的再生资源。这种模式极大地缓解了资源短缺的压力，尤其是对于那些稀缺且不可再生的资源而言，循环经济的实践无疑为经济社会的可持续发展提供了宝贵的资源保障。

在环境保护方面，循环经济的推广减少了生产过程中的污染物排放，降低了环境负荷。通过采用清洁生产技术、优化生产流程以及加强废弃物的无害化处理等措施，企业能够有效控制有害物质对环境的侵害，保护生态系统的稳定性和多样性。此外，循环经济还促进了资源的合理配置，避免了因过度开采和浪费导致的生态破坏，为地球家园的绿色发展筑起了坚实的防线。

（2）推动经济结构调整和产业升级

循环经济的深入发展，必然伴随着经济结构的深刻调整与产业结构的持续优化。这种创新活动不仅有助于提升企业自身的竞争力，还能带动整个行业的结构调整和产业升级。在这一过程中，传统的高能耗、高污染产业将逐步被淘汰或转型，而绿色、低碳、环保的新兴产业则将迅速崛起，成为经济发展的新引擎。这种调整不仅有助于提高经济体系的整体质量和效益，还能增强经济社会的抗风险能力，为长远发展奠定坚实的基础。

具体到产业升级层面，循环经济的实践要求企业不断加大技术创新和管理创新的力度，以提高资源利用效率和废弃物处理能力。这种创新活动不仅有助于降低生产成本，提升产品竞争力，还能带动整个产业链的技术进步和产业升级。同时，循环经济的发展还催生了一批新兴业态，如废弃物资源化利用产业、环保服务业等，这些新兴产业不仅为经济社会注入了新的活力，也为传统产业的转型升级提供了有力支撑。

（3）增强国际竞争力和影响力

在全球经济一体化的大背景下，国家之间的竞争日益激烈，而循环经济的发展则为提升国家和企业的国际竞争力与影响力提供了重要契机。一方面，通过实施循环经济模式，国家可以展示其在生态文明建设方面的决心与成果，树立负责任的大国形象，从而在国际社会中赢得更多的尊重与信任。这种国际形象的塑造不仅有助于提升国家的软实力，还能为国际合作与交流创造更加有利的条件。

另一方面，企业在循环经济领域的创新与实践，也为其在国际市场上赢得了宝贵的竞争优势。通过不断提高自身的环保技术水平和资源利用效率，企业能够生产出更加绿色、环保的产品，满足全球消费者对可持续发展产品的需求。同时，循环经济模式下的企业更加注重社会责任与品牌形象的建设，通过积极履行环保义务和参与公益活动等方式，进一步提升了自身的市场影响力和品牌价值。

（4）提高公众环保意识和参与度

循环经济的推广与实施离不开公众的广泛参与和支持。因此，提高公众的环保意识和参与度是推动循环经济发展的重要一环。通过加强生态文明教育和宣传引导工作，政府和社会各界可以共同努力，营造出浓厚的环保氛围和文化底蕴。在这种氛围下，公众将更加关注环境保护问题，积极参与各种环保活动和实践行动，为推动循环经济的发展贡献自己的力量。

政府可以通过制定和实施一系列环保教育政策和措施，将环保知识纳入国民教育体系之中，从小培养学生的环保意识和责任感。同时，政府还可以通过媒体宣传、公益活动等方式普及环保知识，倡导绿色生活方式，鼓励公众选择环保产品和服务，减少资源浪费和环境污染。此外，政府还可以加强与企业的合作共同推广循环经济理念，引导企业在生产过程中注重资源节约和环境保护，实现经济效益与社会效益的双赢。

循环经济模式作为推动经济可持续发展的重要路径具有显著的优势和潜力。通过构建完善的政策法规体系、加强技术创新和市场机制建设以及推动社会广泛参与等措施，可以有效推动循环经济的发展和实施。循环经济的实施也将对经济社会的可持续发展产生深远的影响和推动作用。我们理应高度重视并积极推动循环经济的发展，为实现生态文明建设和经济社会可持续发展目标贡献力量。

第 4 章

生态文明时代下的经济增长模式

4.1　从 GDP 到绿色 GDP 的转变

在生态文明时代的浪潮中，经济增长模式的转变已成为时代发展的必然需求。传统以 GDP 为核心的经济衡量体系，虽在一定程度上反映了经济活动的总量规模，却难以全面体现经济增长的质量及其对环境的影响。因此，从 GDP 向绿色 GDP 的转变，不仅是经济评价体系的革新，更是生态文明理念在经济实践中的深刻体现。

4.1.1　GDP 体系的局限性与挑战

GDP 作为衡量一个国家或地区经济活动总量的核心指标，自其诞生以来，在全球范围内被广泛应用，成为政府决策、学术研究及国际比较的重要依据。然而，随着全球环境问题的日益严峻，以及经济高质量发展的迫切需求，GDP 体系的局限性逐渐浮出水面，其作为单一经济衡量标准的合理性受到了广泛质疑。

GDP 体系的一个显著局限在于其未能充分反映经济增长背后的环境成本。在传统经济核算框架下，环境污染、生态破坏等负面外部效应往往被忽视，未纳入 GDP 的计算之中。这种“环境成本外部化”的现象，导致了经济决策过程中的环境盲区。例如，某些地区为了追求 GDP 的高速增长，不惜以牺牲环境为代价，大力发展高污染、高能耗的产业。这种发展模式虽然在短期内拉动了经济增长，但从长期来看，却导致了严重的空气污染、水体污染和土壤退化等问题，给生态环境造成了不可逆的损害。这种环境成本的隐性化，不仅削弱了 GDP 作为经济衡量指标的全面性，也加剧了经济增长与环境保护之间的矛盾。

一个典型的案例是中国的钢铁产业。在过去几十年里，中国钢铁产业快速发展，成为推动经济增长的重要力量。然而，这种快速增长的背后，是巨大的环境代价。一些钢铁企业为了降低成本，忽视环保法规，排放大量废气、废水和固体废弃物，严重污染了周边环境。尽管这些企业的产值计入了 GDP，但其造成的环境损失却未被纳入核算，导致了经济数据与实际情况的严重脱节。

GDP 体系的另一个局限在于其难以准确衡量经济发展的质量。GDP 的增长主要反映的是经济活动的总量扩张，而对于经济结构、科技含量、创新能力以及社会福利水平等质量因素则关注不足。这种“重量不重质”的核算方式，容易使政策制定者陷入“唯 GDP 论”的误区，忽视经济发展的内在结构和长期潜力。例如，一些地区为了追求 GDP 的增长，盲目上马低附加值、高能耗的项目，导致产业结构单一、创新能力不足，难以应对外部冲击和经济转型的挑战。

相比之下，一些发达国家在经济发展过程中更加注重质量而非速度。以德国为例，其经济增长虽然不如某些新兴市场国家迅速，但其经济结构合理、科技含量高、创新能力强，能够在全球竞争中保持领先地位。这种高质量发展模式不仅为德国带来了持久的经济增长动力，也为其环境保护和社会福利提供了坚实保障。

GDP 体系还面临着数据真实性和可比性的挑战。在实际操作中，由于统计口径、数据来源和核算方法的不同，不同国家或地区的 GDP 数据往往难以直接比较。这种数据差异不仅增加了政策制定的难度，也可能导致资源配置的扭曲和浪费。例如，在某些发展中国家，由于统计体系不健全、数据收集能力有限等，其 GDP 数据可能存在较大误差。这些误差不仅影响了国际比较的准确性，也可能误导政策制定者的决策方向。

为了应对这一挑战，国际社会一直致力于推动统计体系的标准化和透明化。然而，由于各国国情、发展水平和统计能力的差异较大，实现这一目标仍面临诸多困难。因此，在利用 GDP 数据进行经济分析和政策制定时，需要充分考虑数据的真实性和可比性问题，避免被错误的数据误导。

从国际视角来看，GDP 体系的局限性更加凸显。在全球经济一体化的背景下，各国之间的经济联系日益紧密，环境问题的跨国界传播也日益明显。然而，GDP 体系作为一种基于国家层面的经济衡量指标，难以有效反映全球性的环境问题和经济互动。例如，气候变化、生物多样性丧失等全球性环境问题不仅影响个别国家的经济发展，也对全球经济秩序和人类生存环境构成了严峻挑战。然而，在 GDP 体系中，这些问题往往被边缘化或忽视，导致全球环境治理和经济合作的难度加大。

为了应对这一挑战，国际社会开始探索建立更加全面、科学的经济衡量体系。例如，联合国环境规划署和世界银行等国际组织正在推动绿色 GDP 等新型经济衡量指标的研究和应用。这些新型指标旨在将环境成本纳入经济核算范畴，更全面地反映经济发展的真实面貌和可持续性。虽然这些新型指标在理论上具有一定的优势，但在实际操作中仍面临诸多困难和挑战。例如，如何准确评估环境成本、如何确保数据的真实性和可比性等问题仍需进一步研究和探讨。

GDP 体系作为传统经济衡量指标的局限性日益显现。在生态文明时代下推动经济增长模式转型的过程中，我们需要超越 GDP 的局限，构建更加全面、科学的经济衡量体系。这不仅有助于更准确地反映经济发展的真实面貌和可持续性，也为政策制定者提供了更加科学、合理的决策依据。通过探索绿色 GDP 等新型经济衡量指标的应用和完善统计体系等措施，我们可以逐步克服 GDP 体系的局限性，推动经济高质量发展和生态文明建设取得新的更大成就。

4.1.2 绿色 GDP：生态文明时代的经济新指标

面对资源环境约束趋紧、生态系统退化加剧等严峻挑战，传统的 GDP 体系的种种局限性越发显现，绿色 GDP 作为一种新的经济衡量指标应运而生。绿色 GDP 在传统 GDP 的基础上，作为一种全新的经济衡量体系，为评估经济增长的真实质量和可持续性提供了更为科学、全面的视角。绿色 GDP 不仅考量了经济活动的直接产出，还深入剖析了经济增长背后的环境代价，是实现经济、社会、环境协调发展的必由之路。

绿色 GDP 的提出，是对传统 GDP 体系的一次深刻反思与革新。传统 GDP 主要聚焦于经济活动的总量规模，通过衡量商品和服务的市场价值来反映一个国家或地区的经济表现。然而，这种衡量方式忽视了经济活动对自然资源和生态环境造成的负面影响，未能全面反映经济增长的真实成本。绿色 GDP 则在此基础上，通过扣除环境成本，力图构建一个更加符合生态文明理念的经济评价体系。

（1）绿色 GDP 的核心要义与计算框架

绿色 GDP 的核心在于将环境成本纳入经济核算体系，实现经济增长与环境影响的综合评估。具体而言，其计算框架需涵盖以下几个方面。

环境成本的识别与量化：首先，需明确哪些环境因素应计入绿色 GDP 的核算范围，这包括但不限于空气污染、水体污染、土壤污染、生态破坏、资源过度开采等。其次，采用科学的方法对这些环境因素进行量化评估，将其转化为货币价值，以便在经济核算中予以扣除。

数据收集与统计体系的完善：为了确保绿色 GDP 核算的准确性和可比性，必须建立健全环境统计体系。这要求环保部门、统计部门及科研机构紧密合作，共同开发高效、准确的数据监测和收集技术，确保环境数据的全面性和时效性。

核算方法的创新与应用：绿色 GDP 的核算需要引入一系列创新性的评估工具和方法，如环境经济账户体系、生态足迹分析、条件价值评估（CVM）等。这些方法能够从不同角度评估经济活动对环境的影响，为绿色 GDP 的核算提供有力支撑。

（2）绿色 GDP 实施的现实挑战与应对策略

尽管绿色 GDP 理念先进且意义重大，但在具体实施过程中仍面临诸多挑战，需从制度、技术、观念等多方面综合施策。加快制定和完善与绿色 GDP 核算相关的法律法规，明确环境成本的核算标准、责任主体及监督机制，为绿色 GDP 的实施提供法律保障。推动统计制度的改革创新，将环境统计纳入国家统计体系，确保环境数据的连续性和可比性。同时，加强统计人员的专业培训，提高统计工作的质量和效率。

加大对绿色 GDP 核算技术的研发投入，鼓励科研机构和企业开展技术创新，提高环境成本的评估精度和效率。同时，加强国际交流与合作，借鉴国际先进经验和技术成果。构建全国性的环境信息系统平台，实现环境数据的实时共享与高效利用。通过大数据、云计算等现代信息技术手段，提高环境数据的分析能力和应用水平。加强生态文明理念的宣传教育，提高全社会对环境保护重要性的认识。通过媒体宣传、学校教育等多种途径，普及绿色 GDP 理念，引导公众树立正确的环保观念。将绿色 GDP 纳入地方政府政绩考核体系，促使地方政府在追求经济增长的同时更加注重环境保护和生态文明建设。通过激励机制引导地方政府转变发展观念和发展方式。

（3）绿色 GDP 的国际实践与案例分享

在全球范围内，绿色 GDP 的实践已初具规模，各国在探索和实施绿色 GDP 过程中积累了丰富的经验和案例。以下列举几个具有代表性的国际实践案例：

挪威的绿色国民账户体系。挪威是世界上最早实施绿色 GDP 核算的国家之一。其绿色国民账户体系在传统国民账户的基础上增加了环境账户和资源账户两个子账户，分别用于核算经济活动对自然资源的消耗和环境污染的成本。这一体系为挪威政府制定环保政策提供了有力支持。

法国的“环境经济混合账户”。法国在绿色 GDP 核算方面也有着丰富的实践。其“环境经济混合账户”不仅考虑了环境污染的成本，还涵盖了自然资源消耗的价值。通过这一账户体系，法国政府能够更全面地评估经济活动的环境影响，为制定可持续发展战略提供科学依据。

巴西的"可持续福祉指数"。巴西在绿色 GDP 理念的基础上进一步创新，提出了"可持续福祉指数"。该指数不仅考虑了经济增长和环境影响两个方面，还纳入了社会公平和人民生活质量等因素。通过这一指数体系，巴西政府能够更全面地衡量国家的发展水平和社会进步程度。

（4）绿色 GDP 在中国的发展前景与展望

随着生态文明建设的深入推进和绿色发展理念的广泛普及，绿色 GDP 在中国的发展前景广阔。未来，中国将在以下几个方面继续推进绿色 GDP 的实践与探索。

完善绿色 GDP 核算体系。在现有基础上进一步完善绿色 GDP 核算体系，明确环境成本的核算范围和方法标准。同时，加强统计制度和数据收集体系的改革与创新，提高绿色 GDP 核算的准确性和时效性。

推动绿色 GDP 在决策中的应用。将绿色 GDP 纳入国家和地方政府的决策体系之中，引导政府和企业在制定经济发展规划和政策时充分考虑环境因素和资源约束条件。通过绿色 GDP 的评估结果指导经济发展方式的转变和产业结构的优化升级。

加强国际合作与交流。积极参与国际绿色 GDP 核算体系的交流与合作，借鉴国际先进经验和技术成果，推动中国绿色 GDP 核算体系的不断完善和提升。同时加强与周边国家和地区的合作，共同应对全球性环境挑战，推动全球绿色经济的可持续发展。

绿色 GDP 作为生态文明时代的经济新指标，其推广与实施对于推动中国经济的高质量发展和生态文明建设具有重要意义。未来随着相关制度和技术的不断完善以及社会各界对绿色发展理念的深入认识和实践探索，绿色 GDP 将成为衡量中国经济发展质量和可持续性的重要标尺。

4.1.3 绿色 GDP 转变的实践路径与策略

实现从 GDP 到绿色 GDP 的转变是一个复杂而长期的过程，需要政府、企业和公众的共同努力和协作。需要我们从不同层面探讨绿色 GDP 转变的实践路径与策略。

（1）政府层面的推动与引导

政府在绿色 GDP 转变过程中发挥着至关重要的作用。政府应积极推动环境成本核算体系的建设和完善，为绿色 GDP 的核算提供科学依据和制度保障。

政府应出台相关政策措施鼓励和支持绿色 GDP 的核算和应用。例如，可以设立专项基金用于支持绿色 GDP 核算体系的研发和推广；可以制定相关标准和规范引导企业和统计部门开展绿色 GDP 核算工作；可以将绿色 GDP 纳入政绩考核体系之中激励地方政府注重环境保护和生态文明建设。

政府应加强环境统计和数据收集工作。建立健全环境统计体系是绿色 GDP 核算的基础。政府应加强环境数据的监测、收集和整理工作，确保环境数据的真实性和完整性。同时，还应加强与国际社会的合作与交流，借鉴国际先进经验和技术手段提高我国环境统计和数据收集工作的水平。

政府还应加强环境监管和执法力度。环境保护法律法规的严格执行是绿色 GDP 核算的重要保障。政府应加强对环境污染和生态破坏行为的监管和处罚力度，形成有效的环境保护法律体系，确保环境保护法律法规得到有效执行。

（2）企业层面的响应与实践

企业在绿色 GDP 转变过程中同样扮演着重要角色。作为经济活动的主体企业应加强环保意识和社会责任感，积极响应政府号召，参与绿色 GDP 核算和应用工作。

企业应建立健全环保管理体系，加强环境污染治理和资源节约利用工作。通过引进先进环保技术和设备，改进生产工艺和管理模式，降低能耗和排放水平，减少环境污染和生态破坏行为的发生。同时，还应加强废弃物处理和资源化利用工作，实现废弃物的减量化、资源化和无害化处理，提高资源利用效率和环境效益。

企业应积极参与绿色 GDP 核算工作，提供真实准确的环境数据支持。按照政府要求，配合统计部门开展环境统计和数据收集工作，提供真实准确的环境数据，支持绿色 GDP 核算工作的开展。同时，还应加强内部管理，提高环境数据的准确性和可比性，为绿色 GDP 核算提供有力支撑。

企业还应加强绿色技术研发和创新能力建设，推动产业升级和转型发展。绿色技术的研发和应用是实现绿色 GDP 转变的关键环节之一。企业应加大绿色技术研发和创新投入，推动清洁生产技术、节能技术和环保材料的研发和应用，降低能耗和排放水平，提高产品质量和竞争力，实现可持续发展目标。

（3）公众层面的参与与教育

公众在绿色 GDP 转变过程中也发挥着重要作用。公众环保意识的提高和环保行为的养成，是推动绿色 GDP 转变不可或缺的力量源泉之一。

政府应加强生态文明教育，提高公众的环保意识和参与度。将生态文明教育纳入国民教育体系之中，通过学校教育、媒体宣传等多种渠道，普及环保知识，培养公众的环保意识和责任感。同时，还应鼓励公众参与环保活动和志愿服务工作，形成全社会共同关注环境保护的良好氛围。

公众应积极参与绿色消费和绿色生活方式，倡导简约适度、绿色低碳的生活方式。公众应优先选择环保标志产品，减少一次性用品的使用；优先选择公共交通工具，减少私家车出行；加强垃圾分类和资源回收工作，减少废弃物产生和环境污染；加强节能节水工作，提高资源利用效率，减少浪费行为发生；等等。这些绿色消费和绿色生活方式的倡导和实践将有力推动绿色 GDP 转变，实现生态文明建设的深入发展。

从 GDP 到绿色 GDP 的转变，是生态文明时代经济增长模式的必然选择之一，同时也是一项系统工程，需要政府、企业和公众三方的共同努力。通过政府层面的推动与引导，企业层面的响应与实践，公众层面的参与与教育等这些路径与策略的实施，推动经济增长模式向更加绿色、低碳、可持续的方向发展。

4.2 生态效率与资源节约型社会

在生态文明理念的引领下，经济增长不再仅仅追求速度与规模的扩张，而是更加注重经济效益与环境效益的和谐统一。生态效率与资源节约型社会的构建，正是这一理念在经济实践中的具体体现，旨在通过提高资源利用效率、减少资源消耗和环境污染，实现经济的可持续发展。

4.2.1 生态效率：经济增长与环境保护的双赢之路

生态效率，作为衡量经济增长与环境影响之间关系的重要指标，其核心在于以尽可能少的资源消耗和环境污染，实现最大的经济产出。它不仅是对传统经济增长模式的一种革新，更是推动经济高质量发展、建设生态文明社会的关键路径。

（1）生态效率的内涵与特点

生态效率强调的是单位经济活动所产生的环境负荷最小化与经济产出最大化之间的平衡。具体而言，它要求在生产和服务过程中，通过技术创新、管理优化和制度创新等手段，提高资源利用效率，减少废弃物排放，降低环境污染，从而实现经济效益与环境效益的双赢。与传统的经济增长模式相比，生态效率具有以下显著特点。

综合性：生态效率不仅关注经济效益，更注重环境效益和社会效益的协同提升。它要求在经济活动中全面考虑资源消耗、环境污染和社会影响等多方面的因素，追求综合效益的最大化。

创新性：生态效率的提升依赖技术创新和模式创新。通过引入清洁能源、高效节能技术和循环经济模式等创新手段，可以显著降低生产过程中的能耗和污染排放，提高资源利用效率和产品质量。

动态性：随着科技进步和市场需求的变化，生态效率的标准和衡量方法也需要不断调整和完善。因此，生态效率的提高是一个持续的过程，需要企业、政府和社会各界共同努力和协作。

（2）提高生态效率的路径与策略

在探讨生态效率作为经济增长与环境保护双赢之路的过程中，我们深入分析了提高生态效率的关键路径与策略。这些策略不仅需具备前瞻性，还需具备可操作性和可持续性，以确保生态文明建设与经济高质量发展并行不悖。

科技创新是推动生态效率提高的核心引擎。面对资源约束趋紧、环境污染严重的严峻形势，我们必须依靠科技进步，实现经济发展方式的根本性转变。企业作为技术创新的主体，应当积极承担社会责任，将绿色技术研发纳入企业发展战略，形成持续的研发投入机制。

具体而言，清洁能源技术的突破是关键一环。以太阳能、风能为代表的可再生能源技术，因其清洁、可再生的特性，成为替代传统化石能源的重要方向。德国在可再生能源领域的领先地位为我们提供了宝贵经验。德国政府通过制定一系列激励政策，如 Feed-in Tariff（FIT）补贴机制，成功吸引了大量投资进入太阳能和风能领域，推动了光伏和风电技术的快速迭代与应用。目前，德国可再生能源占电力消费的比重已超过 40%，成为全球可再生能源利用的典范。

除了清洁能源技术外，节能技术和环保材料同样不可或缺。在建筑领域，绿色建筑技术的发展显著提升了建筑能效，减少了能源消耗和温室气体排放。例如，被动房技术通过高效保温隔热、自然通风和采光等手段，实现了极低的能耗水平。德国、瑞典等北欧国家在绿色建筑方面积累了丰富经验，为全球推广绿色建筑技术树立了标杆。

此外，工业领域的清洁生产技术和环保工艺也是提高生态效率的重要途径。通过采用先进的节能设备和生产工艺，企业可以大幅降低能耗和污染排放，提高资源利用效率。以钢铁行业为例，高炉富氧喷煤技术、转炉煤气回收技术等的应用，有效降低了钢铁生产过程中的能耗和排放，推动了钢铁行业的绿色转型。

产业结构的优化升级是实现生态效率提高的关键步骤。传统的高能耗、高污染产业已难以为继，必须加快绿色转型和升级换代。同时，大力培育和发展节能环保、清洁能源等绿色产业，构建多元化、低碳化的产业结构体系。

在推动传统产业绿色转型方面，政府应发挥政策引导作用，通过制定严格的环保法规和排放标准，迫使企业进行技术改造和产业升级。以纺织印染行业为例，通过推广清洁生产技术和环保工艺，如低浴比染色技术、冷轧堆染色技术等，企业可以显著减少废水排放和化学物质使用，提高产品质量和市场竞争力。

政府还应加大对绿色产业的扶持力度，通过财政补贴、税收优惠等政策手段，鼓励社会资本进入绿色产业领域。节能环保产业作为绿色经济的重要组成部分，涵盖了污染治理、资源回收、环境监测等多个领域。以水处理行业为例，随着城市化进程的加快和工业排放的增加，水处理市场需求不断增长。通过引进和开发高效的水处理技术和设备，企业可以提供更加经济、高效的解决方案，满足市场需求，推动水处理行业的快速发展。

在优化产业结构布局方面，应注重区域协调发展和产业集聚效应。通过构建生态工业园区和产业集聚区等平台载体，促进产业间的协同发展和资源共享。丹麦卡伦堡生态工业园区就是一个典型案例。该园区内的企业通过相互之间的产业共生关系实现了废弃物和副产品的最大化利用。例如，火电厂产生的余热被用于周边企业的供暖；硫酸厂产生的石膏被用作水泥厂的原料；炼油厂产生的废水经处理后供给电厂冷却系统使用。这种产业共生模式不仅减少了废弃物的产生和排放还提高了资源利用效率和企业经济效益。

政策法规与标准体系是提高生态效率的重要保障。通过建立健全环保法规和标准体系，明确生态效率的目标和要求，引导企业和个人采取更加环保的生产和消费行为。制定严格的环保法规和排放标准对污染排放和资源消耗进行严格限制。以大气污染防治为例,《中华人民共和国大气污染防治法》的实施对工业排放、机动车尾气排放等进行了严格规定，有效降低了大气污染物的排放水平。同时，政府还应加大对违法排污行为的处罚力度，形成有效的震慑力，确保环保法规得到有效执行。

建立科学的生态效率评估体系，对企业和地区的生态效率进行定期评估和公开披露。通过引入第三方评估机构对企业的生产过程、能源消耗、废弃物排放等进行全面评估，可以客观反映企业的生态效率水平，为企业改进提供科学依据。

同时，公开披露评估结果，可以激发企业的社会责任感和公众的监督意识，形成全社会共同推动生态效率提高的良好氛围。

制定和完善绿色产品认证体系，鼓励企业开发符合环保标准的绿色产品。通过设立统一的绿色产品认证标准和流程，对绿色产品的生产、检测、销售等环节进行规范管理，可以确保绿色产品的真实性和可靠性，提升消费者的信任度和满意度。同时，通过政府采购、税收减免等手段，支持绿色产品的推广和应用，扩大绿色产品的市场份额，促进绿色产业的发展壮大。

绿色生产与消费模式是提高生态效率的重要途径。通过倡导绿色生产和绿色消费理念，引导企业和消费者采取更加环保的行为模式可以形成绿色生产和绿色消费的良性循环，推动生态效率的整体提高。

在绿色生产方面，企业应树立绿色发展理念，将环保纳入企业战略规划的核心部分。通过采用清洁生产技术和管理模式，降低生产过程中的能耗和污染排放，提高产品的环保性能和附加值。企业还应加强与供应链上下游伙伴的合作，共同推动绿色供应链的构建和完善。例如，通过引入环保材料、优化生产流程、加强废弃物回收与利用等措施，企业可以实现生产全过程的绿色化，减少对环境的影响。

在绿色消费方面，政府和社会各界应加强宣传引导，提高公众的环保意识和参与度。通过媒体宣传、公益广告、环保教育等多种形式普及绿色消费知识，倡导简约适度、绿色低碳的生活方式。同时，政府还应通过政策激励和市场机制等手段，引导消费者选择环保、节能、低碳的产品和服务。例如，通过实施绿色信贷政策，对购买绿色产品的消费者给予利率优惠；通过设立绿色产品专区和标识系统，方便消费者识别和选择绿色产品等措施，可以激发消费者的绿色消费热情，推动绿色消费市场的快速发展。

提高生态效率的路径与策略涉及科技创新与研发、产业结构与布局优化、政策法规与标准体系完善以及绿色生产与消费模式推广等多个方面。这些策略的实施需要政府、企业和公众的共同努力和协作，形成全社会共同推动生态效率提高的强大合力。

4.2.2　资源节约型社会：构建可持续发展的基石

资源节约型社会是指在生产、流通、消费等各个环节中，通过采取节约集约利用资源的方式，减少资源消耗和浪费，实现经济社会可持续发展的社会形态。构建资源节约型社会是建设生态文明的重要内容之一，也是实现经济高质量发展的重要保障。

（1）资源节约型社会的内涵与特征

资源节约型社会的核心在于节约集约利用资源，提高资源利用效率。它强调在保障经济社会发展需求的同时，最大限度地减少对自然资源的开采和消耗；同时，注重资源的循环利用和废弃物的资源化利用，实现经济活动的闭环运行。资源节约型社会具有以下显著特征。

节约性：在生产、流通和消费等各个环节中注重节约资源，减少不必要的资源消耗和浪费。通过采用先进技术和管理模式提高资源利用效率，降低单位产出的资源消耗水平。

循环性：注重资源的循环利用和废弃物的资源化利用。通过建立完善的废弃物回收和处理体系，将废弃物转化为可再利用的资源或产品，形成资源的闭环运行。

可持续性：追求经济社会发展的可持续性。通过节约集约利用资源和保护环境资源为经济社会的长期发展提供坚实的基础和保障。

（2）构建资源节约型社会的路径与措施

在深入探讨如何构建资源节约型社会作为可持续发展的路径与措施时，不仅需要着眼于宏观层面的政策设计与制度保障，还需深入微观层面的技术创新与社会动员，形成上下联动、内外协同的治理格局。以下是对这一综合性措施体系的具体展开与深化。

加强政策引导与制度保障，奠定资源节约的坚实基础。政府作为推动资源节约型社会建设的核心力量，其政策导向与制度框架直接关乎转型的成效。

政府应加快完善资源节约与环境保护的法律法规体系，为资源节约型社会的构建提供坚实的法律支撑。例如，可制定“资源节约促进法”，明确资源节约的目标、原则、措施及法律责任，将资源节约工作纳入法治化轨道。同时，修订完善《中华人民共和国节约能源法》《中华人民共和国水法》《中华人民共和国土地管理法》等相关法律法规，提高违法成本，增强法律的威慑力。国家层面应制订中长期资源节约战略规划，明确各阶段的目标任务、重点领域和保障措施。这一规划需紧密结合国家经济社会发展实际，确保资源节约与经济社会发展相协调。例如，我国在“十四五”规划中明确提出要推动经济社会发展全面绿色转型，制订 2030 年前碳达峰行动方案，正是这一思路的具体体现。

实施经济激励政策，引导资源节约行为。通过实施资源税、环境税、排污费等经济手段，增加资源消耗和环境污染的成本，从而引导企业和个人自觉节约资源、减少污染。例如，我国对高耗能、高污染行业实施差别电价、阶梯水价等政策，有效促进了资源节约和环境保护。同时，通过财政补贴、税收优惠等方式，激励企业采用节能环保技术，提高资源利用效率。

构建完善的资源节约与环境保护监管体系，确保各项政策措施得到有效执行。政府应建立健全跨部门协调机制，整合环保、能源、水利等部门的力量，形成监管合力。同时，加强监管能力建设，提高监测、检测技术水平，确保监管数据的准确性和及时性。此外，加大对违法行为的惩处力度，形成有效震慑。

科技创新是推动资源节约型社会建设的重要驱动力。通过引入先进技术和设备，可以显著提高资源利用效率，降低能耗和污染排放，激活资源节约的内生动力。

鼓励和支持企业、高校、科研院所等创新主体加大资源节约与循环利用技术的研发投入，突破一批资源节约型社会建设的关键技术瓶颈。例如，开发高效节能技术、资源循环利用技术、清洁生产技术等，提高资源利用效率，减少废弃物产生。通过政策引导和市场机制，加快先进技术和装备的推广应用，促进传统产业升级改造。例如，推广高效节能电机、变频调速系统、余热余压利用装置等节能设备，提高工业领域的能源利用效率；推广建筑节能技术、绿色建筑材料，降低建筑能耗；推广节水灌溉、雨水收集利用等农业节水技术，提高水资源利用效率。

积极参与国际资源节约与环境保护领域的科技合作与交流，引进消化吸收国外先进技术和管理经验。同时，加强与国际组织、跨国企业的合作，共同开展资源节约技术研发和推广应用项目，推动全球资源节约与环境保护事业的进步。

建立健全反映资源稀缺程度和环境损害成本的价格体系，通过市场机制引导企业和个人节约资源、减少污染，发挥市场在资源配置中的决定性作用，是构建资源节约型社会的重要途径。

推进水、电、气等资源性产品价格改革，逐步建立反映市场供求关系、资源稀缺程度和环境损害成本的价格形成机制。例如，实施阶梯水价、阶梯电价等资源性产品价格改革，引导消费者合理使用资源，减少浪费。同时，建立健全水权、排污权等交易市场，发挥市场在资源配置中的决定性作用。

建立健全排污权交易、碳交易等环境经济政策体系，利用市场机制激励企业减少污染物排放。通过设定排放总量控制目标，发放排污许可证或碳排放配额，允许企业在市场上买卖排污权或碳排放配额，从而实现污染物的有效控制。

加强资源性产品市场和环境经济政策执行的监管力度，严厉打击市场操纵、价格欺诈等违法行为，维护市场秩序。同时，加大环保执法力度，对违法排污企业依法严惩不贷，形成有效震慑。

构建资源节约型社会需要全社会的共同努力和广泛参与。通过加强生态文明教育和宣传，提高公众的环保意识和参与度，营造全民节约的良好氛围，是构建资源节约型社会的重要一环。

将生态文明教育纳入国民教育体系，从小学到高中乃至大学各个阶段，都应设置相关课程。培养学生从小树立节约资源、保护环境的意识。同时，鼓励社会各界开展生态文明教育和培训活动，提高全民的环保素质和能力。

通过媒体宣传、公益广告等多种形式，普及资源节约知识，引导公众了解资源节约的重要性和紧迫性，掌握节约资源的方法和技巧。例如，推广节水节电小窍门、宣传绿色出行方式等，提高公众的节约意识和实践能力。

鼓励和支持非政府组织、社区组织等社会力量参与资源节约型社会的建设。通过建立志愿者队伍、开展公益活动等形式，动员社会各界积极参与资源节约和环境保护工作。建立健全公众参与机制，如设立举报奖励制度，鼓励公众对违法排污等行为进行监督和举报。

在推动资源节约型社会建设的实践中涌现出了许多生动案例。这些案例不仅展示了资源节约的成效，也为其他地区提供了可借鉴的经验。

案例一：德国的循环经济实践

德国在资源节约与循环经济方面取得了显著成效。该国通过立法手段，推动资源节约和废物回收利用。例如，实施《循环经济与废弃物管理法》，明确了废物产生者的责任和义务，促进了废物的减量化和资源化利用。此外，德国还大力发展可再生能源（如风能、太阳能等）提高了能源自给率，降低了对化石能源的依赖。这些措施有效促进了德国的绿色转型和可持续发展。

案例二：日本的“零废弃社会”构想

日本提出了“零废弃社会”的构想，旨在通过减少废物产生和促进废物循环利用，实现资源的最大化利用。该国通过推广垃圾分类制度、建立废物回收网络和促进废物资源化利用等措施，逐步构建了完善的废物管理体系。同时，日本还积极推动绿色消费，倡导简约适度的生活方式，减少了对资源的过度消耗。这些努力为日本实现资源节约型社会奠定了基础。

案例三：中国的节水型社会建设

中国作为水资源短缺的国家之一，高度重视节水型社会建设。通过实施最严格的水资源管理制度，加强水资源保护和节约利用工作，取得了显著成效。例如，推广节水灌溉技术，提高农业用水效率；加强工业节水，改造降低工业用水量；推广节水器具和节水型洁具，提高城市节水水平等。这些措施有效缓解了水资源短缺问题，促进了经济社会的可持续发展。

构建资源节约型社会需要从政策引导、科技创新、市场机制和社会参与等多个方面入手，采取综合性的措施和路径。通过加强政策保障、推动科技创新、完善市场机制、强化社会参与等措施，可以逐步推动资源节约型社会的建设，实现经济社会的可持续发展。这不仅是生态文明建设的内在要求，也是实现高质量发展的必由之路。

4.2.3　生态效率与资源节约型社会的协同推进

生态效率与资源节约型社会是相辅相成的两个方面，它们共同构成了生态文明时代下经济增长模式的核心内容。通过协同推进生态效率提高和资源节约型社会建设，可以实现经济效益与环境效益的双赢，为经济社会的可持续发展奠定坚实的基础。

（1）生态效率提高对资源节约型社会的促进作用

生态效率的提高有助于降低资源消耗和环境污染，为资源节约型社会的建设提供有力支撑。通过采用先进技术和管理模式，提高资源利用效率，降低能耗和污染排放，可以减少对自然资源的开采和消耗，促进资源的节约利用；减少废弃物的产生和排放，降低环境污染的风险，保护生态环境质量。这些措施不仅有助于实现经济的绿色发展，还有助于推动资源节约型社会的建设进程。

（2）资源节约型社会对生态效率提高的保障作用

资源节约型社会的建设，为生态效率的提高提供了重要保障。通过建立健全政策法规和标准体系，明确资源节约和环境保护的目标和要求。可以引导企业和个人采取更加环保的生产和消费行为，促进生态效率的提高；同时，完善市场机制与价格体系，通过经济激励手段引导企业和个人节约资源、减少污染，为生态效率的提高，提供动力支持。加强社会参与与教育宣传，提高公众的环保意识和参与度，可以形成全社会共同推动资源节约型社会建设和生态效率提高的良好氛围和强大合力。

生态效率与资源节约型社会的协同推进，是实现生态文明时代下经济增长模式转变的重要途径。通过不断提高生态效率和构建资源节约型社会，我们可以实现经济效益与环境效益的双赢，推动经济社会的可持续发展。

4.3 低碳经济与能源革命

在生态文明观的理念下，低碳经济与能源革命已成为推动全球经济转型和可持续发展的重要驱动力。随着全球气候变化的严峻挑战日益凸显以及传统能源结构带来的环境压力，低碳经济与能源革命不仅是应对环境问题的有效途径，更是实现经济高质量发展的必然选择。

4.3.1 低碳经济的理论与实践探索

低碳经济，作为一种以低能耗、低排放、低污染为基础的经济模式，其核心在于通过技术创新、制度创新和政策引导，推动经济结构和能源消费方式的根本性变革。低碳经济不仅是一种经济形态的转变，也是发展理念、发展道路和发展方式的全方位革新。

（1）低碳经济的理论基础

低碳经济的理论基础根植于可持续发展经济学、生态经济学以及环境科学等多学科交叉融合的土壤之中。可持续发展经济学强调经济发展与环境保护的协调统一，追求经济、社会、环境三大系统的整体最优；生态经济学则揭示了经济系统与生态系统之间的内在联系，强调在尊重自然规律和生态法则的前提下实现经济发展；环境科学则为低碳经济提供了关于环境污染、资源消耗及其治理的科学依据。

低碳经济的理论核心在于将碳排放作为经济活动的重要约束条件，通过引入碳定价机制、推广清洁能源、提高能效等措施，实现经济增长与碳排放的“脱钩”。这一理论不仅挑战了传统经济增长模式，也为全球经济提供了新的发展方向和动力源泉。

（2）低碳经济的国际实践

低碳经济的国际实践已在全球范围内广泛展开。欧盟作为低碳经济的先行者，通过实施碳排放交易体系（EU ETS）、推广可再生能源和提高能效等措施，有效降低了碳排放强度，促进了低碳产业的发展。

德国、丹麦等欧洲国家在可再生能源领域取得了显著成就，成为全球低碳经济的典范。美国、日本等发达国家也积极推进低碳经济转型，通过立法、政策激励和技术创新等手段，推动能源消费结构的优化和碳排放的减少。例如，美国制定了严格的汽车燃油经济性标准和建筑能效标准，日本则大力发展太阳能、风能等可再生能源，并推动电动汽车等低碳交通方式的发展。

发展中国家也在积极探索适合自身国情的低碳发展道路。中国作为全球最大的发展中国家和碳排放大国，近年来在低碳经济领域取得了显著进展。通过实施节能减排政策、推广清洁能源、发展绿色金融等措施，中国在实现经济快速增长的同时，有效控制了碳排放的增长速度，为全球低碳经济转型贡献了中国智慧和力量。

（3）低碳经济的中国实践

中国在低碳经济的实践中，不仅注重政策引导和制度保障，还积极推动技术创新和产业转型。政府出台了一系列政策措施，如碳交易市场建设、清洁能源补贴、绿色信贷等，为低碳经济的发展提供了有力支持。同时，通过加强与国际社会的合作与交流，中国积极参与全球气候治理和低碳技术研发与应用合作，不断提高自身的低碳发展水平。

在产业层面，中国大力推动清洁能源产业的发展，如风电、光伏等可再生能源产业迅速崛起，成为全球最大的可再生能源生产国和消费国之一。同时，通过技术改造和产业升级，中国逐步淘汰了一批高能耗、高污染的传统产业，推动钢铁、水泥、化工等重点行业实现绿色低碳转型。

在社会层面，中国积极倡导绿色生活方式和低碳消费理念，通过教育和宣传等手段提高公众的环保意识和参与度。绿色出行、绿色建筑、节能减排等低碳生活方式逐渐成为社会新风尚，为推动低碳经济转型提供了广泛的社会基础。

4.3.2　能源革命的路径与策略

能源革命作为低碳经济发展的关键环节，其核心在于推动能源生产和消费方式的根本性变革。通过发展清洁能源、提高能效、完善能源基础设施等措施，实现能源结构的优化和能源利用效率的提高。

（1）发展清洁能源

在能源革命的路径中，发展清洁能源是至关重要的一环。清洁能源的广泛应用不仅能显著降低碳排放强度，还能促进能源结构的优化和升级。太阳能、风能、水能等可再生能源因其清洁、可再生的特性，成为替代传统化石能源的重要方向。

中国政府高度重视清洁能源的发展，通过制定和实施一系列政策措施，积极推动太阳能、风能等可再生能源的规模化应用。通过完善清洁能源发电补贴政策、建立绿色电力证书交易制度等手段，鼓励社会资本投入清洁能源领域，推动清洁能源产业的快速发展。同时，政府还加大对清洁能源技术研发和推广的支持力度，促进技术进步和产业升级，提高清洁能源的经济性和可靠性。

在实践中，中国清洁能源产业取得了显著成就。太阳能光伏、风电等产业规模不断扩大，技术水平不断提高，成本持续下降。越来越多的企业和家庭开始选择安装太阳能光伏板或风力发电设备，享受清洁能源带来的便利和实惠。随着技术的不断进步和政策的持续支持，清洁能源产业将迎来更加广阔的发展前景。

（2）提高能效

提高能效是能源革命的另一重要途径。通过技术创新和管理创新等手段降低能耗水平、提高能效水平是实现能源节约和碳排放减少的有效方式之一。中国在实施节能减排政策方面取得了显著成效，通过推广高效节能技术和产品、加强能效标准和标识管理、实施节能评估和审查制度等措施，有效降低了能耗强度和碳排放强度。

加大能效提高力度，推动工业、建筑、交通等领域的能效改造和升级。通过引入先进的节能技术和设备、优化生产流程和管理模式等措施实现能耗水平的进一步降低和能效水平的进一步提高。

（3）完善能源基础设施

完善能源基础设施是保障能源供应安全和推动能源革命的重要基础。加强能源基础设施建设，特别是清洁能源基础设施的建设和完善，推动电网、油气管道等基础设施的改造升级和互联互通。通过提高清洁能源的输送效率和覆盖范围、保障清洁能源的稳定供应和安全使用等措施，推动能源结构的优化和能源利用效率的提高。国际社会的合作与交流将会共同推动全球能源基础设施的建设和完善，推动全球能源基础设施的互联互通和协同发展，为全球能源转型和应对气候变化提供有力支撑。

4.3.3 低碳经济与能源革命的未来展望

低碳经济与能源革命是推动全球经济转型和可持续发展的重要力量。未来随着全球气候变化和资源环境约束的日益加剧，低碳经济与能源革命将呈现出更加广阔的发展前景和更加深远的社会影响。

（1）技术创新引领低碳转型

技术创新是推动低碳经济与能源革命的关键因素之一。未来随着科技的不断进步和创新能力的不断提高，清洁能源技术、能效提升技术等领域将取得更多突破性进展，为低碳经济与能源革命提供更加坚实的技术支撑和动力源泉。同时，随着人工智能、大数据等新一代信息技术的快速发展和应用推广，低碳经济与能源革命将呈现出更加智能化、高效化的特点，为实现经济高质量发展和生态环境保护提供更加有力的支持。

（2）政策引导与市场机制并重

政策引导与市场机制是推动低碳经济与能源革命的重要保障措施之一。各国政府加强政策引导和制度保障力度，通过制定更加科学合理的环保法规和政策措施，引导社会各界积极参与低碳经济与能源革命进程；建立健全碳交易市场等市场机制体系，推动碳排放权的合理配置和交易流转，为实现低碳转型提供更加有效的市场激励和约束机制。

（3）国际合作与全球治理加强

国际合作与全球治理是推动低碳经济与能源革命的重要途径之一。加强在低碳技术研发与应用、清洁能源产业发展、能源基础设施建设等领域的合作与交流，共同推动全球低碳经济与能源革命进程；全球气候治理和环境保护合作，共同应对全球性环境挑战和推动全球可持续发展不断向前推进。

低碳经济与能源革命是推动全球经济转型和可持续发展的重要力量之一。随着技术创新的不断进步、政策引导与市场机制的不断完善以及国际合作与全球治理的不断加强，低碳经济与能源革命将呈现出更加广阔的发展前景和更加深远的社会影响。

4.4　绿色产业与新兴产业崛起

在生态文明观的引领下，全球经济结构正经历着深刻的变革，绿色产业与新兴产业的崛起成为这一变革的重要驱动力。绿色产业以其低碳环保、资源节约的特性，为经济增长注入了新的活力；而新兴产业则通过技术创新和模式创新，不断拓展经济增长的新空间。本节将从绿色产业的内涵与特征、绿色产业的发展路径与策略、新兴产业的崛起及其对经济的影响三个方面进行深入探讨。

4.4.1　绿色产业的内涵与特征

绿色产业是指以环境保护和资源节约为核心，以可持续发展为目标，运用先进的环保技术和科学的管理方法，实现经济效益与环境效益双赢的产业体系。绿色产业不仅涵盖了传统的环保产业，如污染治理、生态修复等，还涵盖了清洁能源、节能环保、绿色农业等多个领域。这些产业通过技术革新和管理优化，有效降低了资源消耗和环境污染，推动了经济社会的绿色转型。绿色产业具有以下几个显著特征。

环保性。绿色产业的核心在于环保，其所有活动均以减少资源消耗、降低环境污染、保护生态环境为前提。通过采用清洁生产技术、节能降耗技术和环保材料，绿色产业实现了从源头到末端的全程绿色化。

高效性。绿色产业注重资源的高效利用和废弃物的资源化，通过技术创新和管理优化，提高了生产效率和资源利用率，降低了生产成本。同时，绿色产业还通过循环经济和产业链延伸，实现了资源的最大化利用和废弃物的最小化排放。

创新性。绿色产业的发展离不开技术创新。随着科技的不断进步，绿色技术不断涌现，为绿色产业的发展提供了强大的技术支撑。同时，绿色产业还通过模式创新，探索出多种绿色发展模式，如绿色金融、绿色供应链管理等，为经济的绿色转型提供了新的路径。

综合性。绿色产业是一个综合性的产业体系，涵盖了多个领域和环节。从清洁能源的开发利用到节能环保技术的推广应用，从绿色农业的发展到生态修复的实施，绿色产业在推动经济社会绿色转型中发挥着重要作用。

4.4.2 绿色产业的发展路径与策略

绿色产业的发展需要政府、企业和公众的共同努力。在生态文明观的引领下，我国绿色产业的发展路径与策略可以从以下几个方面入手。

（1）政策引导与制度保障

在生态文明时代的大背景下，绿色产业的发展不仅是实现经济可持续发展的内在要求，也是应对全球环境挑战、推动经济结构转型升级的重要途径。政府作为政策制定与实施的主体，在绿色产业发展中的角色至关重要。为了确保绿色产业的稳健成长与持续繁荣，政府需从政策引导与制度保障两方面入手，为绿色产业构建一个公平、透明、有利于创新的发展环境。

政府首先应着眼于法律法规的完善，为绿色产业提供坚实的法律基础。这包括但不限于制定绿色产业促进法、可再生能源法、循环经济促进法等专项法律，明确绿色产业的法律地位、发展目标、扶持政策以及监管措施。通过这些法律，政府能够规范市场秩序，保护绿色企业的合法权益，打击不正当竞争行为，为绿色产业营造健康有序的发展环境。

政府还需建立健全与绿色产业相关的标准体系，以标准引领产业高质量发展。这要求政府联合行业协会、科研机构及龙头企业，共同制定绿色产品设计、生产、流通、消费及回收处理全生命周期的标准体系，确保绿色产品从原料采购到终端废弃的全链条符合环保要求。此外，建立绿色产品认证制度，对符合标准的产品授予绿色标识，增强消费者对绿色产品的信任度，促进绿色消费市场的形成与壮大。

在财政投入与政策扶持方面，政府应加大对绿色产业的支持力度，通过设立绿色产业发展专项基金、提供财政补贴、税收减免等多种方式，减轻绿色企业的运营成本压力，激发其创新活力。具体而言，政府可以针对绿色技术研发、绿色项目示范、绿色园区建设等关键环节给予重点支持，鼓励企业加大研发投入力度，推动技术成果转化为现实生产力。同时，建立健全绿色采购制度，优先采购绿色产品和服务，以政府消费引领绿色消费潮流。

在金融支持方面，政府应积极推动绿色金融的发展，引导社会资本向绿色产业倾斜。这包括鼓励商业银行、保险公司、证券公司等金融机构开发绿色金融产品，如绿色信贷、绿色债券、绿色基金等，为绿色企业提供多样化的融资渠道。此外，建立绿色信用评价体系，对绿色企业进行信用评级，为金融机构提供风险评估依据，降低绿色金融产品的投资风险。

在人才保障方面，政府应重视绿色产业人才的培养与引进。通过加强与高校、科研机构的合作，建立绿色产业人才培养基地，培养一批具备跨学科知识、熟悉国际规则、掌握核心技术的复合型人才。同时，出台吸引高端人才的政策，如提供住房保障、子女教育优惠等，吸引国内外优秀人才投身绿色产业发展。

在推动绿色产业技术创新方面，政府应充分发挥其引导和支持作用。通过设立绿色技术创新专项，鼓励企业和科研机构联合攻关，突破绿色产业发展的关键技术瓶颈。建立绿色技术创新平台，促进产学研用深度融合，加速科技成果的转化与应用。此外，加强与国际社会的合作与交流，引进消化吸收国外先进的绿色技术和管理经验，推动国内绿色产业技术水平的整体提高。

在促进绿色产业集聚发展方面，政府应合理规划产业布局，推动绿色产业园区和产业集群建设。通过完善园区基础设施、优化营商环境、提供一站式服务等措施，吸引绿色企业入驻园区，形成产业集聚效应。鼓励园区内企业开展合作与交流，共享资源、降低成本、提高效率，共同推动绿色产业的快速发展。

政府还应加强绿色产业的统计监测工作。建立健全绿色产业统计指标体系，定期对绿色产业的发展情况进行监测和评估。通过收集、整理和分析相关数据，掌握绿色产业的发展动态和趋势，为政策制定提供科学依据。同时，加强绿色产业信息的发布和共享，提高政策透明度和市场预见性，引导社会各界积极参与绿色产业发展。

政府通过加强政策引导与制度保障，可以为绿色产业创造一个有利的发展环境。这不仅有助于推动绿色产业的快速成长与壮大，还有助于促进经济结构的转型升级和可持续发展目标的实现。在未来的发展中，政府应继续深化对绿色产业的支持与引导，不断创新政策工具和管理手段，推动绿色产业成为经济社会发展的新引擎。

（2）技术创新与产业升级

在生态文明时代的视角下，绿色产业的发展不仅关乎环境保护与资源节约，更是推动经济高质量增长、实现可持续发展的关键所在。技术创新作为绿色产业发展的核心驱动力，其重要性不言而喻。通过持续的技术突破与产业升级，不仅能提升绿色产业的竞争力，还能促进整个经济体系的绿色转型与可持续发展。

鼓励企业加大绿色技术研发投入，突破关键技术瓶颈，是绿色产业持续发展的根本保障。企业应树立长远眼光，将绿色技术研发视为提升核心竞争力的战略选择。政府应通过财政补贴、税收减免、低息贷款等多种方式，激励企业增加绿色技术研发的资金投入。同时，建立健全绿色技术创新体系，搭建产学研用深度融合的创新平台，汇聚高校、科研机构与企业的创新资源，形成协同创新的强大合力。在绿色能源、节能减排、资源循环利用等领域，集中攻克一批具有全局性、前瞻性的关键核心技术，为绿色产业的发展提供强有力的技术支撑。

推动产学研用深度融合，加速绿色技术的成果转化和应用推广，是绿色产业发展的关键路径。绿色技术的研发只是第一步，如何将其快速转化为现实生产力，才是决定绿色产业发展成败的关键。政府应积极引导和支持高校、科研机构与企业之间的合作，促进科技成果的快速转化。通过设立绿色技术成果转化基金，提供专项支持，降低成果转化过程中的风险和成本。同时，建立健全绿色技术交易市场，完善技术转移和扩散机制，为绿色技术的广泛应用提供便捷通道。此外，加强绿色技术的标准制定和推广，确保绿色技术的规范化和标准化应用，提高整个产业的技术水平和市场竞争力。

支持绿色产业与传统产业的融合发展，推动传统产业向绿色化、智能化、高端化转型，是绿色产业发展的必由之路。传统产业作为国民经济的重要组成部分，其绿色转型对于整体经济结构的优化升级具有重要意义。政府应通过政策引导和市场机制，鼓励传统产业引入绿色技术和管理模式，进行技术改造和产业升级。一方面，推动传统产业采用先进的节能减排技术和清洁生产技术，减少资源消耗和环境污染；另一方面，支持传统产业向价值链高端延伸，发展高附加值、高技术含量的绿色产品。通过传统产业与绿色产业的深度融合，形成优势互补、互利共赢的发展格局，推动整个经济体系向绿色、低碳、可持续方向发展。

在具体实践中，绿色产业的发展路径与策略还需注重以下几个方面。

一是构建绿色产业链体系。绿色产业的发展不是孤立的，而是需要形成完整的产业链体系。政府应加强对绿色产业链的整体规划和布局，推动上下游企业的紧密合作与协同发展。通过构建绿色设计、绿色制造、绿色流通、绿色消费等全链条的绿色生产体系，实现资源的高效利用和废弃物的减量排放。同时，加强与国际市场的接轨与合作，引进先进的绿色技术和管理经验，提升我国绿色产业在全球价值链中的地位和影响力。

二是加强绿色人才培养和引进。人才是绿色产业发展的第一资源。政府应加大对绿色人才的培养和引进力度，为绿色产业的发展提供坚实的人才保障。通过高校教育改革和职业培训等方式，培养一批具有创新精神和实践能力的绿色技术人才和管理人才。同时，建立完善的人才激励机制和政策环境，吸引国内外优秀人才投身绿色产业领域。通过构建多元化的人才队伍结构，为绿色产业的创新发展提供源源不断的智力支持。

三是完善绿色金融体系。金融是现代经济的核心和血脉。绿色产业的发展离不开金融的大力支持。政府应加快构建绿色金融体系，为绿色产业提供全方位的金融服务。通过发展绿色信贷、绿色债券、绿色基金等绿色金融产品，引导社会资本向绿色产业领域聚集。同时，加强对绿色金融产品的监管和评估，确保其合规性和有效性。此外，推动绿色保险的发展和应用，为绿色产业提供风险保障和损失补偿机制。通过绿色金融的支持和保障作用，为绿色产业的发展注入强劲动力。

四是加强国际合作与交流。绿色产业的发展是全球性的议题和挑战。各国应加强合作与交流，共同应对环境问题和推动绿色产业发展。政府应积极参与国际绿色产业合作机制建设和完善工作，加强与发达国家和发展中国家的对话与合作。通过分享绿色产业发展的经验和做法、共同研发和推广绿色技术、联合开展环境治理项目等方式，形成全球绿色产业发展的合力。同时，加大与国际组织和非政府组织的合作与交流工作力度，提升我国在国际绿色产业合作领域的影响力和话语权。

技术创新与产业升级是推动绿色产业发展的核心驱动力。通过鼓励企业加大绿色技术研发投入、推动产学研用深度融合、支持绿色产业与传统产业的融合发展等具体策略的实施与推进，我们可以有效促进绿色产业的持续健康发展。同时注重构建绿色产业链体系、加强绿色人才培养和引进、完善绿色金融体系以及加强国际合作与交流等方面的工作，为绿色产业的发展提供全方位的支持和保障。

（3）市场拓展与品牌建设

在生态文明建设的宏伟蓝图下，绿色产业的发展不仅承载着环境保护的重任，更是推动经济转型升级、实现可持续发展的重要引擎。市场拓展与品牌建设作为绿色产业发展的关键环节，对于提高绿色产品的市场占有率、增强产业整体竞争力具有不可估量的作用。下面将从宣传和推广、认证体系、国际合作等维度，深入探讨绿色产业如何通过市场拓展与品牌建设，实现产业的高质量发展。

1）加强绿色产品的宣传和推广

绿色产品的宣传和推广是建立市场认知、激发消费者购买欲望的首要步骤。在信息爆炸的时代，如何有效地将绿色理念及其产品优势传递给目标消费群体，成为绿色产业面临的重要课题。

政府发挥引导作用，利用公共媒体平台大力宣传绿色消费理念，普及绿色产品的环保特性和社会价值，营造全社会共同参与绿色消费的良好氛围。通过公益广告、绿色消费指南等形式，提高公众对绿色产品的认知度，引导消费者转变消费观念，优先选择环保、节能、低碳的产品。企业应积极创新营销策略，采用线上线下相结合的方式，拓宽绿色产品的销售渠道。在线上方面，利用互联网和社交媒体平台，开展精准营销，通过直播带货、短视频推广等手段，直观展示绿色产品的使用效果和环保优势；在线下方面，则在超市、商场等人流密集区域设立绿色产品专区，提供现场体验服务，让消费者亲身感受绿色产品的独特魅力。

2）推动绿色产品认证体系建设

绿色产品认证体系是保障绿色产品质量、维护消费者权益的重要基石。通过建立科学、公正、权威的绿色产品认证制度，可以有效提升消费者对绿色产品的信任度和购买意愿，促进绿色产业的健康发展。

一方面，政府应加快完善绿色产品认证标准体系，明确认证范围、程序和要求，确保认证工作的规范性和有效性。在制定认证标准时，应充分考虑环保性能、资源利用效率、全生命周期环境影响等多个维度，确保认证结果的全面性和准确性。同时，加强对认证机构的监管和评估，确保其独立性和公信力。

另一方面，企业应积极响应绿色产品认证号召，主动申请并通过绿色产品认证。通过认证，企业可以获得政府认可的市场“绿色通行证”，提升品牌形象和市场竞争力。同时，企业还应加强内部管理，确保生产过程中的环保要求和产品质量标准得到严格执行，为消费者提供真正的绿色产品。

3）加强与国际市场的对接和合作

在全球化背景下，绿色产业的发展不能孤立于国际市场之外。加强与国际市场的对接和合作，推动绿色产品走向国际市场，对于拓宽绿色产业的发展空间、提升产业国际竞争力具有重要意义。

政府加大对外开放的力度，为绿色产品出口创造有利条件。通过签署双边或多边贸易协定、降低关税壁垒、提供出口信贷支持等方式，降低绿色产品进入国际市场的门槛和成本。同时，积极参与国际绿色标准制定和认证互认工作，推动国内外绿色产品标准的接轨和统一。

企业积极开拓国际市场，寻找合适的合作伙伴和销售渠道。通过参加国际展会、建立海外销售网络、与跨国企业合作等方式，将绿色产品推向全球市场。同时，关注国际绿色消费趋势和市场需求变化，不断调整和优化产品结构和营销策略，以适应不同国家和地区的市场需求。

加强与国际绿色组织的合作和交流也是提升绿色产业国际影响力的重要途径。通过参与国际环保项目、分享绿色技术和管理经验、推动跨国界环境治理等方式，展现我国在绿色产业发展方面的成就和贡献，提升国际社会对中国绿色品牌的认可度和信任度。

市场拓展与品牌建设是绿色产业腾飞的翅膀。通过加强绿色产品的宣传和推广、推动绿色产品认证体系建设、加强与国际市场的对接和合作等多方面的努力，可以显著提升绿色产业的市场影响力和竞争力。在生态文明建设的征程中，绿色产业正以其独特的魅力和无限的潜力引领着经济发展的新方向。我们有理由相信，在未来的日子里，绿色产业将绽放出更加璀璨的光芒，为地球家园的可持续发展贡献更多的智慧和力量。

（4）公众参与与社会动员

公众参与与社会动员作为推动绿色产业发展的重要环节，其力量不容小觑。在生态文明观的框架下，通过广泛的社会参与和积极的社会动员，不仅能够增强公众对绿色产业的认知和支持，还能够形成强大的社会合力，共同推动绿色产业的快速发展。这一过程的实现，依赖系统性的策略部署与深入实施。

生态文明教育是提高公众环保意识、培养绿色生活方式的重要途径。将生态文明教育纳入国民教育体系，是实现这一目标的基础性工程。从小学到大学，通过课程设置、课外活动等多种形式，将环保知识、绿色产业理念融入教育教学之中，使学生从小树立正确的环保观念，掌握基本的环保技能，为未来的社会参与打下坚实的基础。

可以在学校开设专门的环保课程，结合地方特色和资源状况，设计生动有趣的教学内容和实践活动。例如，组织学生参观绿色工厂、生态农业园区，参与垃圾分类、植树造林等环保实践活动，让学生在亲身体验中感受绿色产业的魅力与价值。同时，利用多媒体教学、在线学习资源等现代技术手段，丰富教学手段，提高教学效率，确保生态文明教育在广大学生中落地生根。

媒体作为信息传播的重要平台，在提升公众对绿色产业认知度方面发挥着不可替代的作用。通过加强媒体宣传和社会动员，可以迅速扩大绿色产业的社会影响力，提高公众对其重要性的认识。

充分利用电视、广播、报纸等传统媒体平台，开设绿色产业专栏，邀请专家学者、企业代表进行访谈和讲座，普及绿色产业知识，分享成功案例和经验。同时，加强对绿色产业政策的解读和宣传，让公众了解政府在推动绿色产业发展方面的决心与措施，增强公众对绿色产业的信心与期待。积极利用互联网、社交媒体等新媒体平台，扩大宣传的覆盖面和影响力。通过建立绿色产业官方网站、微信公众号、微博账号等渠道，发布行业动态、政策法规、技术创新等信息，与公众进行实时互动和交流。通过举办线上讲座、直播带货等活动，让公众更加直观地了解绿色产品和服务，激发其参与绿色消费的热情。

绿色消费是公众参与绿色产业发展的重要方式之一。通过倡导绿色消费理念，鼓励公众选择环保、节能、低碳的产品和服务，可以推动市场需求向绿色化转型，为绿色产业提供更加广阔的发展空间。

为了有效引领绿色消费风尚，需要政府、企业和社会各界共同努力。政府可以通过制定绿色采购政策、实施绿色税制等措施，引导企业和个人采取更加环保的采购和消费行为。企业则可以通过绿色营销和品牌建设，提升绿色产品的市场竞争力，吸引更多消费者关注和购买绿色产品。同时，加强绿色消费知识的普及和教育，提高公众的环保意识和绿色消费能力。

在具体实施上，可以通过开展绿色消费宣传活动、举办绿色产品展览会等方式，展示绿色产品的优势和特点，引导消费者了解并接受绿色消费理念。同时，加强市场监管和执法力度，打击虚假宣传和假冒伪劣产品，保护消费者权益，维护绿色消费市场的健康有序发展。

绿色产业的发展离不开政府、企业、公众等多元主体的共同参与和协作。通过构建多方参与机制，可以汇聚各方智慧和力量，形成推动绿色产业发展的强大合力。

政府应发挥主导作用，制定科学合理的绿色产业发展规划和政策措施，为绿色产业发展提供有力的制度保障和支持。同时，加强跨部门协调与合作，确保各项政策措施能够得到有效落实和执行。此外，政府还应积极引导和鼓励社会资本投入绿色产业领域，推动绿色产业与金融、科技等其他领域的深度融合与协同发展。

企业应积极承担社会责任，将环保理念融入企业发展战略之中，通过技术创新和管理优化推动产业升级和转型。同时，加强与上下游企业的合作与交流，共同构建绿色供应链体系，提高资源利用效率和废弃物处理能力。此外，企业还应加强品牌建设和社会责任履行，树立良好的企业形象和社会声誉。

公众则应积极参与绿色产业的推广与实践活动，通过选择绿色消费、参与环保志愿服务等方式为绿色产业发展贡献自己的力量。同时，加强自我学习和提高环保意识与能力水平，为更好地参与绿色产业发展奠定坚实的基础。

为了确保绿色产业的可持续发展，需要建立健全监督与评估机制，对绿色产业的发展状况进行实时监测和评估，以便及时发现问题并采取有效措施加以解决。建立健全绿色产业发展监测体系，对绿色产业的规模、结构、效益等方面进行定期监测和统计，为政策制定和调整提供科学依据。同时，加强对绿色产业项目的跟踪和评估，确保其符合环保要求和可持续发展原则。加强社会监督和舆论监督，鼓励公众和非政府组织对绿色产业的发展情况进行监督和评估。通过建立投诉举报机制、开展公众满意度调查等方式，收集社会各界对绿色产业发展的意见和建议，为政府决策提供重要参考。

加强对绿色产业政策的评估和反馈机制。定期评估分析绿色产业政策实施效果及存在的问题，及时调整和完善政策措施，确保绿色产业政策的针对性和有效性。

公众参与和社会动员是推动绿色产业发展的重要力量。通过加强生态文明教育、拓宽宣传渠道、倡导绿色消费、构建多方参与机制以及强化监督与评估机制等策略的实施，可以形成全社会共同推动绿色产业发展的良好氛围和强大合力，为生态文明建设和可持续发展贡献力量。

4.4.3 新兴产业的崛起及其对经济的影响

随着科技的不断进步和市场需求的不断变化，新兴产业不断涌现并迅速发展壮大。这些新兴产业不仅具有广阔的市场前景和巨大的发展潜力，还对经济增长和社会进步产生了深远影响。

（1）新兴产业的内涵与特征

新兴产业是指在科技革命和产业变革中形成的、以高新技术为核心、具有高增长潜力和市场竞争力的产业。这些产业通常具有技术含量高、创新性强、市场潜力大、产业链长等特点，是推动经济高质量发展的重要力量。技术含量高，以高新技术为核心驱动力，不断推动技术创新和产品升级；创新性强，注重技术创新和模式创新，不断探索新的发展路径和商业模式。市场潜力大；具有广阔的市场前景和巨大的市场潜力，能够带动相关产业链的发展；产业链长，涉及多个领域和环节，形成了完整的产业链体系，有助于实现资源的最大化利用和废弃物的最小化排放。

（2）新兴产业的崛起与发展趋势

近年来，随着全球科技革命和产业变革的加速推进，新兴产业迅速崛起并呈现出强劲的发展势头。特别是在人工智能、生物科技、新能源、新材料等领域，新兴产业取得了显著成就并推动了经济的高质量发展。

未来，新兴产业的发展趋势将呈现技术创新，持续发展壮大。随着科技的不断进步和创新能力的不断提升，新兴产业将不断涌现新的技术和产品，推动产业链的不断延伸和拓展。市场需求将驱动新兴产业的快速发展。随着消费者对高品质、高科技产品的需求不断增加，新兴产业将迎来更广阔的市场空间和更大的发展机遇。政策支持将为新兴产业的发展提供有力保障。政府将加大对新兴产业的支持力度，通过制定和完善相关政策措施和法律法规体系，为新兴产业的发展提供坚实的制度保障和政策引导。

（3）新兴产业对经济的影响

新兴产业的发展对经济增长和社会进步产生了深远影响。推动经济转型升级。新兴产业以其高技术含量和高附加值的特点，为经济增长注入了新的动力源泉。通过推动传统产业向高端化、智能化、绿色化转型，新兴产业有助于实现经济结构的优化升级和可持续发展。

促进就业与创业。新兴产业的发展带动了大量新兴岗位的创造和就业机会的增加。同时，新兴产业还为创业者提供了广阔的创新空间和发展机遇，推动了创新创业的蓬勃发展。增强国家竞争力。新兴产业作为科技创新的重要领域和经济增长的新引擎，对于提升国家竞争力和国际地位具有重要意义。通过加大新兴产业的研发和应用推广力度，有助于提升国家在全球产业链中的影响力和话语权。促进社会进步与可持续发展。新兴产业注重科技创新和社会责任的履行，通过推动绿色发展和社会责任投资等方式，促进了社会进步和可持续发展目标的实现。同时，新兴产业还通过推动教育、医疗等领域的创新和发展，提升了人民群众的生活质量和幸福感。

绿色产业与新兴产业的崛起是生态文明时代下经济增长模式的重要体现。通过政策引导与制度保障、技术创新与产业升级、市场拓展与品牌建设以及公众参与与社会动员等多方面的努力与协作，可以推动绿色产业与新兴产业的快速发展壮大，为经济社会的绿色转型和可持续发展贡献更大的力量。

第 5 章

生态文明时代的经济政策与实践

5.1 环境保护政策与经济激励

在生态文明观的指导下，环境保护政策与经济激励成为推动经济社会绿色转型的两大核心手段。环境保护政策通过立法、行政监管等手段，为生态环境的保护与改善提供强制性保障，而经济激励则通过市场机制的设计，引导企业和个人自觉采取环保行为，实现经济效益与环境效益的双赢。本节将从环境保护政策体系的构建、经济激励措施的应用及其效果评估三个方面进行深入探讨。

5.1.1 环境保护政策体系的构建

环境保护政策体系是生态文明建设的重要基石，它涵盖了法律法规、行政监管、公众参与等多个层面，共同构成了一个全面、系统、多层次的政策网络。

（1）法律法规的完善

在生态文明建设的时代背景下，环境保护政策体系的构建不仅是国家发展战略的重要组成部分，也是实现经济社会可持续发展的重要保障。这一体系以法律法规为核心，辅以政策激励、市场机制和社会参与等多方面的综合措施，共同构成了全面、系统、高效的环境保护网络。

法律法规作为环境保护的基础性保障，其完善程度直接关系到环境保护工作的成效。我国环境保护法律体系的建立与发展，经历了从单一法规到综合法律体系的演变过程。以《中华人民共和国环境保护法》为基石，该法不仅明确了环境保护的基本原则、制度框架和责任追究机制，还确立了“谁污染、谁治理”和“预防为主、防治结合”的环保方针，为后续专项法律法规的制定提供了根本遵循。围绕这一核心法律，一系列专项法规相继出台，如《中华人民共和国水污染防治法》《中华人民共和国大气污染防治法》《中华人民共和国土壤污染防治法》等，这些法规针对不同类型的环境污染问题，制定了具体的防治措施和管理规范，形成了全方位、多层次的环境保护法律网络。

在立法过程中，我国注重科学性与前瞻性的有机结合。立足国情实际，深入分析我国环境保护面临的主要问题和挑战，确保法律法规的针对性和实效性；紧跟国际环保趋势，借鉴国际先进经验，将生态文明理念融入法律条款之中，提升法律法规的前瞻性和引领性。同时，加强法律法规的动态调整和适时修订工作，确保法律法规能够适应经济社会发展的快速变化和生态环境保护的新要求。

除了法律法规的制定与完善外，我国还注重加强法律法规的宣传和普及工作。通过举办培训班、研讨会、公益宣传等多种形式，提高全社会对环境保护法律法规的认识和理解，增强公众的环保意识和法治观念。特别是加大对企业和基层单位的宣传力度，使其明确自身在环境保护中的责任和义务，自觉遵守环保法律法规，共同营造良好的环保法治环境。

在环境保护政策体系的构建中，经济激励措施也发挥了重要作用。政府通过实施一系列经济手段，如排污费、环境税、绿色信贷等，引导企业和个人采取更加环保的生产和消费行为。例如，对超标排放污染物的企业征收排污费或环境税，增加其违法成本；对采用环保技术和进行环保改造的企业给予税收优惠或财政补贴，降低其环保成本；通过绿色信贷政策，支持环保项目和绿色产业的发展。这些经济激励措施不仅提高了企业和个人参与环境保护的积极性，也促进了环保技术和产业的创新与发展。

市场机制在环境保护政策体系中也扮演着重要角色。通过建立和完善碳排放权交易市场、排污权交易市场等市场机制，实现环境资源的优化配置和高效利用。例如，碳排放权交易市场的建立，允许企业在一定限度内买卖碳排放权，从而激励企业减少碳排放、提高能效；排污权交易市场的建立，则鼓励企业通过技术改进和污染治理来减少排污量，进而在市场上出售剩余的排污权获取经济收益。这些市场机制的运用，不仅有效降低了环境保护的行政成本，也提高了环境保护的效率和质量。

环境保护政策体系的构建是一个系统工程，涉及法律法规、经济激励、市场机制等多个方面。通过不断完善法律法规体系、加强法律法规的宣传普及、实施经济激励措施和建立健全市场机制等综合措施的运用，我国环境保护工作取得了显著成效，为经济社会的可持续发展提供了有力保障。

（2）行政监管的强化

环境保护政策的制定与实施是生态文明建设的重要保障，其中行政监管的强化是关键一环。政府环保部门作为环境保护的主要执行者，承担着确保各项环保法律法规得到有效执行的重任。行政监管的强化不仅体现在对污染行为的严格查处上，更在于构建一套科学、高效、全面的监管体系，以实现环境保护的常态化、长效化管理。

在行政监管体系的建设中，首要任务是明确监管职责，细化监管流程。各级政府环保部门应依据法律法规，明确各自的监管范围和职责分工，确保监管工作无死角、无盲区。同时，建立健全从审批、检查、处罚到整改的全链条监管流程，确保每一个监管环节都有章可循、有据可查。此外，还应加强监管队伍的建设和培训，提高监管人员的专业素质和执法能力，确保监管工作既有力又规范。

为了提高监管效率和准确性，行政监管必须与现代信息技术深度融合。大数据、物联网、云计算等先进技术的应用，为环保监管提供了强有力的技术支持。通过建立环保监管信息平台，实现对企业排污数据的实时监测、分析和预警，能够及时发现并处理潜在的环境污染问题。同时，利用大数据分析技术，对环保数据进行深度挖掘和关联分析，可以更加准确地评估企业的环保绩效，为监管决策提供科学依据。

行政监管的强化还体现在对环保信用的重视上。建立环保信用体系，将企业的环保行为纳入信用评价范围，形成守信激励和失信惩戒机制，是促进企业自觉履行环保责任的有效手段。政府环保部门应与相关部门协同合作，实现环保信用信息与其他社会信用信息的共享与互认。对于守信企业，给予政策扶持、项目优先等激励措施；对于失信企业，则采取限制融资、限制市场准入等惩戒措施，提高其违法成本。

在加强行政监管的同时，政府还应注重环保政策的引导和激励作用。通过实施一系列经济激励政策，引导企业和个人积极参与环境保护。例如，对采用环保技术和设备的企业给予税收减免、财政补贴等优惠政策；对开展环保科研和技术创新的企业给予研发资金支持；对生产绿色产品的企业给予市场推广支持；等等。这些经济激励政策不仅能够降低企业的环保成本，提高其环保积极性，还能够促进环保技术和绿色产品的推广应用，推动整个社会向绿色、低碳、循环的方向转型。

政府还应加强与社会各界的沟通与合作，形成环境保护的合力。通过开展环保宣传教育、传播环保知识、鼓励公众参与环保活动等方式，提高全社会的环保意识和参与度。同时，加强与科研机构、高校、企业等单位的合作与交流，共同推动环保技术的研发与应用推广。通过这些措施的实施，可以构建起以政府主导、企业主体、社会参与的多元共治格局，推动生态文明建设不断取得新的成效。

（3）公众参与的促进

在生态文明建设的宏伟蓝图中，环境保护政策的有效实施离不开公众的广泛参与和支持。公众参与不仅是衡量环境保护工作成效的重要指标，更是推动生态文明建设不断向前的强大动力。因此，要构建一套科学、完善、高效的环境保护政策体系，必须将促进公众参与作为其核心要素之一。

公众参与环境保护的深化，首先依赖环保宣传教育的普及与深化。政府应充分发挥主导作用，将环保教育纳入国民教育体系，从基础教育到高等教育各个阶段，均设置相应的环保课程，通过课堂教学、实践活动等多种形式，培养青少年的环保意识和责任感。同时，利用电视、广播、网络、新媒体等多种渠道，广泛传播环保知识，提高全民的环保素养和法制观念。通过举办环保讲座、展览、竞赛等活动，激发公众的环保热情和参与度，形成全社会共同关注环保、参与环保的良好氛围。

为了保障公众的知情权、参与权和监督权，建立健全公众参与机制显得尤为重要。环境信息公开是公众参与的前提和基础。政府应定期发布环境质量状况、污染排放情况、环境治理进展等信息，确保公众能够及时、准确地了解环境状况。同时，通过听证会、座谈会等形式，就重大环境政策、项目征求公众意见，让公众在环境决策中发挥实质性作用。此外，设立举报奖励制度，鼓励公众对环境污染和生态破坏行为进行监督和举报，形成对违法排污行为的有效震慑。

在促进公众参与的过程中，非政府组织和媒体等社会力量发挥着不可替代的作用。非政府组织凭借其专业性、独立性和灵活性，能够深入基层、贴近群众，开展形式多样的环保活动，推动环保理念的普及和实践。政府应积极与非政府组织建立合作关系，提供必要的支持和指导，共同推动环保事业的发展。同时，媒体作为信息传播的重要平台，应充分发挥其舆论监督和引导功能，及时曝光环境违法行为，宣传环保先进典型，营造良好的环保舆论环境。

构建以政府主导、企业主体、公众参与的多元共治格局，是推动环境保护政策落地的关键。政府应加强顶层设计，完善法律法规体系，明确各方责任和义务，为公众参与提供制度保障。企业应积极履行社会责任，加强环保投入和管理，提高清洁生产水平，减少污染物排放。公众则应积极参与环保活动，通过绿色消费、节能减排等方式，为环保事业贡献自己的力量。三方形成合力，共同推动环境保护政策的实施和生态文明建设的发展。

搭建沟通交流平台也是促进公众参与的重要举措。政府应建立环保信息公开和反馈机制，确保公众能够便捷地获取环保信息，并对政策实施提出意见和建议。同时，通过社交媒体、在线论坛等渠道，加强政府、企业和公众之间的互动交流，及时回应公众关切，解决环境问题。这种开放、透明的沟通交流机制，有助于增强公众对环保政策的认同感和支持度，推动环境保护事业的深入发展。

促进公众参与是构建生态文明时代下环境保护政策体系的重要一环。通过加强环保宣传教育、建立健全公众参与机制、发挥社会力量作用、构建多元共治格局以及搭建沟通交流平台等措施的实施，可以有效提升公众的环保意识和参与度，推动环境保护政策的落地见效，为生态文明建设提供坚实的群众基础和社会支持。

5.1.2 经济激励措施的应用

经济激励措施是引导企业和个人采取环保行为的重要手段。通过市场机制的设计，实现环境保护与经济发展的有机结合，推动经济社会绿色转型。

（1）绿色税制与补贴政策

在生态文明时代的经济政策框架下，经济激励措施作为促进环境保护的重要手段，扮演着不可或缺的角色。其中，绿色税制与补贴政策以其独特的方式，有效引导了社会资源的优化配置，推动了企业和个人向绿色生产、绿色消费转型。

绿色税制作为现代环境管理工具之一，通过调整税收结构，将环境外部成本内部化，以此激励企业和个人减少污染排放和资源消耗。具体而言，环境税直接针对污染行为征税，如二氧化碳排放税、硫排放税等，这些税种根据污染物的种类、数量和危害程度设定税率，使污染者承担其行为所带来的环境成本。此举不仅提高了污染行为的经济代价，也迫使企业采用更清洁的生产技术，减少污染排放。同时，资源税则针对自然资源的开采和利用进行征收，旨在反映资源的稀缺性和环境价值，鼓励资源的节约和高效利用。通过绿色税制的实施，不仅增加了政府的财政收入，更为环境保护提供了稳定的资金来源，促进了环保基础设施建设和环保技术的研发应用。

与绿色税制相辅相成的是补贴政策，它为积极投身环保事业的企业和个人提供了直接的经济支持。补贴政策通过财政资金的直接投入，降低了环保活动的成本门槛，增强了市场主体的环保积极性。具体而言，政府可以对从事环保技术研发和应用的企业给予研发补贴，鼓励其不断创新，提升环保技术的先进性和实用性；对于购买环保设备、采用清洁生产技术的企业，政府可以提供购置补贴，减轻其初期投入负担；同时，对于环保项目投资，政府可以提供投资补贴或低息贷款，支持项目的顺利实施。此外，对于在节能减排、资源循环利用等方面表现突出的企业，政府还可以通过设立专项奖励基金，对其进行表彰和奖励，进一步激发其环保动力。

绿色税制与补贴政策的协同作用，共同构成了生态文明时代下环境保护的经济激励机制。一方面，绿色税制通过增加污染成本，促使企业和个人主动寻求环保解决方案；另一方面，补贴政策则通过直接经济支持，降低了环保活动的门槛和风险，增强了市场主体的环保能力。这种“胡萝卜加大棒”的组合拳策略，有效推动了社会资源的绿色配置，促进了经济社会的可持续发展。

绿色税制与补贴政策的制定和实施需要充分考虑市场主体的接受程度和承受能力。税收政策应避免对企业和个人造成过大的经济负担，影响正常的生产经营活动；补贴政策则应确保资金的有效利用，避免浪费和滥用。同时，政府还应加强监管和评估工作，确保政策措施达到预期效果，及时调整和完善政策措施，以适应不断变化的市场环境和环保需求。

绿色税制与补贴政策作为生态文明时代下环境保护的重要经济激励措施，通过税收引导和财政补贴相结合的方式，有效推动了企业和个人向绿色生产、绿色消费转型。这些政策不仅有助于缓解环境压力、保护生态环境，更为经济社会的可持续发展提供了有力保障。随着生态文明建设的深入推进和环保意识的不断提高，绿色税制与补贴政策将在环境保护中发挥更加重要的作用。

（2）绿色金融政策

在生态文明建设的宏大蓝图中，绿色金融政策作为推动环保事业与经济可持续发展的重要引擎，正日益展现出其独特的价值与潜力。这一政策框架的核心在于，通过金融机制的创新与优化，引导社会资本高效、精准地流向绿色项目与环保产业，从而实现环境保护与经济发展的双赢。

绿色金融政策的实施，体现在绿色金融产品的多元化与创新上。绿色信贷作为其中的基础工具，通过降低环保项目的贷款利率、延长贷款期限等措施，有效减轻了企业的融资压力，促进了清洁能源、节能减排、污染防治等领域项目的落地与实施。绿色债券的发行，则为环保项目筹集了长期稳定的资金来源，吸引了国内外众多投资者的关注与参与，进一步拓宽了环保融资渠道。绿色基金作为专业投资工具，不仅为环保项目提供了专项资金支持，还通过市场化运作，提高了资金的使用效率与项目的成功率。

为了确保绿色金融政策的有效执行与监督，建立健全绿色金融评价体系显得尤为重要。该体系通过设定明确的评估指标与方法，对金融机构的绿色金融业绩进行全面、客观的考量。这些指标可能包括绿色信贷投放规模、绿色债券发行量、绿色基金投资回报率等多个维度，旨在综合反映金融机构在支持环保事业发展方面的实际贡献。同时，通过定期公布评估结果，激励先进、鞭策后进，形成良好的市场竞争氛围，推动金融机构不断加大对环保项目的支持力度。

政府在推动绿色金融政策实施过程中，还需通过设立环保产业基金、环保投资引导基金等方式，发挥重要的杠杆作用。这些基金不仅为环保项目提供了初始阶段的启动资金，还通过吸引社会资本参与，形成了多元化的投资格局。政府资金的引导作用，有效降低了社会资本进入环保领域的门槛与风险，增强了投资者的信心与参与度。同时，通过优化基金运作模式与退出机制，确保了政府资金的高效循环与持续利用。

绿色金融政策的实施，不仅为环保项目提供了有力的资金支持，还促进了环保产业的快速发展与升级。在绿色金融的推动下，一批具有核心竞争力的环保企业迅速崛起，成为推动生态文明建设的重要力量。这些企业通过技术创新与模式创新，不断提高环保产品与服务的品质与效率，满足了市场对绿色、低碳、可持续产品的迫切需求。同时，绿色金融政策的实施还带动了相关产业链的发展与完善，形成了上下游协同发展的良好局面。

（3）排污权交易与碳交易市场

排污权交易与碳交易市场作为环境经济政策的重要组成部分，是生态文明时代推动绿色低碳发展的重要经济激励手段。这两种市场机制通过经济杠杆作用，有效促进了环境资源的优化配置和污染物的有效减排，为生态文明建设提供了有力支撑。

排污权交易制度起源于美国，并逐渐在全球范围内得到推广与应用。其核心在于政府根据环境容量和资源承载力，科学设定某一区域或行业的排污总量上限，并将这一总量以排污权的形式初始分配给各个排污单位。排污单位在获得排污权后，可以根据自身污染治理能力和生产成本，灵活选择减排或交易排污权。当一家企业减排成本高于市场排污权交易价格时，它会选择购买排污权以满足生产需要；反之，若其减排成本低于市场交易价格，则会选择减排并将多余的排污权出售获利。这种机制不仅激励企业主动减排，还促进了排污权从治理成本高的企业向治理成本低的企业流动，实现了环境资源的优化配置。

碳交易市场则是在全球应对气候变化背景下应运而生的一种新型市场机制。与排污权交易类似，碳交易市场也是通过设定碳排放总量控制目标，并将碳排放权作为商品进行交易来实现温室气体的有效减排。与排污权交易不同的是，碳交易市场主要针对的是温室气体排放，尤其是二氧化碳的排放。政府通过分配碳排放权给排放源（如企业、工厂等）并要求其按照配额进行排放。当企业实际排放量低于其配额时，可将剩余的碳排放权在碳交易市场上出售；反之，若排放量超出其配额，则需在市场上购买额外的碳排放权以弥补差额。这种机制不仅为排放者提供了灵活应对减排压力的空间，还通过市场价格信号引导企业优化能源结构、提高能效水平，从而降低碳排放强度。

排污权交易与碳交易市场的建立与运行，离不开完善的法规政策体系和监管机制的保障。政府需制定明确的排污权分配方案、交易规则以及监管措施，确保市场的公平、公正和透明。同时，还需建立健全信息披露和公众参与机制，提高市场的透明度和公信力。此外，政府还应加强与国际社会的合作与交流，共同推动全球碳交易市场的互联互通和协同发展。

从实践效果来看，排污权交易与碳交易市场在促进绿色低碳发展方面发挥了重要作用。一方面，这两种机制通过经济激励手段有效降低了企业和个人的减排成本，提高了污染治理和能效提升的积极性；另一方面，它们还促进了环保技术和清洁能源技术的研发与应用推广，推动了产业结构的优化升级和经济增长方式的根本性转变。此外，排污权交易与碳交易市场还为政府提供了重要的财政收入来源，为环境保护和生态修复提供了资金支持。

然而，排污权交易与碳交易市场的运行也面临一些挑战和问题。如市场供需失衡、价格波动剧烈、信息不对称等问题都可能影响市场的稳定性和有效性。因此，政府需加强市场监管和调控力度，确保市场的平稳运行和健康发展。同时，还需加强公众环保意识的提升和环保教育的普及工作，形成全社会共同参与环境保护的良好氛围。随着全球气候变化的加剧和生态文明建设的深入推进，这两种市场机制将进一步完善和发展，成为推动经济社会可持续发展的重要力量。

5.1.3 环境保护政策与经济激励的效果评估

环境保护政策与经济激励的实施效果需要通过科学评估来检验。通过建立健全效果评估机制，对环境保护政策的落实情况、经济激励措施的实施效果进行全面、客观的评价和分析，为政策调整和优化提供依据。

（1）评估指标体系的构建

在生态文明建设的宏伟蓝图中，环境保护政策与经济激励措施的实施成效直接关系到经济社会可持续发展的质量和进度。因此，建立一套科学、全面、可操作的效果评估体系，对于客观评价政策与激励措施的实际效果、及时调整优化策略、推动生态文明建设深入发展具有重要意义。

评估指标体系的构建是效果评估工作的基石，它直接关系到评估结果的准确性和可靠性。一个完善的评估指标体系应当综合考虑环境质量的改善、污染物排放的减少、环保设施的建设与运行效率，以及环保产业的发展状况等多个维度，确保评估结果能够全面反映环境保护政策与经济激励措施的综合效果。

环境质量改善情况是评估体系中的核心指标之一。这包括空气质量、水体质量、土壤质量以及生态环境质量的改善程度。具体而言，可以通过监测空气中PM2.5、SO_2、NO_x等污染物的浓度变化，评估空气质量的改善；通过水质监测站点的数据，分析水体中化学需氧量（COD）、氨氮、总磷等指标的下降趋势，判断水体质量的提高；同时，利用卫星遥感、地面监测等手段，监测森林覆盖率、湿地保有量、生物多样性等生态指标，评估生态环境的整体状况。

污染物排放量的变化情况也是评估重点。通过对比实施环境保护政策与经济激励措施前后的污染物排放量数据，可以直观反映环境保护政策对于减少污染排放的实际效果。这要求建立健全污染物排放统计体系，确保数据的准确性和时效性。同时，针对不同行业和地区的特点，制定差异化的排放标准和减排目标，使评估结果更加科学、合理。

环保设施的建设与运行情况同样是评估体系中不可或缺的一环。环保设施是环境保护的重要物质基础，其建设和运行效率直接关系到环境保护目标的实现。因此，在评估过程中，需要重点关注环保设施的投资规模、建设进度、运行状况以及维护管理等方面的情况。通过实地考察、专家评审等方式，对环保设施的实际效果进行全面评估，确保其充分发挥作用。

环保产业的发展情况也是评估环境保护政策与经济激励措施实施效果的重要指标之一。环保产业作为绿色经济的重要组成部分，其发展状况直接反映了环境保护政策与经济激励措施的促进效果。在评估过程中，需要关注环保企业的数量、规模、技术创新能力以及市场竞争力等方面的情况，同时分析环保产业对经济增长的贡献率和对就业的带动作用。通过全面评估环保产业的发展状况，可以进一步验证环境保护政策与经济激励措施的有效性和可行性。

在构建评估指标体系时，还需注意以下几点：一是要确保指标的全面性和系统性，避免遗漏重要评估维度；二是要注重指标的可操作性和可比性，便于不同地区、不同时期的评估结果进行横向和纵向比较；三是要加强数据收集和分析能力建设，确保评估结果的准确性和可靠性。

环境保护政策与经济激励措施的效果评估是一个复杂而系统的工程，需要建立科学、合理的评估指标体系，并综合运用多种评估方法和技术手段进行全面、深入的分析和评价。只有这样，才能准确反映环境保护政策与经济激励措施的实际效果，为生态文明建设的深入推进提供有力支撑。

（2）评估方法的运用

在生态文明时代视野下，环境保护政策与经济激励措施的实施效果评估是检验政策科学性与有效性的关键环节。这一过程不仅要求全面审视政策目标的实现程度，还需深入剖析其对经济社会的多维度影响。评估方法的综合运用，作为确保评估结果客观公正的重要手段，对于提升政策制定的科学性和针对性具有重要意义。

对比分析法作为评估环境保护政策与经济激励措施实施效果的基础工具，通过对比政策实施前后的环境变化数据和经济社会指标，直观展现政策成效。在具体操作中，需构建一套科学严谨的环境监测体系，持续追踪空气质量、水体状况、土壤污染等关键环境要素的变化情况。同时，结合经济社会发展数据，如 GDP 增长率、产业结构变化、就业状况等，全面评估政策对经济发展的促进作用。对比分析法能够直观反映政策实施带来的正面效应，为政策调整和优化提供实证依据。

成本效益分析法则是从经济学角度评估环境保护政策与经济激励措施经济合理性的有效手段。该方法要求详细核算政策实施所需的各项成本，包括直接投入（如财政补贴、税收优惠等）和间接成本（如监管成本、技术引进费用等），并将其与政策实施后带来的环境改善、经济效益提升等收益进行对比。通过构建成本效益分析模型，可以量化评估政策的投入产出比，判断其是否符合经济效率原则。这一过程不仅有助于识别政策实施中的潜在风险与不足，还为政策制定者提供了优化资源配置、提高资金使用效率的决策依据。

问卷调查法作为社会参与式评估的重要组成部分，通过直接收集公众、企业和相关利益群体的反馈意见，评估环境保护政策与经济激励措施的社会接受度和满意度。在设计问卷时，应充分考虑受访者的多样性，确保问题覆盖政策认知、执行效果、改进建议等多个维度。通过大样本调查和数据分析，可以全面了解社会各界的政策感受与期望，为政策制定者提供宝贵的民意基础。同时，问卷调查法还有助于发现政策执行中的具体问题与障碍，为政策调整和完善提供现实依据。

随着大数据和人工智能技术的快速发展，其在环境保护政策与经济激励效果评估中的应用也日益广泛。通过建立政策效果评估数据库和智能分析平台，可以实时收集、整合和分析海量数据资源，提高评估工作的精准性和时效性。例如，利用大数据分析技术监测政策实施对环境质量改善的具体贡献，通过机器学习算法预测政策调整对社会经济的影响趋势等。这些技术的应用不仅增强了评估的科学性和客观性，也为政策制定者提供了更加全面、深入的信息支持。

在综合运用多种评估方法的基础上，环境保护政策与经济激励效果的评估工作还需注重跨学科合作与综合研判。政策制定者、环保专家、经济学家、社会学家等多领域专家应携手合作，共同构建科学合理的评估框架和指标体系。通过多角度、多层次的深入分析，全面揭示政策实施成效与不足，为生态文明建设和经济社会可持续发展提供有力支撑。同时，评估结果的公开透明和及时反馈也是确保政策评估工作有效性的重要环节，有助于增强公众对环境保护政策的理解与支持，形成全社会共同参与生态文明建设的良好氛围。

（3）评估结果的应用

在生态文明建设的进程中，环境保护政策与经济激励的效果评估不仅是检验政策实施成效的重要手段，更是推动政策持续改进和优化的关键环节。评估结果的有效应用，不仅能够确保政策目标得以实现，还能够促进环境保护事业的长期稳定发展。因此，评估结果的应用应当是多维度、多层次的，既包括对现有政策的及时调整，也涵盖对未来政策制定的科学指导。

评估结果应成为政策调整的直接依据。在政策执行过程中，通过定期的监测与评估，可以及时发现政策执行中的偏差与不足。基于这些评估结果，政府部门应迅速响应，对环境保护政策与经济激励措施进行必要的调整和优化。例如，若发现某项经济激励措施未能有效激发企业的环保积极性，政府可考虑增加激励力度、调整激励方式或增设新的激励手段，以确保政策目标的顺利实现。同时，对于执行效果显著的政策，也应给予肯定并探索进一步推广的可能性。

评估结果的应用还应体现在对问题的深度剖析与改进建议的提出上。评估过程中发现的问题，往往是政策制定与执行中的薄弱环节。针对这些问题，政府部门应组织专家团队进行深入分析，找出问题的根源所在，并提出具有针对性和可操作性的改进意见和建议。这些建议不仅应关注政策本身的完善，还应考虑如何增强政策的执行力和公众的参与度。通过综合施策，逐步解决环保领域中的深层次问题，推动环境保护事业的全面发展。

评估结果的应用还应注重加强政策宣传和解读工作。环保政策的成功与否，很大程度上取决于公众的理解与认同。因此，政府部门应充分利用各种媒体平台，广泛宣传评估结果及政策调整的背景、目的和意义，提高公众对环保政策的认识和理解。同时，还应加强对政策的深度解读，帮助公众更好地把握政策的核心内容和实施要点，从而增强政策的执行效果和社会影响力。

在评估结果的应用过程中，建立健全长效机制同样至关重要。环境保护是一项长期而艰巨的任务，需要持续不断的努力和投入。因此，政府部门应着眼于长远，通过建立健全相关法律法规、完善监管体系、强化责任追究等措施，确保环保政策的稳定性和连续性。同时，还应积极探索多元化的环保投融资机制，为环保事业的发展提供坚实的资金保障。通过这些长效机制的建立，推动环境保护事业朝着更加科学、规范和可持续的方向发展。

加强对评估工作的监督和检查也是确保评估结果公正性和客观性的重要手段。政府部门应建立健全评估监督机制，明确监督主体、监督内容和监督方式，确保评估工作的透明度和规范性。同时，还应鼓励社会公众、媒体等第三方力量参与评估监督，形成多元化、全方位的监督格局。通过严格的监督和检查，及时发现和纠正评估工作中的不当行为，确保评估结果的公正性和准确性，为生态文明建设提供有力支撑和保障。

5.2　碳交易市场与绿色金融

在全球气候变化和资源环境约束日益严峻的背景下，碳交易市场和绿色金融作为应对气候变化的创新金融工具，逐渐成为推动生态文明建设和经济绿色转型的重要政策手段。本节将从碳交易市场的构建与运作机制、绿色金融体系的发展路径及其对经济的影响以及碳交易市场与绿色金融的协同作用三个方面进行深入探讨。

5.2.1　碳交易市场的构建与运作机制

碳交易市场，作为利用市场机制减少温室气体排放的一种手段，通过将碳排放权商品化，允许企业之间通过交易买卖碳排放配额，以达到总量控制下的成本最小化。碳交易市场的构建与运作机制涉及多个关键环节，包括碳排放权的初始分配、市场交易机制、监管与执法等。

（1）碳排放权的初始分配

碳排放权的初始分配作为碳交易市场建立的基础性环节，其合理性和公正性直接关系到市场的有效运行及企业的参与度。在生态文明建设的背景下，碳排放权的初始分配不仅是经济问题，更是社会问题和环境问题，需要政府综合运用经济、行政和法律手段，确保分配的科学性、公平性和可操作性。

免费分配作为一种常见的初始分配方式，其核心在于基于历史数据或产出能力进行配额的划定。这种方式的优势在于能够降低企业在转型初期的经济压力，鼓励其积极参与碳交易，同时保持市场的相对稳定。具体而言，政府会参考企业过去几年的平均碳排放量，或者根据企业的产出水平（如产量、销售额等）来分配碳排放权。这种方法简单易行，有助于市场的快速启动，但也存在一定的局限性，如可能激励企业保持较高的碳排放水平以在未来获得更多的免费配额，从而削弱减排激励。

相比之下，拍卖方式则更能体现碳资源的稀缺性，通过市场机制反映碳排放权的真实价值。在拍卖过程中，企业通过竞价获得碳排放权，价高者得，这种方式不仅能够有效配置资源，还能为企业创造额外的收入来源。拍卖所得收入可以用于支持减排技术研发、生态修复等环保项目，形成良性循环。此外，拍卖方式还能减少政府对市场的直接干预，提高市场效率，促进企业间的公平竞争。然而，拍卖方式也可能导致部分企业因成本上升而面临经营压力，需要政府在实施过程中给予适当的政策扶持和过渡期安排。

在实际操作中，政府需要综合考虑多方面因素，制订科学合理的初始分配方案。这包括但不限于经济发展阶段、行业减排潜力、企业技术创新能力、区域平衡等。例如，对于高耗能、高排放的传统产业，政府可以采取逐步收紧免费配额、增加拍卖比例的策略，以推动其加快技术升级和转型步伐，而对于新兴产业和中小企业，则可以适当增加免费配额比例，减轻其转型初期的经济负担，鼓励其积极投身于绿色发展中。

同时，政府还应建立健全碳排放权交易的监管体系，确保市场的透明度和公平性。这包括制定详细的交易规则、建立统一的交易平台、加强信息披露和风险管理等方面。通过严格的监管和有效的市场机制，碳排放权交易市场能够实现碳排放资源的优化配置，促进全社会范围内的减排努力，为生态文明建设和可持续发展提供有力支撑。

碳交易市场的构建与运作还需要考虑与其他环境政策的协调配合。例如，与碳税政策的协同作用可以进一步增强减排效果，碳交易市场的价格信号可以为碳税税率设定提供参考；与绿色金融政策的结合则可以拓宽企业的融资渠道，降低其转型成本。通过综合运用多种政策工具，政府可以更有效地引导社会资源向低碳环保领域聚集，推动经济社会全面绿色转型。

碳排放权的初始分配是碳交易市场建立的关键环节之一。政府需要在充分考虑各方利益和实际情况的基础上，制订科学合理的分配方案，并通过严格的监管和有效的市场机制确保市场的透明度和公平性。只有这样，碳交易市场才能真正发挥其应有的作用，为生态文明建设和可持续发展贡献力量。

（2）市场交易机制

碳交易市场的核心是其市场交易机制，这一机制不仅为企业提供了灵活的减排手段，也促进了全球范围内碳减排资源的优化配置。在市场交易机制的运作中，企业被赋予了一定的碳排放配额，这些配额代表了企业允许排放的二氧化碳量。当企业实际排放量低于其配额时，可将多余的配额出售给其他排放量超标的企业，从而获得经济收益；反之，若企业排放量超出配额，则需从市场上购买额外的配额以满足其排放需求。这一过程不仅激励了企业积极采取减排措施，还促进了碳减排技术在企业间的流动与应用。

政府作为碳交易市场的规则制定者和监管者，需制定科学合理的碳排放总量控制目标，并根据历史排放数据、行业特征、经济发展水平等因素，将总量目标细化为各企业的具体排放配额。这一过程需充分考虑公平性、合理性和可操作性，确保配额分配既能有效推动减排，又不至于对企业经营造成过大负担。

建立完善的交易平台是碳交易市场高效运作的关键。交易平台应提供便捷、安全的交易环境，支持多种交易方式和结算方式，确保交易过程的公开、透明和可追溯。同时，平台还需提供丰富的市场信息和数据分析工具，帮助企业做出更加精准的决策。

在市场信息披露方面，政府应要求所有参与碳交易的企业定期报告其碳排放量、减排措施及成效等信息，并通过官方渠道公开发布。这些信息不仅有助于形成有效的市场监督机制，还能引导社会资本向低碳环保领域流动。此外，政府还应建立专门的监管体系，对交易行为进行严格监督，防止市场操纵、虚假交易等不法行为的发生，确保碳交易市场的公平、公正和透明。

碳交易市场的价格发现功能也是其重要特性之一。随着市场交易的深入进行，碳排放配额的价格将逐渐反映市场的真实供需关系和减排成本。这一过程有助于引导企业根据市场价格信号调整其减排策略和生产计划，实现资源的优化配置。同时，价格信号还能激发企业的创新活力，推动低碳技术的研发和应用。

在碳交易市场的运作过程中，政府还需注重与国际市场的接轨。随着全球气候变化问题的日益严峻，越来越多的国家和地区开始建立或完善碳交易市场。通过加强与国际市场的合作与交流，我国碳交易市场可以借鉴国际先进经验和技术手段，不断提高自身的运作效率和监管水平。同时，国际市场的接轨还有助于我国企业在全球范围内优化配置减排资源，提升国际竞争力。

碳交易市场的市场交易机制是其核心所在。通过这一机制的有效运作，企业得以根据自身情况灵活调整减排策略和生产计划，实现经济效益与环境效益的双赢。同时，政府通过制定科学合理的规则、建立完善的交易平台和监管体系等措施，保障了碳交易市场的公平、公正和透明运作。随着全球气候治理进程的深入推进和我国生态文明建设的持续深化，碳交易市场将在未来发挥更加重要的作用。

（3）监管与执法

在生态文明建设的背景下，碳交易市场作为推动绿色低碳发展的重要机制，其构建与运作的规范性和有效性至关重要。碳交易市场通过市场机制促进温室气体减排，是实现国家碳减排目标、推动经济绿色低碳转型的重要手段。而有效的监管与执法则是确保碳交易市场健康运行的关键环节。

有效的监管体系是碳交易市场稳健发展的基石。政府应建立健全碳排放数据监测、报告与核查（MRV）体系，确保碳排放数据的真实性、准确性和完整性。这要求政府相关部门制定统一的数据采集标准和报告格式，明确数据采集、上报、审核的流程和要求，确保每个纳入碳交易市场的企业都能按照统一标准上报碳排放数据。同时，应利用现代信息技术手段（如物联网、大数据、区块链等）提高碳排放数据的实时监测和智能分析能力，减少人为干预和误差，提升数据的可信度。

在监管过程中，政府还需强化对企业的日常监管和专项检查，确保企业遵守碳交易市场的各项规定。通过设立专门的监管机构或委托第三方专业机构，对企业的碳排放数据、减排项目实施情况等进行定期或不定期的核查，及时发现并纠正数据造假、违规操作等问题。对于违反市场规则的企业，应依法依规给予严厉处罚，包括罚款、限制参与市场交易、公开通报等措施，提高违法成本，形成强大的市场震慑力。

除了政府监管外，行业协会、第三方机构等社会力量在碳交易市场的监管中也发挥着重要作用。政府应鼓励和支持行业协会建立行业自律机制，制定行业规范和标准，引导企业诚信经营、公平竞争。同时，加强对第三方核查机构的资质管理和业务指导，确保其具备独立、客观、公正的专业能力，为碳交易市场的健康发展提供有力支撑。

在执法方面，政府应加大执法力度，确保碳交易市场的法律法规得到有效执行。建立健全跨部门、跨区域的联合执法机制，对发现的违法违规行为进行快速响应、严厉查处。同时，加强对执法人员的培训和管理，提高其专业素养和执法水平，确保执法过程公正、透明、规范。此外，政府还应加强执法信息公开，及时向社会公布执法结果和典型案例，增强公众对碳交易市场的信任和支持。

监管与执法并非孤立存在，而是与碳交易市场的其他环节紧密相连、相互促进。在构建碳交易市场的过程中，政府应注重制度设计的前瞻性和系统性，将监管与执法融入市场准入、交易规则、信息披露等各个环节，形成完整、闭环的市场管理体系。同时，加强与国际社会的交流与合作，借鉴国际先进经验和技术手段，不断提高我国碳交易市场的监管水平和执法效能。

有效的监管与执法是碳交易市场健康运行的重要保障。政府应高度重视碳交易市场的监管与执法工作，建立健全监管体系和执法机制，加强与行业协会、第三方机构等的合作与交流，共同推动碳交易市场的规范发展。通过不断完善碳交易市场机制和政策环境，促进绿色低碳技术的创新与应用，推动我国经济社会向绿色低碳方向转型升级。

5.2.2　绿色金融体系的发展路径及其对经济的影响

绿色金融是指金融部门在投融资决策中充分考虑环境因素，通过金融工具和服务支持环境保护、应对气候变化和资源节约高效利用的经济活动。绿色金融体系的发展路径包括绿色信贷、绿色债券、绿色基金等多种形式，其对经济的影响深远而广泛。

（1）绿色信贷

绿色金融体系作为生态文明建设和可持续发展的关键支撑，其核心在于通过金融资源配置引导社会资本流向环保、节能、低碳等绿色领域，促进经济结构的绿色转型。绿色信贷作为这一体系的重要组成部分，在推动绿色经济发展过程中发挥了不可替代的作用。

绿色信贷通过金融机构的政策倾斜和机制创新，有效降低了绿色项目的融资成本，提升了其经济可行性和市场竞争力。具体而言，银行等金融机构针对绿色项目制定了一系列优惠政策，如提供低于市场水平的贷款利率、延长贷款期限、简化审批流程等，以减轻企业负担，鼓励其加大在清洁能源、节能减排、生态保护等领域的投资力度。这种定向支持不仅促进了绿色产业的快速发展，也为传统产业的绿色转型升级提供了强有力的资金支持。

在绿色信贷的推动下，一系列具有示范效应的绿色项目得以顺利落地实施。例如，在清洁能源领域，太阳能、风能等可再生能源项目因得到绿色信贷的支持，得以快速扩大规模，提高了可再生能源在能源结构中的比重，降低了对化石能源的依赖。同时，在节能减排方面，绿色信贷鼓励企业引进先进技术和设备，对高能耗、高排放的生产工艺进行改造升级，有效降低了能耗和排放水平。这些项目的成功实施，不仅提高了环境质量，也为经济发展注入了新的活力。

绿色信贷的发展还促进了金融市场的创新和多元化。随着绿色项目的不断增加，金融机构在绿色信贷产品设计和风险管理方面积累了丰富的经验，推动了绿色金融产品的不断创新和完善。同时，绿色信贷市场的发展也吸引了更多社会资本的关注和参与，为绿色金融体系的建设提供了强大的动力源泉。

从更宏观的层面来看，绿色信贷的发展对经济结构绿色转型具有深远影响。一方面，通过引导社会资本流向绿色领域，绿色信贷加速了传统产业的绿色化进程，促进了产业结构的优化升级。另一方面，绿色信贷的支持也加速了绿色产业的发展壮大，形成了一批具有核心竞争力的绿色企业和产业集群。这些绿色企业和产业集群的崛起不仅为经济增长提供了新的动力源泉，也为应对全球气候变化和资源环境约束提供了有效解决方案。

绿色信贷的发展还有助于提升金融体系的稳定性和可持续性。传统金融体系往往面临环境风险和社会责任的双重挑战。通过发展绿色信贷等绿色金融产品和服务，金融机构能够更好地应对环境风险和社会风险，提升自身的社会责任感和品牌形象。同时，绿色信贷的发展也有助于推动金融与实体经济之间的良性互动和协调发展，促进经济社会的全面可持续发展。

绿色信贷作为绿色金融体系的重要组成部分，在推动绿色经济发展和经济结构绿色转型过程中发挥了重要作用。随着生态文明建设的深入推进和可持续发展理念的不断普及，绿色信贷等绿色金融产品和服务将迎来更加广阔的发展前景。金融机构应继续加大绿色信贷投放力度，优化绿色信贷产品和服务设计，提升绿色金融服务的覆盖面和有效性，为经济社会的绿色转型和可持续发展作出更大贡献。

（2）绿色债券

绿色金融作为支持生态文明建设的重要金融工具，其核心在于通过金融资源配置引导资金流向低碳环保、可持续发展的绿色领域。在绿色金融体系中，绿色债券作为其中一种创新融资工具，正日益受到政府、企业和投资者的广泛关注与青睐。绿色债券不仅拓宽了企业的融资渠道，促进了绿色项目的落地实施，更对经济社会的可持续发展产生了深远影响。

绿色债券的特殊性在于其募集资金的专属性与用途的明确性。相较于传统债券，绿色债券在发行时就明确了所筹资金将专项用于支持清洁能源、节能环保、生态修复等绿色项目。这一特性使得绿色债券不仅能够帮助企业解决资金瓶颈问题，还能够通过市场机制激励更多的企业投资于绿色领域，进而推动绿色经济的发展。政府在这一过程中发挥着关键作用，通过出台相关政策措施，如提供税收减免、财政补贴等激励手段，鼓励企业发行绿色债券，降低其融资成本。

绿色债券市场的快速发展，得益于多方面因素的共同推动。首先，随着全球范围内对气候变化和环境保护问题的日益重视，绿色项目的投资需求不断增长。绿色债券作为一种直接融资方式，能够迅速汇聚社会资本，满足绿色项目的资金需求。其次，绿色金融理念的普及和公众认知度的提升，增强了投资者对绿色债券的投资兴趣和信心。越来越多的投资者开始关注绿色债券的投资价值，将其视为实现社会责任与经济效益双赢的重要途径。最后，国际金融市场的互联互通也为绿色债券的跨境发行和交易提供了便利条件，促进了全球绿色资本的有效配置。

绿色债券的发行对经济的影响主要体现在以下几个方面：一是促进了绿色产业的发展。绿色债券的募集资金直接投入绿色项目，为清洁能源、节能环保等领域的企业提供了必要的资金支持，推动了这些产业的快速发展。二是优化了金融资源配置。绿色债券的发行使得金融资源更多地流向了环保、低碳、可持续的绿色项目，减少了对传统高污染、高能耗产业的资金支持，从而提高了金融资源的配置效率。三是提升了金融市场的稳定性。绿色债券作为一种相对低风险、高收益的金融产品，有助于降低金融市场的系统性风险，提高金融市场的整体稳定性。

展望未来，绿色债券市场的发展前景广阔。随着全球对可持续发展的重视程度不断提高，绿色项目的投资需求将持续增长，为绿色债券市场提供了广阔的发展空间。同时，随着金融科技的快速发展和金融市场的不断创新，绿色债券的发行和交易方式将更加便捷高效，为投资者提供更多元化的投资选择。此外，国际上的绿色金融合作也将进一步加深，推动全球绿色债券市场的互联互通和协同发展。

（3）绿色基金

绿色基金作为绿色金融体系的重要组成部分，是推动绿色经济发展的关键力量。它不仅为绿色项目提供了必要的资金支持，还通过市场机制引导社会资本向绿色低碳领域聚集，加速了经济结构的绿色转型。绿色基金的发展路径多样且复杂，涉及政府引导、市场运作、产品创新等多个方面，其对经济的影响深远且广泛。

绿色基金的核心在于集合社会闲散资金，通过专业化的投资管理和风险控制，支持具有环境效益和社会效益的绿色项目。这类项目通常涉及可再生能源、节能环保、清洁能源、绿色建筑、绿色交通等领域，它们对于减少碳排放、促进资源节约和循环利用具有重要意义。政府通过设立引导基金或参与发起设立绿色基金，能够有效发挥财政资金的杠杆作用，吸引更多社会资本参与绿色投资，形成政府引导、市场运作、社会参与的多元化绿色投融资体系。

绿色基金的发展路径可以概括为以下几个方面：一是政策引导与财政支持。政府通过出台相关政策，明确绿色基金的投资方向和重点，为绿色基金的发展提供政策保障。同时，政府可以投入一定比例的财政资金作为引导基金，吸引社会资本参与，降低投资风险，提高绿色基金的市场吸引力。二是市场化运作与专业化管理。绿色基金应遵循市场化原则，按照商业化模式运作，通过专业化的投资管理和风险控制，确保资金的安全和有效使用。基金管理公司应具备丰富的投资经验和专业的投资能力，能够根据市场变化及时调整投资策略，实现基金资产的保值增值。三是产品创新与服务升级。绿色基金应根据市场需求和投资者偏好，不断创新产品形态和服务模式，满足不同投资者的需求。例如，可以开发绿色债券基金、绿色股票基金、绿色 PPP 项目基金等多种产品，为投资者提供多样化的选择。同时，加强与其他金融机构的合作，形成绿色金融生态圈，提高服务质量和效率。

绿色基金对经济的影响主要体现在以下几个方面：一是促进绿色产业的发展。绿色基金通过为绿色项目提供资金支持，推动了可再生能源、节能环保等绿色产业的快速发展。这些产业不仅具有显著的环境效益和社会效益，还能够带动相关产业链上下游企业的发展，形成产业集聚效应。二是优化经济结构，推动经济转型升级。绿色基金引导社会资本向绿色低碳领域聚集，加速了经济结构的绿色转型。通过支持清洁能源、绿色建筑等低碳产业，减少了对传统高能耗、高污染产业的资金支持，提升了经济的可持续发展能力。三是增强经济的抗风险能力。面对全球气候变化和资源环境约束加剧的挑战，绿色基金的发展有助于提升经济的绿色韧性。通过投资于绿色基础设施和环保技术研发等领域，为经济应对外部环境变化提供了有力支撑。

绿色基金作为绿色金融体系的重要组成部分，其发展路径清晰且多样化，涉及政策引导、市场化运作、产品创新等多个方面。绿色基金对经济的影响深远且广泛，不仅促进了绿色产业的发展和经济结构的转型升级，还增强了经济的抗风险能力。随着生态文明建设的深入推进和绿色金融市场的不断完善，绿色基金有望迎来更加广阔的发展空间。

绿色金融对经济的影响主要体现在以下几个方面：一是促进了绿色产业的发展和传统产业的绿色转型；二是降低了绿色项目的融资成本，提高了项目的可行性和经济效益；三是吸引了大量社会资本投入绿色产业，推动了绿色金融市场的快速发展；四是增强了金融机构的风险应对能力和社会责任感，提升了金融体系的整体稳定性。

5.2.3　碳交易市场与绿色金融的协同作用

碳交易市场和绿色金融作为应对气候变化的创新金融工具，在生态文明建设中发挥着重要作用。两者的协同作用主要体现在以下几个方面。

（1）强化市场机制在减排中的作用

在探讨生态文明时代下的经济增长模式时，市场机制在推动减排行动中的核心作用不容忽视。其中，碳交易市场和绿色金融作为两大重要支柱，通过精准的经济激励机制，有效引导企业和个人积极参与减排，促进了经济社会的绿色转型。

碳交易市场作为一种创新的减排工具，其核心在于将碳排放权商品化，形成可交易的资产。通过设定总量控制与交易制度，政府为各参与方分配一定的碳排放配额，这些配额在市场供求关系的调节下自由交易。这一过程不仅为减排成本较低的企业提供了出售剩余配额的机会，从而获取经济收益，也激励了减排成本较高的企业通过技术改造、能效提升等手段降低碳排放，或直接在市场上购买配额以满足生产需求。这种基于市场的资源配置方式，相较于传统的行政命令手段，更能体现灵活性与效率，实现了减排成本的最小化。同时，碳交易市场的公开透明运作，也为社会各界监督减排行动提供了有力依据，增强了减排政策的公信力与执行力度。

碳交易市场与绿色金融的协同作用，进一步强化了市场机制在减排中的主导地位。一方面，碳交易市场通过价格信号的传导作用，引导企业主动减排以降低生产成本；另一方面，绿色金融则通过提供资金支持，保障了减排项目的顺利实施与可持续发展。两者相辅相成，共同构建了一个覆盖广泛、机制健全的绿色金融体系，为生态文明建设提供了坚实的经济基础与制度保障。

在具体实践中，政策制定者需密切关注碳交易市场与绿色金融的发展动态，不断优化市场机制设计，确保其高效、稳定运行。例如，可适时调整碳排放配额的分配方式与交易规则，以适应不同行业、不同地区的减排需求；同时，加强绿色金融产品的创新与监管，提高市场透明度与投资者保护水平。此外，还应加强跨部门、跨区域的协调合作，形成政策合力，共同推动经济社会的绿色转型与可持续发展。

强化市场机制在减排中的作用是当前生态文明建设的重要任务之一。通过完善碳交易市场与绿色金融制度体系，我们可以更有效地引导社会资本向绿色产业流动，推动经济结构的优化升级与生态环境的持续改善。这不仅有助于实现经济效益与环境效益的双赢目标，也为构建人与自然和谐共生的现代化社会奠定了坚实的基础。

（2）促进绿色产业的发展

在生态文明建设的背景下，碳交易市场与绿色金融的协同作用日益凸显，两者共同构成了推动绿色产业发展的重要驱动力。碳交易市场通过市场机制引导企业减少碳排放，而绿色金融则通过提供有针对性的金融服务支持绿色项目的实施，两者相辅相成，共同促进了绿色产业的蓬勃发展。

碳交易市场作为一种有效的环境经济政策工具，其核心在于将碳排放权商品化，通过市场交易机制激励企业减少碳排放。在这一市场中，企业根据自身减排能力和成本效益分析，购买或出售碳排放权。对于减排成本较高的企业而言，通过购买碳排放权以满足生产需求，可以促使其通过技术改造、能效提升等手段降低碳排放强度，从而提高竞争力，而对于成功实现减排目标并有剩余量碳排放配额的企业，则可通过出售碳排放权获得经济回报，进一步激发其减排积极性。这种机制不仅促进了企业间的碳排放权优化配置，还有效推动了绿色技术的研发与应用，为绿色产业的发展奠定了坚实的基础。

绿色金融作为支持绿色经济发展的重要金融工具，通过提供多样化的金融产品和服务，满足了绿色项目在融资、风险管理等方面的特殊需求。绿色信贷、绿色债券、绿色基金等绿色金融产品的不断创新与推广，为绿色产业提供了充足的资金支持。例如，绿色信贷通过降低绿色项目的融资成本，鼓励银行机构加大对节能环保、清洁能源等绿色产业的信贷投放；绿色债券则通过资本市场直接融资的方式，为大型绿色项目筹集长期、稳定的资金；绿色金融通过引入社会资本参与绿色项目的投资与管理，促进了绿色产业的专业化、市场化运作。

碳交易市场与绿色金融的协同作用体现在多个方面。碳交易市场通过价格信号引导企业减少碳排放，为绿色金融提供了明确的项目筛选标准。在碳交易市场的激励下，那些积极采取减排措施并取得显著成效的企业更容易获得绿色金融的支持，从而加速其绿色转型进程。同时，绿色金融通过提供资金支持，进一步促进了碳交易市场的活跃与发展，两者形成良性循环。

碳交易市场与绿色金融共同促进了绿色产业链的延伸与拓展。在碳交易市场的推动下，企业不仅关注自身的减排行动，还积极探索与上下游企业的合作机会，共同构建绿色低碳的供应链体系。绿色金融则通过提供综合性的金融服务，支持绿色供应链上的各个环节协同发展。例如，通过供应链金融模式为绿色供应链上的中小企业提供融资支持，降低其融资成本与风险；通过保险、担保等风险管理工具为绿色项目提供全面的风险保障。

碳交易市场与绿色金融还促进了绿色产业的国际化发展。随着全球气候变化问题的日益严峻，越来越多的国家和地区开始建立或完善碳交易市场体系，并出台相关政策支持绿色金融的发展。这为我国绿色产业"走出去"提供了广阔的市场空间和良好的政策环境。通过参与国际碳交易市场与绿色金融合作，我国绿色企业可以引进国外先进的环保技术与管理经验，提升自身竞争力；同时也可以通过输出绿色产品和服务参与国际竞争与合作，推动我国绿色产业在国际舞台上发挥更大作用。

碳交易市场与绿色金融的协同作用为绿色产业的快速发展提供了有力支撑。通过市场机制引导企业减排与金融服务支持绿色项目实施相结合的方式，共同推动了绿色产业在技术创新、市场拓展、产业链延伸以及国际化发展等方面的全面进步。

（3）降低绿色项目的融资成本

在生态文明建设的背景下，碳交易市场与绿色金融的协同作用日益凸显，特别是在降低绿色项目融资成本方面展现出显著成效。这一协同机制不仅增强了绿色项目的经济吸引力，还促进了社会资本向低碳环保领域的有效流动，为实现经济社会绿色转型提供了重要动力。

碳交易市场通过市场机制优化资源配置，为绿色项目开辟了新的融资渠道。在碳交易市场中，企业根据自身减排能力和发展需求买卖碳排放权，形成价格信号，引导资源向低碳、高效的领域流动。对于积极参与节能减排、实施绿色转型的企业而言，其富余的碳排放权可在市场上出售，从而转化为直接的经济收益。这部分额外收入不仅是对企业环保努力的认可，也为企业进一步投资于绿色项目提供了资金支持。这种“碳资产”的货币化，极大地缓解了绿色项目初期资金投入大的压力，降低了项目的整体融资成本。

绿色金融作为支持绿色发展的重要金融工具，通过创新金融产品和服务模式，为绿色项目量身定制融资解决方案。绿色金融机构在设计贷款产品时，通常会给予绿色项目更加优惠的利率条件、更长的贷款期限以及灵活的还款安排，以减轻企业的财务负担。此外，绿色金融还通过绿色债券、绿色基金、绿色保险等多种形式，拓宽了绿色项目的融资渠道，降低了项目的系统性风险。绿色债券以其明确的环境效益目标和严格的资金使用监管，吸引了大量追求社会责任投资的投资者的关注；绿色基金则通过集合投资的方式，将社会闲散资金汇聚起来，集中投资于具有显著环境效益的绿色项目，实现资金的有效配置。

碳交易市场与绿色金融的协同作用，不仅体现在各自领域内对绿色项目融资成本的降低，更在于两者之间的互补与联动。这种协同机制不仅有利于降低绿色项目的融资成本，激发社会各界参与生态文明建设的积极性和创造性。政府通过政策引导和监管，为碳交易市场和绿色金融的发展创造了良好的外部环境；企业通过参与碳交易和获得绿色金融支持，实现了经济效益与环境效益的双赢；投资者在追求财务回报的同时，也实现了社会责任的履行。三者之间的良性互动，共同推动了生态文明建设的深入发展。

（4）推动经济结构的绿色转型

碳交易市场和绿色金融作为现代经济体系中的重要创新机制，正通过其独特的激励与引导功能，深刻改变着资本的配置方式，进而推动了经济结构的绿色转型。这一转型过程不仅是生态文明建设的必然要求，也是实现经济高质量发展的关键路径。

碳交易市场通过设定碳排放权配额并允许其在市场中交易，实现了碳排放成本的内部化。在这一机制下，企业面临的不仅是生产成本的考量，更是碳排放成本的制约。这种双重成本约束促使企业不得不寻求降低碳排放的路径，进而转向清洁能源和节能减排技术的投资与应用。随着碳交易市场的逐步完善和活跃，越来越多的企业开始认识到绿色转型的必要性和紧迫性，主动调整产业结构，加大绿色技术研发力度，以适应市场的新要求。

随着碳交易市场和绿色金融市场的深度融合与协同发展，经济结构的绿色转型呈现出加速态势。一方面，传统产业在碳交易市场和绿色金融的双重激励下，开始主动进行技术改造和产业升级，提高资源利用效率和环保水平，减少碳排放，实现绿色发展。另一方面，新兴绿色产业在充足资金支持和广阔市场前景的驱动下，迅速崛起并成长为经济的新增长点。这些产业不仅具备较高的技术含量和附加值，还能够有效满足市场对绿色产品和服务的需求，推动经济结构的持续优化升级。

碳交易市场和绿色金融作为推动经济结构绿色转型的重要力量，正在通过引导资本向绿色产业流动、促进传统产业绿色转型和新兴绿色产业崛起等方面发挥着积极作用。未来，随着这两大市场机制的不断完善和发展，我们有理由相信，经济结构的绿色转型将迈上新的台阶，为实现生态文明建设和经济高质量发展提供有力支撑。

碳交易市场和绿色金融作为应对气候变化的创新金融工具，在生态文明建设中发挥着重要作用。两者的协同作用不仅强化了市场机制在减排中的作用，促进了绿色产业的发展和经济结构的绿色转型，而且降低了绿色项目的融资成本，提高了项目的可行性和经济效益。随着全球气候变化和资源环境约束的日益严峻，碳交易市场和绿色金融将迎来更加广阔的发展前景和更加深远的社会影响。

5.3　生态文明城市建设案例

在生态文明时代理念的指导下，全球范围内兴起了一股建设生态文明城市的热潮。生态文明城市作为人与自然和谐共生的典范，通过科学合理的规划、严格的环保政策、先进的环保技术以及广泛的公众参与，实现了经济效益、社会效益与环境效益的有机统一。本节将选取国内外几个具有代表性的生态文明城市建设案例进行深入剖析，以期为其他城市的生态文明建设提供有益借鉴。

5.3.1　国外生态文明城市建设案例

（1）丹麦哥本哈根：全球领先的低碳城市

丹麦哥本哈根以其卓越的自行车道网络、高效的公共交通系统以及广泛的清洁能源应用而闻名于世，是全球公认的低碳城市典范。哥本哈根在生态文明城市建设方面取得了显著成效，主要体现在以下几个方面。

推广自行车文化。哥本哈根被誉为“自行车之城”，拥有庞大的自行车道网络，为市民提供了便捷、环保的出行方式。政府通过优化自行车道布局、增设自行车停放设施等措施，鼓励市民骑行出行，有效减少了汽车尾气排放。

发展高效公共交通。哥本哈根建立了以地铁、轻轨和有轨电车为主体的公共交通系统，覆盖了城市的主要区域。政府通过票价优惠、增加班次等措施，提高了公共交通的吸引力，降低了私家车的使用率。

广泛应用清洁能源。哥本哈根致力于推广清洁能源的使用，风能、太阳能等可再生能源在城市能源供应中占有重要地位。政府通过提供补贴、税收优惠等政策激励，鼓励企业和居民安装太阳能光伏板、使用风能发电。

绿色建筑推广。哥本哈根在城市建设中注重绿色建筑的应用，新建建筑大多采用节能材料和技术，实现了能耗的显著降低。政府通过制定绿色建筑标准、提供设计指导等措施，推动了绿色建筑的普及。

（2）新加坡：花园城市与智慧城市的结合

新加坡以“花园城市”的美誉享誉全球，同时也在智慧城市建设方面取得了显著成就。新加坡在生态文明城市建设中的亮点包括以下几个方面。

绿色空间规划。新加坡政府高度重视城市绿化工作，通过规划城市绿地、建设公园和花园等方式，增加了城市的绿地面积。同时，政府还鼓励屋顶绿化和垂直花园的建设，进一步提升了城市的生态价值。

智慧交通系统。新加坡拥有先进的智能交通管理系统，通过实时监测交通流量、优化信号灯配时等措施，提高了道路通行效率，减少了交通拥堵和尾气排放。此外，政府还大力推广电子道路收费系统，引导市民选择非高峰时段出行。

水资源管理。新加坡是一个水资源匮乏的国家，但政府通过先进的水处理和回收技术，实现了水资源的循环利用。滨海堤坝等水处理设施的建设，不仅提高了水质，还为城市提供了稳定的淡水资源。

智慧城市应用。新加坡在智慧城市建设方面处于领先地位，通过物联网、大数据等技术的应用，提高了城市管理效率和服务水平。例如，政府通过智能垃圾桶监测垃圾满溢情况，及时调度清运车辆；通过智能照明系统调节路灯亮度，节约能源。

5.3.2 国内生态文明城市建设案例

（1）杭州：智慧城市与绿色发展的典范

杭州市作为中国东部沿海的重要城市之一，在生态文明城市建设中取得了显著成效。杭州以智慧城市建设为引领，推动了绿色发展和城市管理的现代化。

数字赋能城市管理。杭州市依托阿里云等互联网企业优势资源，构建了城市大脑系统，实现了交通、安防、环保等多个领域的智能化管理。通过大数据分析和预测，政府能够更精准地调配资源、应对突发事件，提高了城市管理效率。

绿色能源推广。杭州市积极推广清洁能源的使用，特别是在公共交通领域。通过引入电动汽车、氢能公交车等低碳交通工具，降低了交通领域的碳排放。同时，政府还鼓励企业和居民安装屋顶光伏板、使用太阳能热水器等节能设备。

生态环境治理。杭州市高度重视生态环境治理工作，通过实施“五水共治”（治污水、防洪水、排涝水、保供水、抓节水）等行动计划，有效提高了水环境质量。此外，政府还加大了空气质量监测和治理力度，推动了空气质量的持续提高。

绿色产业发展。杭州市依托阿里巴巴等互联网巨头企业优势资源，大力发展数字经济、绿色制造等新兴产业。通过政策扶持和市场培育等措施，推动了绿色产业的快速发展和集聚。

（2）深圳：创新驱动与生态宜居的完美结合

深圳市作为中国改革开放的前沿阵地和科技创新的重要基地，在生态文明城市建设中展现出了独特的魅力。深圳市以创新驱动为引领，推动了经济社会的绿色发展和城市管理的现代化。

科技创新引领绿色发展。深圳市依托华为、腾讯等高科技企业优势资源，大力发展清洁能源、节能环保等绿色技术产业。通过政策扶持和市场培育等措施，推动了绿色技术的研发和应用推广。例如，深圳市在新能源汽车产业方面取得了显著成效，成为全球新能源汽车的重要生产基地和研发中心之一。

城市更新与生态修复。深圳市通过城市更新行动推动了老旧城区的改造升级和生态修复工作。政府通过规划引导和政策激励等措施鼓励社会资本参与城市更新项目，在提升城市面貌的同时提高了生态环境质量。例如，福田区中心广场的改造升级项目不仅提升了城市形象还增加了绿化面积，改善了市民的居住环境。

智慧城市建设。深圳市在智慧城市建设方面取得了显著进展，通过构建智慧城市大脑系统实现了城市管理的高效化和精细化。通过大数据分析、物联网等技术的应用政府能够更精准地掌握城市运行状况及时应对各类问题和挑战，提高了城市管理效率和服务水平。

绿色低碳生活倡导。深圳市通过媒体宣传、社区活动等多种方式倡导绿色低碳生活方式，提高了市民的环保意识和参与度。政府还通过政策引导和经济激励等措施鼓励市民选择步行、骑行等低碳出行方式，减少私家车使用，降低碳排放强度。

国内外生态文明城市建设案例表明生态文明城市的建设是一个系统工程，需要政府、企业和市民共同努力才能实现。通过科学合理的规划、严格的环保政策、先进的环保技术以及广泛的公众参与，生态文明城市将成为未来城市发展的重要趋势和方向。

5.4 跨国生态合作与全球治理

在全球化日益加深的今天，环境问题已跨越国界成为全人类共同面临的挑战。生态文明观的推进不仅要求各国在国内层面实施有效的环境保护政策，更呼唤国际社会携手合作，共同应对全球性环境危机。跨国生态合作与全球治理成为推动全球生态文明建设的重要途径。本节将从跨国生态合作的必要性、主要领域、实践案例及未来展望四个方面进行深入探讨。

5.4.1 跨国生态合作的必要性

（1）全球性环境问题的紧迫性

在全球化的时代背景下，环境问题已不再是单一国家或地区面临的挑战，而是跨越国界，成为全球性议题。随着工业化和城市化进程的加速，全球气候变化、生物多样性丧失、水资源短缺、海洋污染等一系列环境问题日益严峻，对人类社会的可持续发展构成了重大威胁。这些问题的紧迫性不仅体现在对自然生态系统的破坏上，更深刻地影响着全球经济、社会与文化的各个方面。

全球气候变化的严峻现实尤为引人关注。科学研究表明，由于温室气体排放持续增加，全球平均气温不断上升，导致极端气候事件频发。极端天气（如洪水、干旱、飓风等自然灾害）的发生频率和强度均有所增加，给全球农业生产、水资源管理和基础设施建设带来巨大压力。农业是受影响最为显著的领域之一，极端气候不仅导致农作物减产，还加剧了食物安全的不稳定性，对全球粮食安全构成威胁。同时，气候变化还加剧了海平面上升、冰川融化等现象，进一步威胁到沿海城市和岛屿国家的生存和发展。

生物多样性丧失同样是一个不容忽视的问题。生物多样性是地球生命体系的重要组成部分，对维持生态平衡和人类福祉至关重要。然而，由于过度开发、环境污染和外来物种入侵等因素，全球生物多样性正面临着前所未有的危机。物种灭绝速度的加快，不仅削弱了生态系统的服务功能，如授粉、土壤保持和水源净化等，还直接影响到人类的经济活动和生活质量。例如，许多传统医药和农作物品种依赖丰富的生物多样性资源，一旦这些资源丧失，将对相关产业造成不可估量的损失。

水资源短缺作为另一大全球性环境问题，同样引人深思。随着人口增长和经济发展，全球水资源需求持续增加，而水资源分布不均和污染问题日益严重。许多国家和地区正面临严重的水资源短缺危机，这不仅限制了农业生产和工业发展，还直接影响到居民的生活质量和健康水平。跨国界的水资源争夺和污染问题更是加剧了地区间的紧张关系，对全球和平与稳定构成潜在威胁。

海洋污染作为环境问题的新焦点，其严重性不容忽视。海洋覆盖了地球表面的大部分区域，是地球上最大的生命支持系统之一。然而，随着工业化和航运业的发展，大量塑料垃圾、油污和其他污染物被排入海洋，对海洋生态系统造成了严重破坏。海洋污染不仅影响了海洋生物的健康和多样性，还通过食物链传递到人类体内，对人类健康构成潜在威胁。此外，海洋酸化、海水温度上升等问题也在加剧海洋生态系统的退化，对全球气候和生物多样性产生深远影响。

面对这些全球性环境问题的紧迫性，跨国生态合作成为必然选择。通过加强国际合作与交流，各国可以共同应对环境挑战，分享成功经验和技术成果，推动全球环境治理体系的不断完善和提升。跨国生态合作不仅有助于减轻单个国家的治理负担和经济压力，还能增强全球环境治理的整体效能和可持续性。同时，跨国生态合作还能促进国际间的相互理解和信任，为构建人类命运共同体奠定坚实的基础。因此，各国应秉持开放包容、互利共赢的原则，加强环境政策的对话与协调，共同推动跨国生态合作向纵深发展。

（2）资源环境约束的全球性

在全球化日益加深的今天，资源的有限性和环境的脆弱性已不再是单一国家或地区所面临的孤立问题，而是成为全球各国共同面临的严峻挑战。随着全球人口的不断增长和经济的快速发展，对资源的需求急剧上升，而自然资源的再生速度却远远跟不上消耗的步伐，导致资源短缺现象日益严重。同时，工业化、城市化进程的加速也对生态环境造成了巨大压力，空气污染、水体污染、土壤退化、生物多样性丧失等环境问题层出不穷，严重威胁着地球生态系统的平衡与稳定。

面对这一全球性资源环境约束，任何单一国家都难以独善其身，必须通过跨国生态合作来共同应对。跨国生态合作不仅能够促进资源的高效利用和循环利用，还能通过技术创新和模式创新来降低资源消耗和环境污染，为实现全球经济的可持续发展提供有力保障。

跨国生态合作有助于优化全球资源配置。在全球化的经济体系中，各国资源禀赋各异，通过跨国合作可以实现资源的优势互补和共享。例如，一些国家拥有丰富的矿产资源和农业资源，而另一些国家则可能在清洁能源技术和环保产业方面具有优势。通过跨国合作，这些国家可以共同开发资源，实现资源的最大化利用。同时，跨国生态合作还能推动资源的循环利用，减少资源浪费，提高资源利用效率。例如，在废弃物处理和回收利用方面，各国可以共享技术和经验，共同推动循环经济的发展。

跨国生态合作有助于应对全球性环境问题。环境问题具有跨国性和全球性特征，如气候变化、生物多样性丧失、海洋污染等，这些问题需要各国共同努力来应对。跨国生态合作可以加强各国在环境治理方面的协调和合作，共同制定和执行环境保护政策和标准。通过政策对话和合作机制建设，各国可以就环境保护问题达成共识，形成合力，共同推动全球环境治理体系的完善和提升。例如，在气候变化领域，各国可以通过《巴黎协定》等国际协议来共同应对全球气候变暖的挑战；在生物多样性保护方面，各国可以加强跨国界自然保护区的建设和管理，共同维护地球生物多样性。

跨国生态合作还能推动绿色技术和环保产业的发展。绿色技术和环保产业是应对资源环境约束的重要手段之一。通过跨国合作，各国可以共同研发和推广绿色技术，推动环保产业的发展壮大。例如，在清洁能源领域，各国可以加强在太阳能、风能等可再生能源技术方面的合作和交流，共同推动清洁能源技术的进步和应用；在环保产业方面，各国可以加强在污染治理、生态修复等领域的合作，共同推动环保产业的发展壮大。这些绿色技术和环保产业的发展不仅有助于降低资源消耗和环境污染，还能为各国经济增长提供新的动力源泉。

跨国生态合作是应对全球性资源环境约束的必然要求。通过跨国合作，各国可以共同应对资源短缺和环境污染的挑战，实现资源的高效利用和循环利用；同时推动绿色技术和环保产业的发展壮大，为全球经济可持续发展注入新的活力与动力。在全球化的今天，加强跨国生态合作已成为各国应对资源环境约束、实现经济可持续发展的重要途径之一。

（3）国际责任与义务的共同担当

在全球化的时代背景下，地球生态系统作为一个整体，其健康与稳定直接关系到全人类的福祉与未来发展。作为全球生态系统不可分割的一部分，各国在享受自然资源开发利用带来的经济繁荣的同时，也不可避免地面临着一系列严峻的环境挑战。这些挑战包括但不限于气候变化、生物多样性丧失、水体污染、土壤退化以及空气质量的恶化等，它们跨越国界，成为全球性问题，要求国际社会携手应对。因此，跨国生态合作的必要性越发凸显，特别是在明确并共同承担国际责任与义务方面，成为推动全球环境治理的关键。

在全球环境治理体系中，明确各国的责任边界是实现公平治理的基础。不同国家因其历史排放、经济发展水平、资源禀赋等，在环境保护方面扮演着不同的角色。发达国家作为工业化进程的先行者，其长期以来的高能耗、高排放模式对全球环境造成了深远影响，因此应承担更多的历史责任，并在资金、技术和能力建设方面为发展中国家提供支持。同时，发展中国家在追求经济发展的过程中，也需积极采取环境友好型发展战略，避免重蹈“先污染后治理”的老路。跨国生态合作通过制定国际协议、标准和规范，有助于明确各国的责任边界，确保全球环境治理的公平性和有效性。

面对全球性环境问题，任何单一国家的努力都显得力不从心。跨国生态合作强调国际合作的重要性，通过构建全球环境治理网络，汇聚各国之力共同应对环境挑战。这一网络涵盖了政府组织、非政府组织、企业和科研机构等多个层面，它们在信息共享、技术转移、资金筹集、政策协调等方面发挥着不可替代的作用。例如，联合国环境规划署作为全球环境领域的权威机构，致力于推动国际环境合作，通过组织国际会议、制定环境政策、推广环保技术等方式，促进全球环境治理的进步。

绿色技术是解决环境问题、推动可持续发展的关键。然而，绿色技术的研发与应用往往需要巨额投资和长期积累，这对于许多发展中国家而言是一大挑战。跨国生态合作通过推动绿色技术的国际转移与共享，有助于提升全球环境治理的整体能力。发达国家可以将其先进的环保技术和经验输出到发展中国家，帮助它们克服技术瓶颈，加速绿色转型进程。同时，发展中国家也可以通过参与国际合作项目，引进适合自身国情的绿色技术，促进经济与环境的协调发展。

环境保护是一项全民事业，需要全社会的共同参与和努力。跨国生态合作不再仅仅局限于政府和企业层面，而应深入公众层面，通过加强环境教育与意识提升，形成全球环保共识。各国可以通过开展环保宣传活动、推广绿色生活方式、加强环保教育等方式，提高公众的环保意识和参与度。同时，通过国际间的环保交流与合作，可以借鉴他国成功的环保经验和做法，不断丰富和完善本国的环保政策和措施。

跨国生态合作在全球环境治理中扮演着至关重要的角色。它有助于明确各国的责任与义务，促进国际合作与分工，形成全球环境治理的合力。面对全球性环境挑战，各国应秉持共商共建共享的原则，加强沟通与协作，共同推动全球环境治理体系的完善与进步，为实现人与自然和谐共生的美好愿景贡献智慧和力量。

5.4.2 跨国生态合作的主要领域

（1）气候变化应对

在生态文明时代框架下，气候变化应对成为跨国生态合作的核心领域之一，其紧迫性和复杂性要求国际社会采取更加协同和全面的行动。面对全球气温上升、极端气候事件频发等严峻挑战，各国意识到单独行动难以有效遏制气候变化趋势，必须加强跨国合作，共同构建应对气候变化的全球治理体系。

国际气候协议的制定与实施是跨国生态合作应对气候变化的重要基石。《巴黎协定》作为国际社会应对气候变化的里程碑协议，不仅明确了全球平均温升控制在工业化前水平以上 1.5℃以内的长期目标，还确立了各国根据自身能力提交“国家自主贡献”（NDCs）的机制。这一协议体现了公平、共同但有区别的责任原则，鼓励发达国家提供资金、技术和能力建设支持，帮助发展中国家提升应对气候变化的能力。通过定期评估和更新 NDCs，各国不断调整和完善减排目标，确保全球减排能力与科学目标相协调。

碳交易市场的建立与运行是跨国生态合作应对气候变化的另一重要手段。通过将碳排放权商品化，碳交易市场利用市场机制激励减排行动。欧盟排放交易体系作为全球最大的碳排放市场之一，为跨国碳排放交易提供了宝贵经验。通过设定碳排放总量上限，并允许企业在市场上买卖碳排放配额，碳交易市场有效降低了欧盟地区的碳排放总量，同时促进了低碳技术和产业的创新发展。未来，随着更多国家和地区加入碳交易市场，跨国碳交易将更加频繁和深入，为全球减排目标实现提供更强动力。

推广清洁能源是跨国生态合作应对气候变化的关键行动。太阳能、风能等可再生能源因其清洁、可再生的特性，成为替代传统化石能源、减少温室气体排放的重要途径。各国通过技术交流、联合研发、市场准入等方式加强清洁能源领域的跨国合作，共同推动清洁能源技术的快速迭代和规模化应用。例如，中国作为全球最大的光伏产品生产国和应用国，通过引进消化吸收再创新，不仅实现了光伏产业的快速发展，还积极参与国际清洁能源合作，为全球清洁能源转型贡献力量。

跨国生态合作在气候变化应对领域发挥着不可或缺的作用。通过制定国际气候协议、建立碳交易市场、推广清洁能源等一系列措施，国际社会正逐步构建起应对气候变化的全球治理体系。面对气候变化带来的严峻挑战，各国需进一步加强跨国合作，共同推动全球向低碳经济转型，守护我们共同的地球家园。

（2）生物多样性保护

生物多样性保护是跨国生态合作的重点领域之一，它不仅关乎自然界的繁荣与健康，更直接影响到人类社会的可持续发展与福祉。面对全球生物多样性迅速丧失的严峻挑战，各国需携手合作，共同探索生物多样性保护的有效途径。

跨国生态合作在生物多样性保护方面发挥着不可替代的作用。通过建立跨国界自然保护区，可以有效整合各国资源，实现跨境生态区域的统一规划与管理。这种合作模式不仅有助于保护珍稀濒危物种及其栖息地，还能促进区域内生态系统的整体稳定与恢复。例如，中、老、缅、泰四国联合申报世界自然遗产，正是跨国界生物多样性保护合作的典范。通过共享资源、协同管理和联合执法，这一项目有效遏制了非法猎杀、盗伐等破坏行为，显著提高了区域生物多样性的保护水平。

除了跨国界自然保护区的建设，跨国生物多样性监测与研究也是重要合作方向。通过加强科研合作与技术交流，各国可以共同监测生物多样性变化趋势，评估生态系统健康状况，为制定科学合理的保护策略提供科学依据。这种合作模式不仅有助于及时发现和解决生物多样性保护中的新问题，还能推动全球生物多样性保护科技水平的整体提高。

推动生物多样性友好型产业的发展也是跨国生态合作的重要内容。生物多样性不仅具有生态价值，还蕴含着巨大的经济价值。通过发展生态旅游、绿色农业等产业，可以在保护生物多样性的同时，促进当地经济的可持续发展。跨国合作可以推动相关产业的技术创新和市场拓展，形成良性循环，实现生物多样性保护与经济发展的双赢。

跨国生态合作在生物多样性保护中还需注重利益共享与责任共担。各国应根据自身国情和比较优势，承担相应的保护责任，分享保护成果。通过建立公平合理的合作机制，确保各国在生物多样性保护中的投入与收益相匹配，从而激发各国的合作积极性与主动性。

生物多样性保护是全球共同的责任与挑战。通过跨国生态合作，各国可以共同应对生物多样性丧失的危机，推动全球生物多样性保护事业的持续发展。这不仅是对自然界的尊重与爱护，更是对人类自身未来的负责与担当。

（3）跨国界环境治理

跨国界环境治理作为跨国生态合作的重要领域，其复杂性和挑战性不言而喻。随着全球化的深入发展，环境污染已不再是单一国家的问题，而是跨越国界、影响广泛的全球性挑战。河流、湖泊、海洋等自然水体作为生态系统的重要组成部分，其污染问题往往涉及多个国家，要求相关国家摒弃狭隘的国界观念，以全球视野和合作精神共同应对。

跨国界环境治理的成功实施，关键在于建立有效的跨国合作机制。这一机制应涵盖信息共享、政策协调、联合监测与评估等多个方面，确保各国在环境治理中步调一致、行动协同。信息共享是跨国界环境治理的基础，通过建立统一的数据平台和交流渠道，各国可以及时分享环境监测数据、治理经验和最新科研成果，为科学决策提供依据。政策协调则要求各国在环境治理目标、标准和方法上达成一致，避免政策冲突和重复建设，提高治理效率。

联合监测与评估是跨国界环境治理的重要手段。通过在关键区域设置监测站点，对水质、空气、土壤等环境要素进行实时监测，可以准确掌握环境污染的状况和变化趋势。同时，定期开展的联合评估工作，能够对治理效果进行科学评价，为后续治理措施的调整和优化提供依据。这一过程不仅增强了各国环境治理的科学性和精准性，也促进了相互之间的信任与合作。

跨国界环境治理的成功案例（如莱茵河流域治理）为全球提供了宝贵经验。莱茵河作为欧洲重要的内河，其水质曾受到严重污染，对沿岸国家的经济发展和居民生活造成了严重影响。然而，通过沿岸国家的共同努力和密切合作，采取了一系列综合治理措施，包括建设污水处理设施、实施生态修复工程、加强跨国界执法等，莱茵河水质得到了显著改善。这一成功案例表明，只要各国携手合作，共同应对跨国界环境污染问题，就能够实现环境质量的整体提高和生态系统的可持续恢复。

随着全球化的深入推进和环境问题的日益严峻，跨国界环境治理将面临更多挑战和机遇。各国应进一步加强政策对话与合作机制建设，深化在环境治理技术、标准和法律等方面的交流与合作，共同推动全球环境治理体系的完善和提升。还应注重发挥国际组织、非政府组织和企业等多元主体的作用，形成全社会共同参与、协同推进跨国界环境治理的良好局面。

5.4.3　跨国生态合作的实践案例

（1）中欧环境合作

中欧环境合作作为跨国生态合作的典范，不仅在理论上为全球环境治理提供了新的思路，更在实践中取得了显著成效，成为推动全球生态文明建设的重要力量。中欧双方在气候变化、空气质量、水资源管理等关键环境议题上，展开了全面而深入的合作，共同探索可持续发展的新路径。

气候变化是全球性挑战，中欧双方通过高层对话、政策协调和技术交流，携手应对。欧盟在碳交易市场建设、可再生能源发展等方面拥有丰富经验，而中国则在减少碳排放、提升能效等方面展现出巨大潜力。双方通过设立联合研究项目、共享减排技术成果，有效促进了低碳技术的国际传播与应用。此外，中欧还共同推动全球气候治理进程，积极参与《巴黎协定》等国际气候协议的谈判与实施，为全球气候目标的实现贡献力量。

在空气质量改善方面，中欧合作同样成效显著。面对空气污染的严峻挑战，中欧双方通过分享治理经验、推广先进治理技术，共同提高空气质量。例如，中欧城市间建立了空气质量监测网络，实时共享监测数据，为精准治污提供科学依据。同时，中欧还加强了环保产业合作，推动环保技术的研发与应用，为改善空气质量提供了有力支撑。

水资源管理是中欧环境合作的另一重要领域。中欧双方在水资源保护、水污染治理、水资源高效利用等方面开展了多项合作项目。通过技术引进、经验交流、人才培养等措施，中欧共同提高了水资源管理水平，保障了水资源的可持续利用。特别是在跨国界河流管理上，中欧合作探索出了一套行之有效的合作模式，为国际水资源管理提供了宝贵经验。

中欧清洁能源合作中心作为中欧环境合作的重要平台，充分发挥了桥梁纽带作用。该中心不仅推动了清洁能源技术的研发与应用推广，还促进了中欧企业在清洁能源领域的投资与合作。通过组织国际论坛、展览展示、技术对接等活动，中欧清洁能源合作中心为清洁能源产业链上下游企业搭建了交流合作平台，推动了清洁能源产业的快速发展。

中欧环境合作的成功实践表明，跨国生态合作是推动全球环境治理的重要途径。通过加强政策对话、技术交流、项目合作等方式，不同国家和地区可以共同应对全球性环境挑战，实现环境保护与经济发展的双赢。

（2）中非环保合作

中非环保合作作为跨国生态合作的杰出典范，不仅体现了发展中国家与发达国家在环境保护领域的共赢追求，也彰显了全球环境治理框架下南南合作与南北合作的重要价值。这一合作模式的成功，源于中非双方在环保需求与资源禀赋上的高度互补性，以及双方在合作理念、政策导向和实际行动上的高度契合。

中国，作为快速发展的新兴经济体，在环保技术、资金及管理经验等方面积累了丰富的成果。随着“一带一路”倡议的深入实施，中国积极推动环保技术和产业“走出去”，与非洲国家共享绿色发展成果。非洲大陆拥有丰富的自然资源和巨大的发展潜力，但受限于技术水平、资金短缺及人才匮乏等因素，环保基础设施建设相对滞后，生态环境面临严峻挑战。中非环保合作的深化，正是基于这样的现实背景，通过技术转移、项目合作、资金援助等多种形式，助力非洲国家提升环保能力，提高生态环境质量。

中非环保合作论坛作为双方交流的重要平台，不仅促进了政策对话与信息共享，还推动了具体合作项目的落地实施。论坛期间，双方就环保标准对接、技术转移机制、绿色金融支持等议题进行深入探讨，为后续合作奠定了坚实的基础。中非绿色发展基金的设立，更是为中非环保合作提供了稳定的资金来源，有效缓解了非洲国家在环保项目实施中的资金压力。

在技术转移方面，中国积极向非洲国家推广成熟的环保技术，如污水处理、垃圾处理、清洁能源利用等，帮助非洲国家建立起符合自身国情的环保技术体系。同时，通过培训和技术示范，提高非洲本土技术人员的专业水平，增强其自主创新能力。环保项目的实施，如生态修复、绿色农业推广等，不仅改善了当地生态环境，也带动了相关产业的发展，提高了当地居民的生活水平。

中非环保合作中还注重培养当地社区的环保意识和参与能力，通过环保教育、公众宣传等手段，激发社会各界对环境保护的重视和支持。这种全方位的合作模式，不仅解决了眼前的环境问题，更为非洲国家的长远发展奠定了绿色基础。

中非环保合作是中非全面战略合作伙伴关系中的重要组成部分，它体现了中国作为负责任大国的担当，也为全球环境治理提供了有益借鉴。随着合作机制的不断完善和深化，中非环保合作有望在更多领域取得突破性进展，共同书写全球生态文明建设的新篇章。

（3）澜沧江—湄公河合作

澜沧江—湄公河合作作为区域跨国生态合作的典范，体现了六国对共同环境保护责任的深刻认识，彰显了生态文明理念在跨国合作中的实践价值。该合作框架下的各项举措，不再仅局限于单纯的环境保护项目，而是涉及水资源管理、生物多样性保护、气候变化应对等多个维度，形成了一个综合性的跨国生态治理网络。

在水资源管理方面，澜沧江—湄公河合作机制通过科学规划与管理，确保了流域水资源的合理利用与保护。六国共同制定了流域水资源管理规划，明确了各国在水资源开发与保护中的权利与义务，通过跨境水资源监测站点和信息共享平台的建设，实现了对流域水资源的实时监控与协同调度。这不仅有效避免了因水资源过度开发而导致的生态危机，还确保了下游国家的用水安全与农业生产的稳定。

在生态保护领域，澜沧江—湄公河合作机制推动了一系列重要项目的实施。通过共建自然保护区、实施生态修复工程、联合打击跨境非法野生动植物贸易等措施，六国共同维护了流域内的生物多样性。特别是针对濒危物种的保护工作，六国通过科研合作与信息共享，制定了有针对性的保护策略，有效遏制了物种灭绝的风险。这些举措不仅保护了流域内的自然遗产，也为全球生物多样性保护提供了宝贵经验。

澜沧江—湄公河合作机制还在灾害应对方面发挥了重要作用。面对洪水、干旱等自然灾害的威胁，六国通过建立联合监测预警系统、共享灾害信息、协同开展应急救援等措施，有效提高了流域内的灾害应对能力。这不仅保障了人民群众的生命财产安全，也体现了六国在灾害面前守望相助、共克时艰的合作精神。

澜沧江—湄公河合作的成功实践，为区域跨国生态合作树立了典范。它表明，在全球化日益深入的今天，面对共同的生态环境挑战，各国只有携手合作、共同应对，才能实现可持续发展的目标。澜沧江—湄公河合作不仅促进了六国间的友好关系与合作交流，更为全球生态文明建设和跨国生态治理提供了有益借鉴。

5.4.4　跨国生态合作的未来展望

（1）加强政策对话与协调

在生态文明观日益成为全球共识的背景下，跨国生态合作与全球治理的重要性越发凸显。面对气候变化、生物多样性丧失、环境污染等全球性挑战，任何单一国家的努力都显得力不从心，因此，加强政策对话与协调成为未来跨国生态合作的必然趋势。

为实现这一目标，国际社会需构建常态化的跨国政策对话机制。这要求各国政府定期举行高级别环境会议，就共同关心的环境问题展开深入讨论，明确各自责任与义务，确保各国政策在环境治理目标上保持一致。同时，应鼓励非政府组织、科研机构、企业等多方力量参与对话进程，形成多层次、全方位的对话体系，以便更全面地反映各方关切，凝聚更广泛的社会共识。

加强信息共享是提高跨国生态合作效率的关键。各国应依托现代信息技术，构建全球环境治理信息共享平台，实时发布环境监测数据、政策动态、技术进展等信息，促进知识的快速传播与经验的广泛交流。这不仅有助于各国及时掌握全球环境变化的最新情况，还能为制定科学合理的环境治理策略提供有力支撑。

跨国生态合作还需注重协同应对方案的制定与实施。面对全球性环境问题，各国应在充分协商的基础上，共同制定具有可操作性的应对方案，明确各自的任务分工与合作模式。通过资金、技术、人才等多方面的合作，共同推进环境治理项目的实施，实现环境效益的最大化。在此过程中，发达国家应承担更多的责任与义务，通过提供资金援助、技术转让等方式，帮助发展中国家提升环境治理能力，缩小南北差距。

展望未来，随着全球环境治理体系的不断完善和跨国生态合作的持续深化，人类将更有能力应对各种全球性环境挑战。通过加强政策对话与协调、促进信息共享与经验交流、制定协同应对方案等措施，国际社会将形成更加强大的环境治理合力，推动全球生态文明建设不断迈上新台阶。这不仅符合全人类的共同利益，也是实现可持续发展目标的必然要求。

（2）推动技术创新与转移

在全球化日益加深的今天，环境问题已成为跨国界、全球性的挑战，任何单一国家都难以独自应对。因此，加强跨国生态合作，推动全球环境治理体系的完善，成为国际社会共同的责任与使命。其中，技术创新与转移作为跨国生态合作的重要动力，对于提升全球环境治理能力具有不可估量的价值。

推动技术创新与转移是跨国生态合作的核心议题之一。各国应携手共建技术研发平台，集合各自的优势资源，聚焦关键环保技术的研发与突破。这些平台将成为全球环保技术交流与合作的重要载体，促进不同国家和地区之间技术信息的共享与整合，加速环保技术的迭代升级。同时，通过联合攻关的形式，针对全球环境治理中的共性难题，集中力量进行技术攻关，形成具有广泛应用前景的解决方案。

加强技术转移是促进环保技术在全球范围内普及与应用的关键环节。发达国家拥有较为先进的环保技术和成熟的产业体系，而发展中国家则面临着技术瓶颈和资金短缺的双重挑战。因此，通过建立健全技术转移机制，鼓励发达国家向发展中国家输出成熟的技术和经验，帮助后者快速提升环保能力，缩小技术差距，实现全球环境治理的均衡发展。同时，技术转移还应伴随人才培养和交流，为发展中国家培育本土的环保技术人才，确保技术的可持续应用与发展。

在推动技术创新与转移的过程中，国际合作机制与政策环境的优化同样至关重要。各国政府应积极参与国际环保规则的制定与完善，为环保技术的跨国流动提供制度保障和政策支持。通过建立知识产权保护机制，鼓励企业加大环保技术的研发投入力度，同时保障技术发明者的合法权益，激发全球环保技术创新的活力。此外，通过财政补贴、税收优惠等政策措施，引导社会资本向环保技术研发领域倾斜，加速科技成果的商业化进程，推动环保技术从实验室走向市场，惠及全球。

在跨国生态合作的未来展望中，技术创新与转移将发挥至关重要的作用。通过共建技术研发平台、加大技术转移和人才培养力度，国际社会将能够共同应对全球性环境挑战，推动全球环境治理体系的不断完善，为构建人与自然和谐共生的美好未来贡献力量。

（3）完善全球环境治理体系

完善全球环境治理体系，是推动跨国生态合作持续深化、促进全球生态文明建设迈向新阶段的坚实基石。在全球化背景下，环境问题日益超越国界限制，成为全人类的共同挑战。因此，构建一个更加高效、公正、包容的全球环境治理体系，不仅是应对环境危机的迫切需要，也是实现全球可持续发展的必由之路。完善全球环境治理体系应聚焦于以下几个方面。

一是强化国际环保组织的角色与功能。联合国环境规划署等国际机构应继续发挥领导作用，加强成员国之间的沟通协调，推动制定更具前瞻性和操作性的全球环保议程。同时，鼓励和支持新兴国际环保组织的建立与发展，形成多元共治的良好局面，共同应对全球环境挑战。

二是促进国际环保规则的制定与完善。在现有多边环境协议的基础上，进一步推动各国就关键环境问题达成共识，制定科学合理的国际环保标准与规范。这些规则应兼顾发达国家与发展中国家的不同国情和需求，确保公平合理，同时加强规则的执行与监督机制，确保规则得到有效遵守和实施。

三是加强各国执法力度与监管能力建设。各国政府应加大对环境违法行为的打击力度，建立健全环境监管体系，提高环境监测和评估技术水平。特别是发展中国家，应在资金、技术和管理经验等方面获得国际社会的支持，加强能力建设，逐步缩小与发达国家在环境治理水平上的差距。

四是推动国际合作与技术创新。跨国生态合作不仅是政策层面的对话与协调，更是技术层面的交流与合作。各国应加强在清洁能源、节能减排、污染控制等领域的研发合作，共享科技成果，推动环保技术的创新与应用。同时，鼓励跨国企业在全球范围内推广绿色技术和产品，促进环保产业的国际化发展。

五是增强公众环保意识与参与度。全球环境治理体系的完善离不开公众的广泛参与和支持。各国政府和社会组织应加强对公众的环保教育，提升公众环保意识，鼓励公众采取绿色生活方式，减少资源消耗和环境污染。同时，建立公众参与的机制与平台，让公众能够直接参与环境治理的决策、监督和评估过程，形成全社会共同推动生态文明建设的强大合力。

完善全球环境治理体系是一个系统工程，需要国际社会共同努力、持续推进。通过加强国际环保组织的建设、促进国际环保规则的完善、提升各国执法与监管能力、推动国际合作与技术创新以及增强公众环保意识与参与度等措施的实施，我们有理由相信，一个更加公正、高效、包容的全球环境治理体系将逐渐成型，为全球生态文明建设提供坚实保障。

（4）促进绿色发展与合作共赢

在探讨跨国生态合作的未来展望时，促进绿色发展与合作共赢无疑成为核心议题。面对全球性环境挑战，各国及国际社会需携手并进，以绿色发展理念为引领，探索合作新路径，实现环境保护与经济增长的双赢。

绿色发展不仅是对自然生态的尊重与保护，更是经济转型升级的必然要求。未来，跨国生态合作应聚焦于绿色产业的协同发展，推动清洁能源、节能环保、生态农业等绿色产业的国际合作与技术转移。各国可通过建立绿色产业园区，吸引国际资本和技术流入，促进绿色技术的研发与应用，形成具有国际竞争力的绿色产业链。同时，加大对绿色基础设施的投资，如智能电网、绿色建筑等，提高资源利用效率，减少环境污染，为可持续发展奠定坚实的基础。

合作共赢是实现绿色发展目标的关键。在跨国生态合作中，发达国家应发挥技术、资金和管理经验的优势，为发展中国家提供必要的支持，帮助其跨越绿色转型的障碍。发展中国家也应积极参与国际合作，通过引进先进技术和学习成功经验，加速自身绿色发展的步伐。这种基于互补性和相互尊重的合作模式，有助于缩小南北差距，实现全球绿色发展的均衡推进。

政策协调与国际规则的完善也是促进绿色发展与合作共赢的重要保障。国际社会应加强环境政策的对话与协调，共同制定科学合理的环保标准和规范，确保各国政策在目标上保持一致，行动上形成合力。通过完善国际环保法律体系，明确各国的权利与义务，确保环境治理措施的有效实施。同时，建立健全跨国环境纠纷解决机制，保障各国在合作过程中的利益平衡，减少合作阻力，提高合作效率。

在促进绿色发展与合作共赢的过程中，企业、非政府组织及公众的力量同样不可或缺。企业应积极履行社会责任，将绿色发展理念融入企业战略规划中，推动绿色技术创新和产业升级。非政府组织则可在政策倡导、公众教育和监督评估等方面发挥重要作用，促进绿色发展的社会共识和行动。公众也应提高环保意识，选择绿色消费，以实际行动支持绿色发展。

促进绿色发展与合作共赢是跨国生态合作的未来方向。通过加强政策协调、推动技术转移、完善国际规则、激发社会活力等多方面的努力，国际社会可共同应对全球性环境挑战，实现环境保护与经济增长的和谐共生。这一进程不仅关乎地球的可持续未来，更是人类共同的责任与使命。

跨国生态合作与全球治理是推动全球生态文明建设的重要途径。面对全球性环境挑战和资源环境约束日益加剧的形势，各国应加强合作与交流，共同应对环境危机和挑战。通过加强政策对话与协调、推动技术创新与转移、完善全球环境治理体系以及促进绿色发展与合作共赢等方式，各国可以携手共建美丽地球家园，实现人类与自然和谐共生的美好愿景。

第 6 章

生态文明时代下的企业发展策略

6.1 企业社会责任与绿色供应链管理

在生态文明观日益成为全球共识的今天，企业发展不再仅局限于经济效益的追求，而是需要更加关注环境保护、社会责任和可持续发展。面对日益严峻的环境挑战和资源约束，企业作为经济活动的主体，必须积极探索适应生态文明要求的发展策略，以实现经济效益与环境效益的双赢。本章将从企业社会责任与绿色供应链管理、绿色技术创新与产业升级、循环经济在企业中的应用以及可持续发展报告与信息披露四个方面，探讨生态文明时代下企业的发展策略。

6.1.1 企业社会责任与绿色供应链管理

（1）企业社会责任的内涵与重要性

在生态文明建设的新时代背景下，企业社会责任（Corporate Social Responsibility, CSR）的内涵与重要性越发凸显。企业社会责任不仅是对传统商业模式的一种超越，更是企业实现可持续发展、融入社会整体进步的重要途径。它要求企业在追求经济效益的同时，必须兼顾环境保护、社会公正和员工福利等多方面的责任，体现一种全方位、多维度的责任担当。

企业社会责任的内涵丰富而深刻，涵盖了经济、社会、环境三大维度。从经济维度看，企业应诚实守信、合法经营，为股东创造价值，为社会贡献税收，推动经济增长。从社会维度看，企业社会责任远不止于此，它还强调企业在社会层面的贡献，包括维护消费者权益，促进就业与员工培训，支持社区发展，以及参与公益慈善事业等。从环境维度看，企业则需致力于节能减排，减少环境污染，推动资源循环利用，保护生物多样性，为实现绿色发展和生态文明建设贡献力量。

随着全球化的深入发展和公众环保意识的提升，企业社会责任的重要性日益凸显。履行社会责任是企业提升品牌形象和市场竞争力的关键。在当今信息高度透明的时代，企业的任何不当行为都可能迅速引发公众舆论的负面反应，进而影响企业的市场地位和未来发展。因此，积极承担社会责任，树立良好的企业形象，已成为企业赢得消费者信任、增强市场竞争力的重要策略。

企业社会责任也是推动经济社会可持续发展的必然要求。企业作为经济活动的主体，其生产经营活动对环境和社会有着深远影响。如果企业一味追求短期经济利益而忽视社会责任，必将对生态环境造成破坏，加剧社会矛盾，最终损害自身的长远发展。因此，企业必须将社会责任融入发展战略之中，通过绿色生产、节能减排、促进就业、支持公益等方式，实现经济效益与社会效益、环境效益的协调统一。

企业社会责任在生态文明时代背景下具有极其重要的意义。它不仅关乎企业的品牌形象和市场竞争力，更关乎经济社会的可持续发展和生态环境的保护。因此，企业应积极履行社会责任，将绿色供应链管理作为重要抓手，推动生产方式和生活方式的绿色转型，为实现人与自然的和谐共生贡献力量。

（2）绿色供应链管理的构建与实践

绿色供应链管理是企业履行社会责任、实现生态文明目标的重要途径。绿色供应链管理强调在供应链各环节中融入绿色理念，通过优化产品设计、原材料采购、生产制造、物流配送及回收处理等流程，减少资源消耗和环境污染，提高供应链的整体环保绩效。

绿色采购。企业应优先选择环保达标、资源利用率高的原材料和零部件，避免使用有毒有害物质，从源头上控制污染。同时，加强与供应商的合作，共同推动供应链的绿色转型。

清洁生产。在生产过程中采用节能减排技术和工艺，提高能源利用效率和资源循环利用率。加强生产废弃物的管理和处置，确保符合国家环保法规和标准。

绿色物流。优化物流配送网络，减少运输距离和次数，降低碳排放。推广使用清洁能源车辆和包装材料，减少物流环节的环境污染。

逆向物流。建立废旧产品回收体系，对废弃物进行分类处理、资源化和无害化处理。鼓励消费者参与回收活动，提高产品的全生命周期管理水平。

通过构建绿色供应链管理体系，企业能够实现从原材料到产品的全生命周期绿色管理，推动供应链上下游企业的共同绿色发展。这不仅有助于提升企业自身的环保形象和市场竞争力，还能够带动整个产业链的绿色升级。

（3）案例分析：华为的绿色供应链管理实践

在探讨生态文明观与企业发展策略的交会点上，华为作为全球科技行业的领军企业，其在绿色供应链管理领域的实践无疑为业界树立了典范。华为深刻理解到，企业的社会责任不仅是道德上的义务，更是企业可持续发展的重要驱动力。因此，华为将绿色供应链管理纳入企业战略的核心部分，从供应链的源头到终端，全面贯彻绿色理念，形成了一套高效、环保、可持续的管理模式。

华为的绿色供应链管理实践，首先体现在其对环保材料的高度重视上。在与供应商的合作中，华为优先选择那些能够提供环保材料和可回收材料的合作伙伴。通过严格的供应商评估体系，不仅要求供应商具备高质量的生产能力，更强调其在环保方面的表现。这种选择不仅降低了产品在使用和废弃处理过程中对环境的影响，还促进了供应链上下游企业共同向绿色生产转型。

在产品设计阶段，华为注重节能降耗和资源循环利用的原则。通过优化产品设计，减少不必要的材料消耗，提高产品的能效比，确保产品在满足用户需求的同时，尽可能减少对环境的负担。例如，华为在开发通信设备时，广泛采用低功耗芯片和高效散热技术，有效降低了设备的能耗，延长了设备的使用寿命。同时，在产品设计中还融入了模块化和易拆卸的设计理念，便于产品废弃后的材料回收和再利用。

生产制造环节是绿色供应链管理中的关键环节。华为在生产过程中积极推广使用清洁能源，减少对化石燃料的依赖。通过引入先进的节能技术和设备（如太阳能光伏板、风力发电系统等）为生产线提供绿色电力。此外，华为还实施了严格的节能减排措施，对生产过程中的废水、废气、固体废弃物等进行严格处理，确保排放达到国家标准和国际标准。这些努力不仅降低了生产成本，还显著提升了企业的环保形象。

物流配送作为供应链管理的最后一环，同样需要贯彻绿色理念。华为在物流配送方面积极优化运输路线和方式，减少不必要的运输距离和次数，降低碳排放。同时，华为还与物流合作伙伴共同探索绿色包装和循环使用包装材料的方案，减少一次性包装的使用量。通过智能化的物流管理系统，华为实现了对运输车辆和货物的实时跟踪与调度，提高了物流效率，降低了运输过程中的能耗和排放。

华为还建立了完善的废旧产品回收体系。针对已经废弃的通信设备和其他电子产品，华为提供回收服务，并对回收的废旧产品进行资源化处理和再利用。这一举措不仅减少了电子废弃物对环境的污染，还促进了资源的循环利用。通过这一体系，华为不仅实现了自身产品的全生命周期管理，还为整个产业链的绿色升级树立了榜样。

华为的绿色供应链管理实践，不仅体现了企业在环保方面的社会责任担当，更为企业带来了实实在在的经济效益和社会效益。通过绿色供应链管理，华为提高了产品竞争力，降低了生产成本，赢得了市场的广泛认可。同时，华为的绿色实践也激发了供应链上下游企业的环保意识，推动了整个产业链的绿色转型和可持续发展。这种基于生态文明理念的企业发展模式，无疑为新时代的企业发展提供了新的思路和方向。

6.1.2　绿色技术创新与产业升级

（1）绿色技术创新的必要性

绿色技术创新作为推动企业绿色发展和产业升级的核心驱动力，其必要性在当今时代显得尤为突出。在全球资源日益紧张、环境压力不断增大的背景下，传统工业模式所依赖的高能耗、高排放路径已难以为继，不仅制约了经济的可持续发展，也对人类生存环境构成了严重威胁。因此，绿色技术创新成为企业转型与升级的必然选择，它不仅关乎企业的长远发展，更是践行生态文明理念、承担社会责任的重要体现。

绿色技术创新的核心在于将环境保护与经济发展紧密结合，通过技术革新实现生产过程的低碳化、资源的高效利用以及废弃物的有效处理。这种创新模式鼓励企业在研发、设计、生产、销售等各个环节融入绿色理念，开发出既满足市场需求又具有环境友好性的技术和产品。例如，在能源领域，绿色技术创新推动了太阳能、风能等可再生能源的开发与应用，不仅减少了对化石燃料的依赖，还有效降低了温室气体排放；在制造业中，智能制造、绿色制造等新兴技术的应用，使得生产过程中的能耗和废弃物排放大幅降低，同时提高了产品质量和生产效率。

绿色技术创新的推进，对于企业的转型升级具有深远影响。它促使企业不断优化生产流程，淘汰落后产能，推动产业结构向更加环保、高效的方向调整。通过引入先进的清洁生产技术和环保设备，企业能够实现生产方式的根本性变革，从而在激烈的市场竞争中占据有利地位。绿色技术创新还促进了新兴产业的崛起和发展，如节能环保、新能源汽车、绿色建筑等领域，这些产业不仅具有广阔的市场前景，更是实现经济高质量发展的重要支撑。

绿色技术创新还需要政府、企业和社会各界的共同努力和协作。政府应制定和实施有利于绿色技术创新的政策措施，如提供研发资金支持、税收优惠、绿色信贷等激励措施，降低企业创新成本，激发企业创新活力。同时，加大知识产权保护力度，保障创新者的合法权益，为绿色技术创新营造良好的外部环境。企业应树立绿色发展理念，将绿色技术创新纳入企业发展战略之中，加强内部研发能力建设，积极引进和培养创新人才，推动技术创新与产业升级的深度融合。社会各界也应加强对绿色技术创新的关注和支持，通过科普宣传、教育引导等方式提高公众对绿色技术的认知和接受度，为绿色技术创新营造良好的社会氛围。

绿色技术创新是推动企业绿色发展和产业升级的关键力量。面对生态文明建设的时代要求和环境资源约束的现实挑战，必须深刻认识到绿色技术创新的重要性，积极投身于绿色技术创新的实践之中。通过不断的技术革新和产业升级，企业不仅能实现自身的可持续发展，更能为全球生态文明建设和经济高质量发展作出积极贡献。

（2）绿色技术创新的重点领域

绿色技术创新的重点领域广泛而深远，涉及多个关键领域。首先是清洁能源技术，如太阳能、风能、水能等可再生能源的开发与利用，这些技术的突破将显著提高能源利用效率，减少对化石燃料的依赖，推动能源结构向低碳、环保转型。其次是节能减排技术，针对工业、建筑、交通等领域的高能耗环节，通过创新工艺和设备，降低生产过程中的能耗和排放，实现资源的高效利用和环境的有效保护。再次，环保材料与资源循环利用技术也是重要方向，它们旨在从源头上减少污染，提高资源回收率，促进循环经济的发展。研发和应用环保材料以及资源循环利用技术，降低产品生产过程中的资源消耗和环境污染。例如，开发可降解塑料、生物基材料等新型环保材料；推广废旧产品的资源化处理和再利用技术。最后是污染控制技术，针对工业废水、废气、固体废弃物等污染物的处理和处置，研发和应用先进的污染控制技术，减少环境污染和生态破坏。这些绿色技术创新重点领域不仅符合生态文明观的要求，也是企业实现可持续发展、提升核心竞争力的必由之路。

（3）产业升级的路径选择

在绿色技术创新的推动下，企业可以通过以下路径实现产业升级。

优化产品结构。加大绿色产品的研发力度，提高绿色产品的比例和质量水平。通过差异化竞争策略，满足消费者对绿色、环保产品的需求。

提高生产工艺水平。采用先进的清洁生产技术和节能减排技术，降低生产成本和资源消耗。通过技术改造和升级，提高生产效率和产品质量。

拓展产业链上下游。加强与上下游企业的合作与交流，共同推动产业链的绿色升级。通过资源整合和协同创新，提升整个产业链的环保绩效和市场竞争力。

发展绿色服务业。推动制造业与服务业的融合发展，发展绿色咨询、绿色设计、绿色检测等绿色服务业。通过提供专业化的绿色服务，满足企业绿色发展的需求。

（4）案例分析：比亚迪的绿色技术创新与产业升级

比亚迪，作为全球新能源领域的佼佼者，其发展历程不仅是企业自我超越的缩影，更是全球绿色技术创新与产业升级的生动实践。在生态文明观日益成为国际共识的背景下，比亚迪凭借其在绿色技术领域的深耕细作，不仅实现了自身的快速发展，也为全球可持续发展贡献了中国智慧和方案。

比亚迪的绿色技术创新之路，始于对新能源汽车领域的深入探索与持续投入。面对传统燃油车带来的环境污染问题，比亚迪敏锐地洞察到新能源汽车的市场潜力和社会价值，毅然决定将新能源汽车作为企业的战略发展方向。通过多年的自主研发和技术积累，比亚迪逐步掌握了电池、电机、电控等新能源汽车核心技术，实现了从电池供应商到整车制造商的华丽转身。其推出的“刀片电池”技术，不仅大幅提升了电池的能量密度和安全性，更为新能源汽车行业树立了新的技术标杆。

在新能源汽车产品的布局上，比亚迪紧跟市场需求和技术趋势，不断推出符合消费者期望的高品质车型。从最初的比亚迪 E6 到后来的秦、唐、汉等系列车型，比亚迪新能源汽车以其出色的性能、舒适的驾乘体验以及环保低碳的优势，赢得了国内外消费者的广泛认可。特别是其旗舰车型汉系列，凭借其卓越的动力性能、超长续航能力以及豪华的内饰配置，在国内外市场均取得了不俗的销售成绩，进一步巩固了比亚迪在新能源汽车领域的领先地位。

除了新能源汽车的研发与生产外，比亚迪还积极投身于电池回收与梯次利用领域，致力于构建完整的绿色产业链。随着新能源汽车市场的快速增长，废旧电池的处理成为亟待解决的问题。比亚迪依托自身在电池技术方面的深厚积累，率先开展了废旧电池的回收与梯次利用工作。通过建立完善的回收网络和先进的处理技术，比亚迪成功实现了废旧电池的资源化处理和再利用，既减少了环境污染，又节约了资源成本。这一举措不仅体现了比亚迪作为企业公民的社会责任感，也为整个新能源汽车行业的可持续发展树立了榜样。

比亚迪的绿色技术创新与产业升级之路，不仅提升了自身的市场竞争力和品牌形象，更为全球新能源汽车产业的快速发展注入了强大动力。通过与国际合作伙伴的紧密合作与交流，比亚迪不断将先进的绿色技术引入国际市场，推动全球汽车产业的绿色转型与升级。同时，比亚迪还积极参与全球气候治理和环境保护行动，为应对全球气候变化和推动可持续发展目标贡献力量。

比亚迪作为全球领先的新能源汽车制造商和电池供应商，在绿色技术创新与产业升级方面取得了显著成效。其坚持自主研发和技术创新的发展理念、对新能源汽车市场的精准把握以及对环保事业的坚定承诺，共同构成了比亚迪成功的关键要素。

6.1.3 循环经济在企业中的应用

（1）循环经济的内涵与价值

循环经济作为一种创新的经济模式，其核心在于资源的最大化利用和废弃物的最小化排放，是实现可持续发展目标的重要途径。它突破了传统线性经济的局限，将经济活动视为一个闭环系统，在这个系统中，资源通过生产、消费、回收再利用等环节实现循环利用，从而减少对自然资源的依赖和对环境的破坏。

循环经济的内涵丰富而深刻，它倡导资源的减量化使用。在产品设计、生产和使用过程中，通过技术创新和管理优化，减少资源的消耗和浪费，从源头上控制污染物的产生。循环经济强调资源的再利用。通过延长产品的使用寿命、改进产品的设计以及推动产品的维修和再制造，实现资源的多次利用，提高资源的利用效率。循环经济注重废弃物的资源化。通过对废弃物的分类、回收和处理，将其转化为新的资源或能源，实现废弃物的无害化和资源化利用。

循环经济的价值在于其对于经济社会可持续发展的深远影响。一方面，循环经济有助于缓解资源短缺的压力。随着全球人口的增长和经济的发展，对自然资源的需求不断增加，而传统的高消耗、高排放生产模式已经难以为继。循环经济通过资源的循环利用和废弃物的资源化利用，有效降低了对原生资源的需求，为经济社会发展提供了更加可持续的资源保障。另一方面，循环经济有助于减少环境污染。传统生产模式往往伴随着大量的废弃物排放，对生态环境造成严重破坏。而循环经济通过废弃物的资源化利用，显著降低了污染物的排放量，改善了环境质量，保护了生态系统的健康与稳定。

循环经济还促进了产业结构的优化升级。随着消费者对绿色产品、环保产品的需求不断增加，传统的高污染、高能耗产业面临着巨大的市场压力。而循环经济通过推动绿色技术创新和产业升级，引导企业向低污染、低能耗、高效益的方向发展，促进了产业结构的优化和转型。这不仅提高了企业的市场竞争力，也为经济社会的可持续发展注入了新的动力。

在生态文明时代的背景下，循环经济的应用更加具有现实意义。生态文明时代强调人与自然的和谐共生，要求经济活动必须遵循自然规律和生态法则，实现经济效益、社会效益和环境效益的有机统一。而循环经济正是实现这一目标的重要途径之一。通过推动循环经济的发展，企业可以在追求经济效益的同时，积极履行社会责任和环保义务，为实现全球可持续发展贡献自己的力量。

企业应该充分认识到循环经济的重要性和价值，积极采取措施推动循环经济的发展。这包括加强技术研发和创新能力建设，提高资源利用效率和废弃物处理水平；加强供应链管理和合作，推动上下游企业共同参与循环经济建设；加强宣传教育和公众参与力度，提高全社会的环保意识和参与度等。通过这些措施的实施和推广，企业可以为经济社会的可持续发展作出更大的贡献，实现经济效益与环境保护的双赢。

（2）企业在循环经济中的角色与策略

在循环经济模式下，企业在推动资源高效利用、减少环境污染及促进可持续发展方面扮演着至关重要的角色。企业通过实施一系列策略，不仅能够有效降低自身的环境足迹，还能够在市场中树立绿色形象，引领行业向更加环保的方向转型。

在产品设计阶段，企业应注重产品的可回收性和可拆解性设计，这是实现资源循环利用的关键。在产品设计时应充分考虑材料的可再利用性和环境兼容性，避免使用难以回收或对环境有害的材料。例如，企业可以采用生物基材料或可降解材料替代传统塑料，以减少废弃物的产生和对环境的污染。同时，产品的模块化设计使得各部分能够轻松拆解，便于后续的分类回收和资源再生。此外，节能设计也是不可忽视的一环，通过优化产品结构、提升能效，产品在使用过程中能够显著减少能源消耗和碳排放。

在生产制造阶段，企业需大力推广清洁生产和节能减排技术，以降低生产过程中的资源消耗和环境污染。这包括采用先进的生产工艺和设备，提高生产效率和资源利用率；实施废水、废气、固体废弃物的综合治理，确保达标排放；利用余热余压等资源，实现能量的梯级利用。技术改造和升级是企业提高生产环保水平的重要途径，通过引入自动化、智能化生产线，不仅能够提高生产效率，还能减少人为因素导致的资源浪费和污染排放。此外，企业应建立健全环境管理体系，确保各项环保措施得到有效执行，并通过持续改进，不断提升自身的环保绩效。

在废弃物处理阶段，企业需建立完善的废弃物分类收集和处理体系，对废弃物进行分类处理、资源化和无害化处理。这要求企业设置合理的废弃物收集点和分类设施，引导员工和供应链伙伴正确分类投放废弃物。对于可回收废弃物，企业应积极推广回收再利用技术，如废旧金属的回炉重造、废旧塑料的化学再生等；对于有害废弃物，则应严格按照国家法律法规进行处理，防止对环境和人体健康造成危害。同时，企业应加强与专业废弃物处理机构的合作，共同推动废弃物的资源化利用和无害化处理。

在市场拓展与品牌建设方面，企业需充分利用绿色营销和品牌建设策略，提升在循环经济领域的知名度和影响力。通过宣传自身在循环经济方面的实践成果和环保理念，企业能够吸引更多关注可持续发展的消费者和合作伙伴。企业可以积极参与各类环保认证和评奖活动，以提升品牌形象和市场竞争力。此外，加强与消费者、政府及社会各界的沟通与合作，共同推动循环经济的发展和应用也是至关重要的。通过举办环保公益活动、开展环保教育讲座等方式，企业能够引导更多公众参与循环经济的建设，形成全社会共同推动绿色发展的良好氛围。

企业在循环经济中的应用不仅体现在产品设计、生产制造和废弃物处理的具体环节中，更贯穿于企业的市场战略和品牌建设之中。通过积极履行社会责任、不断创新环保技术、加强与社会各界的合作与交流，企业能够在循环经济的道路上迈出坚实步伐，为实现经济社会的可持续发展贡献力量。

（3）案例分析：格力的循环经济实践

格力电器作为中国家电行业的领军企业，在生态文明建设的浪潮中，积极践行循环经济发展理念，通过技术创新和模式创新，不仅实现了企业的绿色转型，也为推动整个家电行业的可持续发展树立了标杆。格力电器在循环经济方面的实践，不仅体现在产品的环保设计和绿色制造上，更贯穿产品的全生命周期管理，包括废旧产品的回收与再利用，形成了一个闭环的绿色生态链。

在产品设计与制造环节，格力电器坚持“绿色、低碳、高效”的原则，不断优化产品结构，提升产品能效。公司投入大量资源进行技术研发，推出了一系列具有节能、环保特性的家电产品。例如，格力自主研发的变频空调技术，通过精准控制压缩机转速，有效降低了能耗，相比传统定频空调节能效果显著。此外，格力还致力于新型制冷剂的研发与应用，减少了对臭氧层有破坏作用的氟利昂等物质的排放，积极响应全球环保倡议。

在产品包装与物流方面，格力同样注重环保与节约。公司采用可回收、可降解的包装材料，减少了对环境的影响。在物流配送过程中，格力优化运输路线，提高装载率，降低空驶率，有效减少了运输过程中的碳排放。同时，公司还鼓励采用清洁能源车辆进行物流配送，进一步降低物流环节的环境负荷。

格力电器建立了完善的废旧家电回收体系，这是其循环经济实践中的重要一环。格力深知废旧家电如果处理不当，将对环境造成严重的污染。因此，格力主动承担起社会责任，与多家回收企业合作，共同搭建废旧家电回收平台。通过线上线下相结合的方式，格力方便消费者参与废旧家电的回收活动。对于回收的废旧家电，格力采用先进的拆解技术，将其中可再利用的部件进行分离、清洗、检测，符合标准的部件经过翻新后可重新利用，不符合标准的部件则进行无害化处理或资源化利用。这种做法不仅减少了环境污染，还实现了资源的循环利用，提高了资源利用效率。

在具体实施过程中，格力电器注重技术创新与人才培养。公司投入巨资建立研发中心，引进国内外顶尖技术人才，攻克废旧家电拆解与再利用的技术难题。同时，格力还加强与国际同行的交流与合作，共同推动全球家电行业的绿色发展。通过不断的探索与实践，格力电器在废旧家电回收与再利用领域取得了丰硕的成果，形成了一套成熟的技术体系和管理模式。

格力电器的循环经济实践不仅提升了企业的环保形象和市场竞争力，还为整个家电行业的绿色转型提供了有益的经验和借鉴。格力公司的成功案例表明，循环经济不仅是一种理念，更是一种切实可行的发展模式。通过实施循环经济策略，企业可以在保护环境的同时实现经济效益的增长，实现企业与社会的共赢。加强与政府、行业协会及上下游企业的合作，共同构建家电行业的绿色生态链。格力电器相信，通过不懈的努力和探索，一定能够为实现全球生态文明建设和可持续发展贡献更大的力量。

6.1.4　可持续发展报告与信息披露

（1）可持续发展报告的意义与作用

可持续发展报告在生态文明时代下现代企业治理的交融中越发凸显其重要性。这一报告不仅是企业对外沟通的桥梁，更是企业自我审视、持续改进的内在驱动力。随着全球对环境、社会和治理（ESG）问题的日益关注，可持续发展报告已成为衡量企业综合实力与责任感的关键指标之一。

从信息披露的角度来看，可持续发展报告为企业提供了一个全面、系统地向公众展示其在可持续发展方面努力的平台。报告内容通常涵盖企业在环境保护、节能减排、资源利用、员工福利、社区参与、供应链管理以及治理结构等多个维度的具体行动和成果。这种透明化的信息披露机制，有助于消除信息不对称，使利益相关者能够更准确地评估企业的实际表现，为投资决策和消费选择提供依据。

可持续发展报告有助于提升企业的品牌形象和市场竞争力。在当今社会，消费者对企业的期待已不再仅仅局限于产品本身，而是更关注企业背后的价值观和社会责任。企业若能通过报告展示其在可持续发展方面的积极作为，将极大提升其在消费者心中的好感度和信任度，进而促进品牌忠诚度的形成。此外，随着绿色金融的兴起，许多投资机构已将ESG表现作为投资决策的重要考量因素，良好的可持续发展报告能够吸引更多负责任投资者的关注和支持。

可持续发展报告还是企业自我监督和持续改进的重要工具。通过编制报告的过程，企业需要全面梳理自身在可持续发展方面的实践成果与不足，明确未来的努力方向。这种自我审视不仅有助于企业及时发现问题、纠正偏差，还能激发企业内部的创新活力，推动企业在环境保护、社会责任等方面实现更大突破。同时，报告中的量化指标和对比数据，还能为企业内部绩效考核和激励机制的建立提供有力支持。

可持续发展报告对于政府监管和政策制定也具有重要意义。政府可以通过分析企业的可持续发展报告，了解行业整体的ESG表现水平及存在的问题，为政策制定和监管提供数据支持。例如，针对报告中普遍反映的某一领域问题，政府可以出台相应的激励或约束政策，引导企业加强相关领域的管理和改进。这种基于数据的政策制定方式，有助于提升政策的针对性和有效性。

从更广阔的社会视角来看，可持续发展报告还是推动全社会形成绿色发展共识的重要力量。企业通过报告分享成功经验和创新实践，可以激发其他企业的学习和模仿行为，形成良性的示范效应。同时，报告中所倡导的绿色理念和社会责任观念，也有助于提升公众对可持续发展问题的认识和关注程度，推动社会各界共同参与生态文明建设。

（2）可持续发展报告的内容与编制要求

可持续发展报告应涵盖企业在环境、社会和治理等方面的主要活动和表现。具体内容包括但不限于以下几个方面。

环境绩效。披露企业在节能减排、资源循环利用、污染治理等方面的具体举措和成效。提供相关数据指标以量化企业在环境保护方面的贡献。

社会贡献。展示企业在促进就业、员工培训、社区发展等方面的社会责任履行情况。强调企业与社会的和谐共生关系。

治理结构。介绍企业的治理结构、决策机制和风险管理体系。强调企业在合规经营、信息披露和投资者关系管理等方面的规范运作。

在编制可持续发展报告时，企业应遵循真实性、完整性、可比性和可读性的原则。确保报告内容真实可靠、数据准确完整；遵循国际通用的 ESG 报告标准和框架；注重报告的易读性和易懂性，便于投资者和社会公众理解和接受。

（3）案例分析：阿里巴巴的可持续发展报告实践

阿里巴巴作为中国电子商务领域的领军企业，其在可持续发展方面的努力与成就，尤其是通过编制和发布高质量的可持续发展报告，向外界展示了企业对于环境保护、社会责任及良好公司治理的深刻承诺与实践。这一做法不仅体现了阿里巴巴作为行业标杆的责任感，也为全球企业树立了典范。

阿里巴巴的可持续发展报告，不仅是一份对外公布的数据汇总，也是企业战略转型与绿色发展的重要载体。报告内容详尽而全面，覆盖了环境绩效、供应链管理、能源使用、员工福利、社区参与等多个维度，通过具体案例、数据分析和未来规划，全面展现了企业在可持续发展道路上的探索与成就。报告中的数据均经过严格审核，确保真实可靠，体现了阿里巴巴对信息披露透明度的坚持。

在环境保护方面，阿里巴巴的可持续发展报告详细阐述了公司在节能减排、绿色物流、绿色包装等方面的具体措施与成效。例如，通过优化物流网络、推广电动车辆、使用环保包装材料等措施，有效降低了物流环节的碳排放，推动了绿色供应链的构建。此外，报告还介绍了阿里巴巴如何利用大数据和云计算技术，提高能源使用效率，减少资源浪费，展现了科技在环保领域的巨大潜力。

在社会责任方面，阿里巴巴注重员工福利与社区参与，通过实施多元化与包容性政策、加强员工培训与发展、开展公益活动等方式，积极履行企业公民责任。报告中详细记录了公司在促进就业、扶贫助困、教育支持等领域的具体行动与成果，展现了阿里巴巴对社会进步的积极贡献。

在公司治理方面，阿里巴巴强调诚信经营、合规运营，将可持续发展理念融入企业文化与战略决策之中。报告详细披露了公司的治理结构、风险管理机制及合规体系，展现了阿里巴巴在追求经济效益的同时，对社会责任与可持续发展的高度重视。

阿里巴巴的可持续发展报告实践，不仅提升了企业的品牌形象和市场竞争力，更为整个行业树立了标杆。通过公开透明的信息披露，阿里巴巴增强了投资者、消费者及社会各界对公司的信任与支持，为公司的长期发展奠定了坚实的基础。同时，阿里巴巴的经验与做法也为其他企业提供了宝贵借鉴，推动了整个行业的可持续发展与绿色发展进程。

阿里巴巴的可持续发展报告并非一成不变，而是根据公司战略调整及外部环境变化不断迭代升级。这种动态调整的能力，确保了报告内容的时效性与前瞻性，使阿里巴巴能够在快速变化的市场环境中保持领先地位。

阿里巴巴的可持续发展报告实践，是企业社会责任与绿色发展的生动体现，展现了企业在追求经济效益的同时，如何平衡环境保护与社会责任的关系。通过高质量的报告编制与发布，阿里巴巴不仅提升了自身形象与竞争力，更为全球企业树立了可持续发展的典范。

在生态文明时代的背景下，企业应积极履行社会责任、推动绿色技术创新与产业升级、加强循环经济应用并规范可持续发展报告与信息披露工作。通过这些措施的实施和推进，企业不仅能够实现经济效益与环境效益的双赢，还能够为推动全球生态文明建设贡献力量。

6.2 绿色技术创新与产业升级

在生态文明观的框架下，绿色技术创新不仅是企业应对环境挑战、实现可持续发展的重要途径，更是推动产业转型升级、提升国际竞争力的关键力量。本节将从绿色技术创新的必要性、重点领域、政策支持与实践案例等方面，深入探讨绿色技术创新在产业升级中的重要作用。

6.2.1 绿色技术创新的必要性

随着全球工业化和城市化进程的加速推进，环境污染、资源枯竭等问题日益严峻，传统的高能耗、高排放生产模式已难以为继。面对这一现实挑战，绿色技术创新成为破解经济发展与环境保护矛盾的关键。绿色技术创新不仅能够降低生产过程中的能耗和排放，提高资源利用效率，还能开发出更加环保、高效的产品和服务，满足市场对绿色、低碳产品的需求。因此，绿色技术创新是推动企业可持续发展、实现产业升级的必然选择。

（1）应对环境挑战的迫切需求

在全球化进程不断加速、工业文明深入发展的背景下，环境问题日益凸显，成为全球经济可持续发展的重要瓶颈。全球气候变化、资源枯竭、生态退化等环境挑战对人类社会构成了前所未有的威胁，迫使国际社会不得不重新审视并调整发展模式。面对这一严峻形势，各国政府纷纷将环境保护提升至国家战略高度，出台了一系列严格的环保法规和政策，旨在通过法律手段强制企业减少污染排放和资源消耗，促进绿色低碳发展。在这一背景下，绿色技术创新的必要性显得尤为迫切。

绿色技术创新作为应对环境挑战的重要途径，其核心在于通过科学技术的进步，开发出更加环保、高效、节能的生产技术和产品，从而有效降低企业在生产过程中对环境的负面影响。随着环保法规的日益严格和消费者环保意识的提升，传统的高能耗、高排放生产模式已难以为继，企业若想在激烈的市场竞争中立于不败之地，就必须积极响应国家环保政策，加大绿色技术研发投入，推动生产方式的绿色转型。

从微观层面看，绿色技术创新能够帮助企业降低环境风险，避免因违反环保法规而遭受的经济处罚和社会声誉损失。在当前环保法规日益完善且执行力度不断加大的背景下，任何忽视环保要求的企业行为都可能招致严厉的法律制裁。而绿色技术创新则为企业提供了合规生产的解决方案，使企业能够在遵守法规的前提下实现可持续发展。

从宏观层面看，绿色技术创新对于推动全球绿色低碳发展、应对气候变化具有重要意义。通过绿色技术的广泛应用和推广，人类社会有望在生产方式和生活方式上实现根本性变革，减少对化石能源的依赖，降低温室气体排放，保护地球生态环境。这一目标的实现需要全球各国的共同努力和国际社会的广泛合作，而绿色技术创新正是这一合作中的重要一环。

应对环境挑战的迫切需求使绿色技术创新成为企业发展的必然选择。在环保法规日益严格、市场需求不断变化的背景下，企业应积极响应国家环保政策，加大绿色技术研发投入力度，推动生产方式的绿色转型。这不仅有助于降低环境风险、提升企业竞争力，还能为全球绿色低碳发展贡献自己的力量。

（2）提升市场竞争力的有效途径

在当今全球化和信息化高速发展的背景下，企业的市场竞争力不再仅取决于产品的价格、质量等传统因素，而越来越多地受到消费者对环保、健康、安全等社会价值观的影响。随着社会对生态文明建设的日益重视，绿色、低碳、环保已成为市场发展的新趋势，这也为企业提供了转型升级和提升竞争力的重要契机。

绿色技术创新，作为推动企业绿色发展的核心驱动力，正成为提升市场竞争力的有效途径。

随着消费者对环保意识的增强，他们对产品的选择不再仅仅局限于功能性和价格因素，而是更加关注产品在整个生命周期中的环境影响。市场需求引领绿色技术创新方向，绿色技术创新正是基于这一市场需求，通过研发和生产更加环保、节能、低碳的产品和服务，满足消费者对于可持续生活方式的追求。例如，新能源汽车、绿色建筑、节能环保家电等绿色产品的兴起，正是市场需求引领绿色技术创新方向的具体体现。这些产品不仅减少了环境污染和资源消耗，还为企业赢得了市场份额和消费者信赖。

品牌形象是企业市场竞争力的重要组成部分。通过绿色技术创新，企业能够展现出其积极履行社会责任、推动可持续发展的良好形象，从而提升品牌在消费者心中的认可度和美誉度。一个注重绿色技术创新的企业，往往会被视为行业内的领导者和创新者，这种品牌形象的提升有助于吸引更多具有环保意识的消费者，形成稳定的客户群体。同时，良好的品牌形象还能吸引更多的合作伙伴和投资者，为企业带来更多的发展机会和资源。

在激烈的市场竞争中，产品差异化是企业脱颖而出的关键。绿色技术创新为企业提供了实现产品差异化的新途径。通过研发具有自主知识产权的绿色技术，企业可以生产出独具特色的绿色产品，满足消费者群体对环保、健康、安全等的需求。这种差异化竞争策略不仅有助于企业在同质化严重的市场中脱颖而出，还能通过提高产品的附加值和售价水平，增加企业的利润空间。

绿色技术创新不仅推动单一产品或服务的改进，更是推动整个产业升级的重要力量。通过绿色技术创新，企业可以优化生产流程、提高资源利用效率、降低能耗和排放水平，从而实现从低端制造向高端制造的跨越。这种产业升级不仅有助于提升企业的整体竞争力，还能带动整个产业链的绿色转型和可持续发展。例如，通过引入先进的清洁生产技术和循环经济模式，企业可以减少生产过程中的污染排放和资源浪费，同时提高产品的质量和附加值；通过发展节能环保产业和绿色服务业等新兴领域，企业可以开拓新的市场空间和增长点。

绿色技术创新作为提升市场竞争力的有效途径，不仅满足了消费者对环保和可持续性的需求，还提升了企业的品牌形象、促进了产品差异化竞争并推动了产业升级。因此，企业应高度重视绿色技术创新工作，加大研发投入和人才培养力度，不断提高自身的绿色技术水平和创新能力，以应对日益激烈的市场竞争和环境挑战。同时，政府和社会各界也应积极支持和引导绿色技术创新的发展，共同推动生态文明建设和可持续发展目标的实现。

（3）推动产业升级的必然选择

在生态文明时代的大潮中，绿色技术创新不仅是应对环境挑战的有效手段，更是推动产业升级的必然选择。随着全球资源环境约束的日益加剧，传统的高污染、高能耗产业模式已难以为继，产业升级成为企业乃至整个国家经济发展的必由之路。绿色技术创新以其独特的优势，为产业升级提供了强大的动力源泉。

绿色技术创新通过引入新技术、新工艺和新材料，极大地提高了生产效率和资源利用率，降低了生产成本和环境污染。这种技术革新不仅使得企业能够在激烈的市场竞争中保持领先地位，更重要的是，它推动了整个产业结构的优化升级。在绿色技术的引领下，传统产业纷纷向低碳、环保、高效的方向转型，而新兴绿色产业则如雨后春笋般涌现，成为经济增长的新引擎。

绿色技术创新对产业链条的协同发展起到了积极的推动作用。在绿色技术的驱动下，产业链上下游企业之间形成了更加紧密的合作关系。上游企业致力于提供环保材料和技术支持，中游企业则专注于绿色产品的生产和制造，而下游企业则负责产品的销售和回收处理。这种协同发展的模式不仅提高了产业链的整体效率，还促进了资源的循环利用和环境的可持续发展。

绿色技术创新也为企业提升产品附加值和技术含量提供了有力支持。通过引入先进的绿色技术和设计理念，企业能够生产出更加环保、节能、高效的产品，满足市场对高品质、高性能产品的需求。这些高附加值的产品不仅能够为企业带来更高的利润回报，还能够增强企业的市场竞争力和品牌影响力。

绿色技术创新推动了产业结构向高端化、智能化、绿色化方向的转型升级。随着技术的不断进步和应用的不断深化，越来越多的企业开始将绿色技术融入产品研发、生产制造、销售服务等各个环节。这种全面的绿色化转型不仅提高了企业的整体运营效率和产品质量，还促进了整个产业结构的优化升级和经济效益的持续提升。

在绿色技术创新的推动下，传统产业与新兴产业之间的界限日益模糊。越来越多的企业开始跨界合作和创新融合，通过资源共享、优势互补、协同创新等方式共同推动产业升级和发展。这种跨界的合作和创新不仅打破了传统产业的壁垒和限制，还为企业开辟了新的发展空间和市场机会。

绿色技术创新是推动产业升级的必然选择。在生态文明观的指引下，企业应积极响应国家政策和社会需求，加大绿色技术研发投入和应用推广力度。通过绿色技术创新实现产业结构的优化升级和经济效益的持续提升，不仅有助于企业自身的发展壮大和市场竞争力的提升，还能够为整个社会的可持续发展作出积极贡献。

6.2.2 绿色技术创新的重点领域

绿色技术创新的领域广泛而多样，涵盖了能源、材料、制造、交通等多个方面。以下是几个重点领域的详细介绍。

（1）清洁能源技术

清洁能源技术是绿色技术创新的重点领域之一。随着全球对能源安全和环境保护的重视，清洁能源技术得到了快速发展。主要包括太阳能、风能、水能、生物质能等可再生能源技术的研发和应用。这些技术具有清洁、可再生、无污染等特点，能够减少对化石能源的依赖，降低碳排放和环境污染。

太阳能技术。太阳能技术是利用太阳辐射能进行发电或供热的技术。随着光伏技术的不断进步和成本的不断降低，太阳能已成为最具发展潜力的可再生能源之一。企业应加大在光伏材料、电池组件、系统集成等方面的研发投入力度，提升太阳能技术的转化效率和经济效益。

风能技术。风能技术是利用风力驱动风力发电机进行发电的技术。随着风力发电机组的不断大型化和智能化发展，风能发电成本不断降低，市场竞争力不断提升。企业应关注风力发电机组的研发和应用推广，提高风能发电的效率和稳定性。

水能技术。水能技术是利用水流或水位落差进行发电的技术。主要包括水电、潮汐能等类型。企业应关注水电站建设、潮汐能发电等方面的技术研发和应用推广，提升水能资源的利用效率和环保效益。

（2）节能减排技术

节能减排技术是降低能耗和排放的重要手段。主要包括工业节能、建筑节能、交通节能等领域的技术创新。企业应关注高效节能技术、清洁生产技术、余热余压回收技术等方面的研发和应用推广，提高能源利用效率和环保效益。

工业节能技术。工业节能技术是针对工业生产过程中能耗高、排放多的问题而开发的技术。主要包括高效节能电机、变频调速技术、余热回收技术等类型。企业应关注这些技术的研发和应用推广，降低工业生产的能耗和排放水平。

建筑节能技术。建筑节能技术是针对建筑能耗高、能耗浪费严重的问题而开发的技术。主要包括绿色建筑设计、高效节能材料、智能建筑控制系统等方面的技术创新。企业应关注这些技术的研发和应用推广，提升建筑的能源利用效率和舒适度。

交通节能技术。交通节能技术是针对交通运输领域能耗高、排放多的问题而开发的技术。主要包括新能源汽车技术、智能交通系统、绿色轮胎技术等类型。企业应关注这些技术的研发和应用推广，降低交通运输领域的能耗和排放水平。

（3）环保治理技术

环保治理技术是针对环境污染问题而开发的技术。主要包括大气污染治理技术、水污染治理技术、固体废弃物处理技术等类型。企业应关注这些技术的研发和应用推广，提高环境污染治理的效率。

大气污染治理技术。大气污染治理技术是针对大气污染物排放问题而开发的技术。主要包括脱硫脱硝技术、除尘技术、挥发性有机物治理技术等类型。企业应关注这些技术的研发和应用推广，降低大气污染物的排放量。

水污染治理技术。水污染治理技术是针对水体污染问题而开发的技术。主要包括污水处理技术、水体修复技术等类型。企业应关注这些技术的研发和应用推广，提高水体污染治理的效率。

固体废弃物处理技术。固体废弃物处理技术是针对固体废弃物污染问题而开发的技术。主要包括垃圾焚烧技术、垃圾填埋技术、固废资源化利用技术等类型。企业应关注这些技术的研发和应用推广，实现固体废弃物的减量化、资源化和无害化处理。

6.2.3　政策支持与实践案例

绿色技术创新的推进离不开政策的支持和引导。各国政府纷纷出台相关政策措施，鼓励企业进行绿色技术创新和产业升级。同时，一些企业也在绿色技术创新方面取得了显著成效，为产业升级提供了有益借鉴。

（1）政策支持

财政补贴与税收优惠。政府可以通过财政补贴和税收优惠等政策手段，降低企业进行绿色技术创新的成本负担。例如，对研发绿色技术的企业给予研发补贴、税收减免等优惠政策；对购买和使用绿色技术的企业给予财政补贴或税收优惠等措施。

金融支持与融资服务。政府可以通过设立绿色基金、提供绿色信贷等方式，为企业提供金融支持和融资服务。同时，鼓励金融机构加大对绿色技术创新和产业升级的信贷支持力度，降低企业的融资成本。

法律法规与标准制定。政府可以通过制定严格的环保法规和标准体系，推动企业进行绿色技术创新和产业升级。例如，制定更加严格的污染物排放标准、能效标准等要求企业加强环保管理和技术创新以满足标准要求。

（2）实践案例

特斯拉的电动汽车技术创新。特斯拉作为全球领先的电动汽车制造商之一，在电动汽车技术创新方面取得了显著成效。特斯拉的电动汽车技术创新实践，为全球绿色交通领域树立了标杆。特斯拉不仅通过自主研发，在电池能量密度、充电效率及循环寿命等核心指标上实现了显著提升，引领了电动汽车行业的发展方向，还通过持续优化电机系统，提升了车辆的动力性能和驾驶体验。这些技术创新不仅降低了电动汽车的制造成本，还极大地增强了消费者的购买意愿，推动了电动汽车市场的快速增长。

特斯拉在智能驾驶领域的探索，不仅提升了驾驶的便捷性和安全性，还为未来智能交通系统的构建奠定了基础。通过集成先进的传感器、计算平台和算法，特斯拉实现了车辆对周围环境的精准感知与智能决策，为用户提供了更加舒适的出行体验。

特斯拉还积极拓展太阳能业务，将电动汽车与分布式太阳能发电系统相结合，形成了独特的“能源生态闭环”。这一创新模式不仅减少了用户对化石燃料的依赖，还促进了可再生能源的普及和应用，为实现全球能源结构的绿色转型作出了重要贡献。特斯拉的实践案例充分证明，绿色技术创新是推动产业升级、实现可持续发展目标的重要途径。

比亚迪的绿色交通解决方案。比亚迪作为全球领先的新能源汽车制造商之一，在绿色交通解决方案方面取得了显著成效。比亚迪的绿色交通解决方案作为绿色技术创新与产业升级的典范，充分展示了企业在生态文明建设中的重要作用。该公司凭借其在电动汽车领域的深厚积累，不仅成功研发出多款性能卓越、续航里程长的电动汽车，引领了全球新能源汽车的发展潮流，更通过推动公共交通领域的电动化，实现了城市交通结构的根本性变革。比亚迪的电动公交车和电动出租车遍布国内外多个城市，有效降低了城市交通的能耗和排放，改善了城市空气质量，为居民提供了更加清洁、舒适的出行环境。

比亚迪还前瞻性地布局储能领域，通过技术创新和产业链整合，研发出高效、可靠的储能电池产品，为可再生能源的大规模应用提供了有力支撑。这些储能设备不仅能够平衡电网负荷，提高电力系统的灵活性和稳定性，还能够促进太阳能、风能等清洁能源的广泛接入和高效利用，为实现碳中和目标奠定了坚实的基础。

比亚迪的实践案例，不仅彰显了企业在绿色技术创新方面的实力和担当，也为其他行业和企业提供了宝贵经验和启示。它告诉我们，面对生态文明建设的时代要求，企业必须勇于担当、积极作为，通过不断创新和转型升级，为经济社会的可持续发展贡献自己的力量。

华为的节能减排技术创新。华为的节能减排技术创新实践，为通信设备行业的绿色发展树立了典范。该企业不仅致力于核心通信技术的研发，还高度重视节能减排技术的革新与应用。通过自主研发与创新，华为成功开发出一系列高效节能的通信设备，这些设备在保障高性能的同时，显著降低了能耗，延长了设备的使用寿命。例如，华为在基站设备中采用先进的功放技术和智能散热系统，有效提升了能效比，减少了电力消耗。

华为在数据中心建设与管理方面也展现出卓越的绿色创新能力。面对数据中心高能耗的挑战，华为推出了全系列绿色数据中心解决方案，包括采用液冷散热技术、优化气流组织设计以及集成智能化能效管理系统等措施。这些创新技术不仅大幅度降低了数据中心的能耗水平，还提高了能源利用效率，降低了运营成本。华为的绿色数据中心解决方案在全球范围内得到广泛应用，为数据中心的可持续发展树立了新的标杆。

华为的实践表明，绿色技术创新是推动企业可持续发展的重要驱动力。通过持续的技术研发投入和创新，华为不仅提升了自身的市场竞争力，还为整个行业的绿色发展贡献了力量。这种以技术创新引领绿色发展的模式，值得其他企业借鉴和推广。

绿色技术创新是推动企业可持续发展和产业升级的重要途径。在生态文明观的框架下，企业应积极投身绿色技术创新和产业升级实践，不断提升自身的核心竞争力和可持续发展能力，为构建人与自然和谐共生的美好未来贡献力量。

6.3　循环经济在企业中的应用

在生态文明的推动下，循环经济作为一种新型经济发展模式，正逐步成为企业转型升级、实现可持续发展的重要途径。循环经济以“减量化、再使用、再循环”为核心，旨在通过资源的高效利用和废弃物的最小化排放，促进经济系统与生态系统的和谐共生。企业在实施循环经济过程中，不仅能够降低生产成本、提高资源利用效率，还能够提升品牌形象、增强市场竞争力。本节将从循环经济理念在企业中的应用背景、实施路径、关键领域及成功案例四个方面进行深入探讨。

6.3.1 循环经济理念在企业中的应用背景

（1）资源环境约束加剧

资源环境约束加剧是循环经济理念在企业应用中的重要背景。随着全球范围内工业化、城市化进程的迅猛推进，人类社会对自然资源的依赖程度日益加深，资源短缺成为经济持续发展的重要瓶颈。传统经济模式遵循“资源—产品—废弃物”的线性流程，这种单一流向的资源利用方式不仅导致了自然资源的迅速枯竭，还产生了大量难以处理的废弃物，加剧了环境污染问题。废弃物的无序排放和堆积，不仅破坏了生态平衡，也对人类健康构成了严重威胁。

在资源环境双重压力之下，寻求经济与环境和谐共生的新模式成为迫切需求。循环经济作为一种创新的经济形态，倡导“资源—产品—再生资源”的闭环经济模式，通过对资源的最大化利用和废弃物的减量化、资源化，有效缓解了资源短缺和环境污染问题。在这一背景下，企业将循环经济理念融入发展战略，不仅能降低生产成本，提高资源利用效率，还能减少环境污染，提升企业的社会形象和市场竞争力。因此，面对资源环境约束加剧的现实挑战，循环经济在企业中的应用显得尤为必要和迫切。

（2）政策法规的推动

在生态文明时代背景下，政策法规成为推动循环经济在企业中广泛应用的重要力量。面对全球资源日益紧张和环境问题日益严峻的形势，各国政府深刻认识到循环经济对于实现可持续发展目标的重要性，因此纷纷出台了一系列针对性强、操作性好的政策法规，为循环经济的实践提供了坚实的制度保障。

这些政策法规不仅明确了循环经济的核心目标和战略方向，要求企业在生产经营活动中遵循减量化、再利用、再循环的“3R”原则，减少资源消耗和废弃物排放，提高资源利用效率。同时，政府还通过财政补贴、税收优惠等多种经济激励手段，有效降低了企业实施循环经济的初期投入成本和运营风险，鼓励企业积极探索和实践循环经济模式。

政策法规还加强了对循环经济相关活动的监管和执法力度。政府建立健全了环境监管体系，加强对企业资源利用和废弃物排放的监测和管理，确保企业严格按照循环经济的原则进行生产经营。对于违反循环经济政策法规的行为，政府依法予以严厉查处，形成了有效的震慑力，进一步推动了循环经济理念在企业中的深入贯彻落实。通过这些政策法规的推动，循环经济在企业中的应用逐渐普及并深化，为企业的绿色转型和可持续发展奠定了坚实的基础。

（3）市场需求的转变

市场需求的转变，作为推动循环经济在企业中应用的重要驱动力，日益显著。随着生态文明建设的深入推进，消费者对产品的环保属性关注度显著提升，绿色消费观念深入人心。消费者在选择商品时，不再仅关注价格、质量和品牌，而是更加重视产品的环保性能、生产过程中的资源消耗以及废弃后的回收处理情况。这种消费趋势的转变，促使企业不得不重新审视自身的生产模式和供应链结构，以满足市场对环保产品的迫切需求。

在此背景下，循环经济的理念与企业的可持续发展目标高度契合，成为企业转型升级的必然选择。通过实施循环经济策略，企业不仅能够满足消费者对环保产品的需求，提升品牌形象和市场竞争力，还能有效降低生产成本，提高资源利用效率，减少环境污染。例如，采用可回收材料生产包装，推广可循环使用的产品，以及建立废旧产品回收体系等举措，都是企业响应市场需求转变、践行循环经济的具体体现。

市场需求的转变不仅为循环经济的推广提供了强大的外部动力，也促使企业在生产经营过程中更加注重环境效益和社会效益的平衡。企业应当抓住这一机遇，积极调整产品结构，优化生产工艺，推动循环经济在企业的广泛应用，为生态文明建设和可持续发展贡献力量。

6.3.2　循环经济在企业中的实施路径

（1）构建循环经济管理体系

企业应首先从顶层设计出发，构建一套完善的循环经济管理体系，以科学指导并规范企业内部的循环经济活动。这一体系需明确循环经济的发展目标、阶段性任务及长远规划，确保企业发展方向与生态文明理念高度契合。为强化组织保障，企业应成立由高层领导挂帅的循环经济领导小组，负责统筹协调各项循环经济工作，确保资源的有效配置和政策的顺利执行。

在制定循环经济管理制度时，企业应充分考虑国家相关法律法规及行业标准，结合自身实际情况，制定出一系列切实可行的管理规章，涵盖资源节约、废弃物管理、节能减排等多个方面。同时，为确保制度的刚性执行，应配套建立循环经济考核评价机制，将循环经济绩效纳入企业年度考核体系，通过量化指标评估循环经济的实施效果，形成有效的激励与约束机制。

企业还应加强循环经济知识的普及与培训，提升全员对循环经济的认识与参与度。通过定期举办专题讲座、研讨会等形式，加深员工对循环经济理念的理解，培养员工的环保意识和责任感。在此基础上，鼓励员工积极参与循环经济的实践活动，形成全员参与、共同推动的良好氛围，确保循环经济管理体系在企业内部得到有效实施，为企业的可持续发展奠定坚实的基础。

（2）优化产品设计和生产流程

在推动循环经济在企业中的应用过程中，优化产品设计和生产流程是至关重要的一环。企业应将环保理念深度融入产品全生命周期，从源头抓起，力求在设计阶段就奠定产品绿色、可循环的基础。具体而言，企业在设计产品时，应充分考虑材料的可降解性、可回收性和再利用性，通过模块化设计增强产品的可拆卸性，便于后续维修与升级，同时减少因产品更新换代而造成的资源浪费。此外，还应优化产品结构，减少不必要的部件和装饰，简化生产工艺，从而进一步降低资源消耗和生产成本。

在生产流程方面，企业需积极引入清洁生产技术和节能减排措施，提高生产过程的绿色化水平。通过技术改造和升级，采用更加高效、低能耗的生产设备和工艺，减少能源消耗和废弃物产生。同时，加强对生产废弃物的分类回收与再利用，建立科学的废弃物管理体系，确保废弃物得到合理处置和资源化利用。通过这些措施的实施，企业不仅能够有效降低对环境的负面影响，还能在提高资源利用效率的同时，增强产品的市场竞争力，为企业的可持续发展奠定坚实的基础。

（3）建立废弃物回收和处理体系

在生态文明观的指引下，企业应高度重视废弃物的回收与处理，通过构建完善的废弃物回收和处理体系，实现资源的高效循环利用。这一体系的建设需遵循减量化、资源化、无害化的原则，确保废弃物在产生源头得到有效管理，减少环境污染风险。

企业应配备专业的废弃物分类设施，确保生产过程中的各类废弃物能够准确分类收集。分类后的废弃物应被安全储存，防止二次污染，并采用环保包装材料进行临时存放。随后，通过优化物流网络，确保废弃物能够及时、安全地运输至处理中心。在处理阶段，企业应采用先进的处理技术，如焚烧发电、生物降解、物理回收等，力求将废弃物转化为可再利用的资源或能源。对于无法直接再利用的废弃物，则通过无害化处理手段，减少其对环境的影响。

企业还应加强与上下游企业的协作，通过信息共享和资源共享，共同构建闭环产业链。在这一产业链中，上游企业的废弃物可能成为下游企业的原材料，实现资源在产业链内的循环利用。这种合作模式不仅有助于降低企业的运营成本，还能显著提升整个产业链的环保绩效，推动生态文明建设与经济发展的深度融合。

（4）加强技术创新和人才培养

在循环经济的实施路径中，加强技术创新和人才培养是不可或缺的环节。企业作为循环经济发展的主体，应充分认识到技术创新在推动资源高效利用和废弃物循环利用中的关键作用。因此，企业应加大对循环经济相关技术的研发投入力度，积极引进国内外先进的环保技术和设备，同时鼓励内部研发团队进行自主创新，开发出具有自主知识产权的高效节能、资源循环利用和污染控制技术。这些技术的突破和应用，将为企业实现生产过程的绿色化、循环化提供有力支撑。

人才是技术创新的源泉，也是循环经济得以持续发展的关键。企业应高度重视对循环经济领域人才的培养和引进工作，建立健全人才培养体系，通过校企合作、委托培养、在职培训等多种方式，提升员工的环保意识和专业技能。特别是要加大对循环经济领域高端人才的引进力度，为企业的技术创新和循环经济发展注入新的活力。通过构建结构合理、素质优良的人才队伍，企业不仅能提升自身的核心竞争力，还能在循环经济的发展中发挥引领和示范作用，带动整个产业链的绿色发展。

6.3.3　循环经济在企业中的关键领域

（1）制造业的循环经济实践

制造业作为国民经济的支柱产业，其循环经济实践对于推动整个社会经济的绿色转型具有重要意义。在制造业领域，企业积极探索循环经济模式，不仅有助于提高资源利用效率，减少环境污染，还能为企业带来长远的发展动力。

企业致力于改进生产工艺，采用更为环保和高效的生产技术，减少生产过程中的能耗和排放。例如，通过引入先进的节能技术和设备，优化生产流程，减少原材料的浪费，同时提高产品的质量和附加值。这种转变不仅有助于降低企业的生产成本，还能显著提升企业的环保形象和市场竞争力。

企业在产品设计和开发阶段就融入循环经济理念，推动产品的绿色化、轻量化设计。例如，汽车制造企业通过采用轻量化材料，降低整车重量，从而减少燃油消耗和尾气排放，提升车辆能效；电子产品制造企业则注重产品的可拆卸性和模块化设计，便于后续的维修、升级和回收利用。这些设计创新不仅延长了产品的使用寿命，降低了资源消耗，还为用户提供了更加环保、可持续的产品选择。

制造业企业还积极推广清洁生产技术，加强对生产过程中产生的废弃物的管理和处置。通过建立健全废弃物分类、收集、储存和转运体系，企业能够实现对废弃物的有效控制和资源化利用。例如，通过引入先进的废弃物处理技术，将生产废弃物转化为新的资源或能源，实现废物的减量化、资源化和无害化处理。这不仅减少了环境污染，还为企业创造了新的经济价值和社会价值。

制造业企业在循环经济实践中不断探索和创新，通过改进生产工艺、优化产品设计、推广清洁生产等举措，实现资源的高效利用和废弃物的减量化排放。这些努力不仅有助于推动制造业的绿色转型和可持续发展，也为整个社会经济的绿色发展贡献了重要力量。

（2）建筑业的循环经济实践

建筑业作为能源消耗和废弃物产生的大户，其循环经济发展对于推动生态文明建设具有重要意义。绿色建筑作为建筑业循环经济的核心实践，强调在建筑物的规划、设计、建造、运营、维护及拆除等全生命周期中，通过高效利用资源、保护环境和减少污染，实现人、建筑与自然和谐共生。企业在此领域的关键举措包括采用节能建材、优化建筑布局以提高自然采光与通风效率、集成可再生能源系统（如太阳能光伏板、太阳能热水系统）以及运用智能建筑管理系统来精确调控能耗。

建筑废弃物的资源化利用是建筑业循环经济的另一重要环节。建筑业每年产生大量废弃物，如混凝土碎块、废金属、废旧木材等，这些废弃物若处理不当，将严重污染环境。因此，企业需建立完善的建筑废弃物分类回收体系，将可回收材料进行分类处理并用于再生产，如混凝土碎块可加工成再生骨料用于道路铺设或基础回填，废旧木材可重新加工成板材或家具。通过此举，不仅减轻了废弃物对环境的压力，还为企业创造了新的经济增长点，促进了资源的循环利用。

推广预制装配式建筑也是建筑业循环经济的一大趋势。预制装配式建筑通过工厂化生产、现场组装的方式，减少了现场湿作业，降低了施工扬尘、噪声和水资源消耗，同时提高了建筑质量和建造效率。这种模式有效促进了建筑业的绿色转型和循环经济的发展。

建筑业的循环经济发展需从绿色建筑推广、废弃物资源化利用及预制装配式建筑等多个方面入手，通过技术创新和管理优化，实现建筑行业的绿色、低碳、可持续发展。

（3）农业的循环经济实践

农业作为国民经济的基础，其循环经济实践不仅关乎粮食安全与农村生态环境，更是推动农业可持续发展的关键路径。在循环经济的指导下，农业企业通过探索和实践有机农业和生态农业模式，实现了资源的高效循环利用和废弃物的有效管理。

有机农业拒绝化学肥料和农药的过度使用，转而依赖天然有机肥和生物防治手段，这种生产方式不仅提升了土壤肥力，减少了土壤污染，还促进了生物多样性的恢复。通过轮作休耕等制度，农业企业有效改善了土壤结构，避免了土壤退化和养分流失，确保了土地的长期生产力。此外，农业废弃物（如秸秆、畜禽粪便等）在循环经济框架下被转化为有机肥料或生物质能源，既解决了废弃物处理问题，又开辟了资源再利用的新途径。

生态农业则更进一步，强调生态系统的整体性和生物多样性保护。农业企业通过科学规划土地利用，合理配置水资源，构建多层次、多功能的农业生态系统，既满足了农业生产需求，又维护了生态平衡。例如，稻鱼共生、林果间作等生态农业模式，不仅提高了土地利用率和产出效益，还促进了生态系统中物质循环和能量流动的自然平衡，实现了经济效益与生态效益的双赢。

农业中的循环经济实践，通过有机农业和生态农业模式的推广，不仅提高了农业生产的质量和效益，还有效保护了农村生态环境，推动了农业的可持续发展。这一实践为构建资源节约型、环境友好型社会提供了有力支撑，是生态文明时代下农业企业转型升级的重要方向。

6.3.4　循环经济在企业中的成功案例

（1）海尔的循环经济实践

海尔集团作为中国家电行业的佼佼者，在推动循环经济实践中树立了行业标杆。其循环经济策略不再仅局限于产品生命周期的末端处理，而是贯穿设计、生产、销售乃至消费者使用的全过程。海尔注重从源头控制资源消耗，通过模块化设计提升产品的可拆卸性和模块化程度，便于零部件的升级替换和回收利用，显著延长了产品生命周期。此外，海尔还引入生命周期评估工具，对产品从原材料采集到废弃处理的全过程进行环境影响分析，确保每一环节都尽可能减少对环境的影响。

在废弃物管理方面，海尔构建了闭环的废弃物回收体系，实现废弃物的高效分类、资源化利用和安全处置。通过建立合作伙伴网络，海尔能够将回收的废弃物转化为再生资源，如废旧家电中的金属、塑料等得到循环利用，有效减少了对原生资源的依赖。同时，海尔还运用大数据和物联网技术优化物流体系，减少运输过程中的能源消耗和碳排放，体现了智能化与绿色化的深度融合。

在市场需求端，海尔敏锐地捕捉到了消费者对环保产品的偏好，大力推广节能高效的家电产品，如变频空调、智能节能冰箱等，不仅满足了消费者对生活品质的追求，也促进了绿色消费观念的普及。海尔还积极参与国内外绿色标准制定，推动行业绿色化转型，展现了企业领导者的责任和担当。这一系列举措不仅巩固了海尔的市场领先地位，更为中国乃至全球企业的循环经济实践提供了宝贵经验和示范。

（2）宝马的循环经济实践

宝马汽车在循环经济领域的实践，是其作为全球汽车行业领军企业展现出的前瞻视野与责任感。宝马不仅致力于在传统燃油车领域通过技术创新减少对环境的影响，更在电动汽车领域积极布局，引领汽车行业向低碳、绿色转型。宝马的轻量化材料应用，如高强度钢、铝合金以及碳纤维复合材料等，不仅减轻了车辆自重，提高了燃油效率，还显著降低了能耗和碳排放。同时，宝马不断优化车身结构设计，减少风阻，进一步提升能效。

在废旧车辆处理方面，宝马建立了覆盖全球的高效回收体系，确保每一辆废旧车辆都能得到合理的分类回收与再利用。宝马通过先进的拆卸技术，将废旧车辆中的有用部件进行再制造或材料回收，如电池、电机等高价值组件，实现了资源的最大化利用。这一举措不仅减少了废弃物对环境的影响，还促进了循环经济的发展。

宝马在电动汽车领域的投入与研发，展现了其对未来出行方式的深刻理解与布局。通过推出多款高性能电动汽车及混合动力车型，宝马正逐步减少对化石燃料的依赖，降低尾气排放，为用户提供更加环保、经济的出行选择。宝马的循环经济实践，不仅体现了其作为企业公民的社会责任感，更为全球汽车行业树立了绿色发展的典范。

（3）沃尔玛的循环经济实践

沃尔玛作为全球最大的零售企业之一，在循环经济领域树立了典范，通过一系列创新举措，不仅实现了自身的绿色转型，还带动了整个供应链的环保升级。沃尔玛在推广环保包装方面不遗余力，逐步淘汰了难以降解的一次性塑料包装，转而采用可回收、生物降解或重复使用的环保材料，显著降低了废弃物产生量和环境影响。沃尔玛还优化了物流配送体系，引入先进的物流技术和管理模式，减少运输过程中的能源消耗和碳排放，提高了物流环节的绿色效率。

与供应商的合作是沃尔玛循环经济战略的重要组成部分。沃尔玛积极与供应商沟通，共同制定环保标准和目标，推广环保产品和服务。通过严格的供应商评估体系，优先选择那些在生产过程中注重节能减排、资源循环利用的企业作为合作伙伴，共同构建绿色供应链体系。这种合作模式不仅提升了沃尔玛的环保形象，也促进了供应商企业的绿色转型和产业升级。

沃尔玛还注重引导消费者参与环保行动，通过多种渠道宣传环保理念，提高消费者的环保意识。例如，沃尔玛在门店内设置环保购物袋销售点，鼓励消费者减少一次性塑料袋的使用；同时，通过举办环保主题活动、发放环保手册等方式，普及环保知识，引导消费者选择绿色、低碳的生活方式。这些举措不仅有助于提升沃尔玛的社会责任感和品牌形象，也为推动全社会形成绿色消费风尚贡献了力量。综上所述，沃尔玛通过循环经济实践，不仅实现了经济效益与环境效益的双赢，还为全球零售业树立了绿色发展的标杆。

循环经济作为生态文明时代下的重要发展模式之一，正逐步成为企业转型升级和可持续发展的重要途径。企业在实施循环经济过程中应积极响应政策法规的推动、适应市场需求的转变以及应对资源环境约束的挑战。通过构建循环经济管理体系、优化产品设计和生产流程、建立废弃物回收和处理体系以及加强技术创新和人才培养等措施，企业可以在循环经济领域取得显著成效并实现经济效益与环境效益的双赢。随着全球对可持续发展的重视程度不断提高以及消费者对环保产品和服务的需求不断增长，循环经济将在企业发展中发挥更加重要的作用，并为全球生态文明建设贡献力量。

6.4　可持续发展报告与信息披露

在生态文明观的大背景下，企业的可持续发展能力和环境表现越来越受到社会各界的关注。作为增强透明度、促进信任与责任的重要途径，可持续发展报告与信息披露成为企业向利益相关方展示其环境、社会和治理绩效的关键方式。本节将从可持续发展报告的重要性、编制原则、内容框架以及信息披露的策略和挑战与对策四个方面，深入探讨企业在生态文明时代下如何有效进行可持续发展报告与信息披露。

6.4.1 可持续发展报告的重要性

（1）提升企业形象与品牌价值

在生态文明时代，企业可持续发展报告的重要性越发凸显，其中提升企业形象与品牌价值是不可忽视的一环。随着公众环保意识的普遍提升和消费者对企业社会责任的关注加深，企业发布详尽且透明的可持续发展报告，不仅能够彰显其对环境保护的承诺与实践，还能有效传达企业在推动社会福祉和经济可持续增长方面的积极作为。这一举措不仅回应了市场需求的变化，也顺应了全球绿色发展的潮流。

企业通过可持续发展报告系统梳理和展示其在绿色生产、节能减排、资源循环利用以及社会公益等方面的成果与贡献，这种开放与诚实的沟通方式极大地增强了公众对企业的信任与认同。报告中所体现的企业长远眼光和社会责任感，有助于塑造企业积极正面的公众形象，进而提升其品牌的市场吸引力和影响力。此外，对于投资者而言，可持续发展报告也是评估企业潜在风险与长期价值的重要依据，有助于吸引更多寻求稳健回报与社会责任的资本流入，进一步巩固企业的市场地位。

可持续发展报告作为企业与外部世界沟通的桥梁，其重要性不仅在于信息的披露，更在于对企业形象与品牌价值的深远影响。它不仅是企业对内自我审视与提升的契机，也是对外展示企业价值与社会担当的窗口，对于推动企业可持续发展、增强市场竞争力具有不可替代的作用。

（2）引导企业决策与战略方向

可持续发展报告的编制过程不仅是对企业过往环境、社会及治理绩效的全面回顾与总结，更是对未来发展方向的战略性布局。这一过程促使企业从数据出发，系统分析在可持续发展领域的实际表现，识别出关键影响因素与潜在风险点。基于这些详尽的数据支撑，企业能够做出更加精准、科学的决策，确保战略方向与可持续发展目标紧密相连。

可持续发展报告所呈现的信息，如同一面明镜，让企业领导者清晰地看到企业在环境保护、社会责任承担以及内部治理机制建设等方面的实际成效与差距。这种透明度不仅增强了企业内部的自省能力，也为外部利益相关者提供了客观评价企业的依据，从而推动企业不断自我完善，向更高层次的可持续发展迈进。通过定期发布可持续发展报告，企业不仅能够巩固现有市场地位，更能吸引那些注重企业社会责任的投资者和消费者，形成良性循环，促进企业在经济效益与社会效益的双重驱动下稳健前行。

（3）促进国际交流与合作

在全球经济一体化的大背景下，可持续发展已成为国际社会的共识。企业通过编制和发布符合国际标准的可持续发展报告，不仅是对自身环保行动和社会责任的公开承诺，更是促进国际交流与合作的重要途径。这有助于跨越文化和制度差异，建立基于共同环保理念的国际合作平台。

国际投资者和合作伙伴在评估企业价值时，越来越重视其在可持续发展方面的表现。因此，一份详尽、透明的可持续发展报告，能够增强国际投资者和合作伙伴的信心，为企业吸引更多的国际合作机会。同时，参与国际可持续发展标准和框架的制定与讨论，也有助于企业掌握国际环保趋势，引领行业绿色转型。

企业间的可持续发展经验分享和技术交流，通过国际平台得以加速，共同推动全球环境治理和生态保护水平的提高。可持续发展报告不仅是企业内部管理的重要工具，更是促进企业融入全球可持续发展网络、加强国际合作与交流的关键纽带。

6.4.2　可持续发展报告的编制原则

（1）真实性原则

在生态文明时代的背景下，可持续发展报告的编制必须坚守真实性原则，这是保障报告价值与企业信誉的基石。真实性原则要求企业在报告编制过程中，对待每一项数据和信息都需秉持高度负责的态度，确保它们的真实性、准确性和完整性。这不仅是对报告阅读者的尊重，更是企业对社会、对环境的庄重承诺。

为实现真实性原则，企业应构建一套科学严谨的数据收集、验证与披露机制。首先，明确数据来源渠道，确保数据的原始性和可追溯性，避免采用未经核实的二手数据。其次，建立跨部门协作的数据验证团队，对收集到的数据进行交叉核对，确保数据的准确无误。最后，引入第三方审计机构，对报告内容进行独立验证，增强报告的公信力。

企业在报告中应如实披露生产经营活动中对环境的影响，包括资源消耗、污染物排放以及所采取的环保措施和成效。对于存在的环境问题，不应回避或掩饰，而应坦诚面对，并提出切实可行的改进方案。这种透明的信息披露方式，不仅有助于提升企业的社会形象，更能促进企业不断改进环境管理，实现可持续发展目标。

真实性原则是可持续发展报告编制过程中不可动摇的基石。企业只有坚持真实性原则，才能确保报告的价值和意义，赢得社会各界的信任和支持，为企业的长远发展奠定坚实的基础。

（2）平衡性原则

企业在编制可持续发展报告时，平衡性原则是至关重要的。这一原则要求企业在报告中全面而均衡地展现其在环境、社会和治理三个维度上的表现，既要突出企业在环境保护、节能减排、资源循环利用等方面的努力和成效，也要正视企业在社会责任、员工福利、供应链管理等方面存在的不足与挑战。通过提供客观、透明的信息，企业能够增强报告的公信力，满足内外部利益相关者的多元化需求。

具体而言，企业在编制可持续发展报告时，应确保报告内容不仅涵盖正面的成就和进步，还应如实反映存在的问题和改进措施。这种开放和诚实的态度有助于建立企业与利益相关方之间的信任关系，促进企业不断改进和提升可持续发展能力。同时，平衡性原则还强调企业在环境、社会和治理方面的综合表现，避免片面追求某一方面的成果而忽视其他方面的协调发展。通过全面展现企业的可持续发展战略和实践，企业能够向外界传递出积极、负责任的形象，为企业的长期发展奠定坚实的基础。

（3）可比性原则

在编制可持续发展报告时，可比性原则占据至关重要的地位。为了确保报告内容能够跨企业、跨行业乃至跨国界进行有效对比，企业应严格遵循国际通用的可持续发展报告编制标准和指南。这些标准往往基于全球共识，对关键绩效指标（KPIs）的选择、计算方法和披露格式进行了明确规范。通过遵循这些标准，企业能够确保报告数据的一致性和可比性，从而使得不同企业在可持续发展方面的表现能够置于同一评价尺度之下。

企业在编制报告时，应审慎选择那些既符合自身实际情况又具有行业代表性的 KPIs，确保这些指标能够真实反映企业在环境、社会和经济三方面的可持续发展绩效。同时，采用标准化的计算方法和统一的披露格式，可以避免因方法差异而导致的不可比问题，使报告更加客观、透明。这种基于国际标准的报告编制方式，不仅有助于企业内部的持续改进，还能够促进企业间的交流与学习，共同推动全球可持续发展的深入实践。坚持可比性原则，是企业编制高质量可持续发展报告、展现其可持续发展承诺与实际行动的必由之路。

6.4.3　可持续发展报告的内容框架

（1）企业概况与愿景

报告应首先介绍企业的基本情况、发展历程和愿景使命等背景信息。这有助于读者了解企业的基本情况和战略定位，为后续内容的解读提供基础。同时，企业可以通过阐述其可持续发展理念和实践路径，展示其在生态文明时代下的责任和担当。

（2）环境绩效

环境绩效是可持续发展报告的核心内容之一。报告应详细披露企业在节能减排、资源节约、污染防治等方面的具体行动和成效。这包括但不限于温室气体排放、能源消耗、水资源利用、废弃物处理以及生物多样性保护等方面的数据和指标。通过客观呈现环境绩效数据，企业可以向外界展示其在环境保护方面的努力和成果。

（3）社会贡献与责任

除了环境绩效外，报告还应关注企业在社会贡献和责任方面的表现。这包括员工福利、供应链管理、客户关系、社区参与以及公益事业等方面的内容。企业应通过具体案例和数据展示其在促进社会和谐、增进员工福利、推动社区发展等方面的努力和成果。这有助于提升企业的社会形象和品牌价值。

（4）治理结构与风险管理

治理结构是企业可持续发展的重要保障。报告应详细介绍企业的公司治理结构、决策机制以及风险管理等方面的内容。这包括董事会和监事会的构成与运作、内部控制制度的建立与执行以及风险识别与应对策略等方面的信息。通过披露这些信息，企业可以向外界展示其良好的治理水平和风险应对能力。

（5）未来展望与行动计划

最后，企业应在报告中阐述其未来发展的方向和行动计划。这包括企业在未来一段时间内将要实现的可持续发展目标、采取的具体措施以及预期的效果等方面的内容。通过明确未来发展方向和行动计划，企业可以向利益相关方传递积极的信号和信心，促进各方共同参与和支持企业的可持续发展事业。

6.4.4　信息披露的策略、挑战与对策

（1）信息披露的策略

企业在策划可持续发展信息披露时，精准定位受众是首要任务。这要求企业深入了解不同利益相关者的信息需求与关注点，包括投资者、消费者、员工、政

府监管机构、非政府组织以及社会公众等。通过市场调研、利益相关方参与机制等方式，企业可以收集到多元化的反馈意见，为信息披露的内容与形式提供决策依据。精准定位有助于企业量身定制信息披露方案，使信息更加贴近受众的实际需求，提高信息的针对性和有效性。

强化数据支撑是信息披露的核心策略之一。在生态文明背景下，可持续发展绩效的评价往往依赖翔实的数据基础。企业应建立健全环境、社会和治理数据管理体系，确保数据的真实性、准确性和完整性。这包括但不限于能耗数据、减排成效、资源利用效率、供应链管理中的环保表现、员工权益保障、社区贡献等多方面的量化指标。通过采用先进的数据分析技术和工具，企业可以对海量数据进行深度挖掘，揭示内在规律和趋势，为信息披露提供有力支撑。同时，引入第三方审计和认证机制，能够进一步提升数据的公信力和可信度，增强信息披露的说服力。

创新披露方式是提升信息披露效果的关键。随着信息技术的发展，数字化、可视化和交互式的信息呈现方式日益受到青睐。企业可以充分利用这些技术手段，设计出生动、直观、易于理解的报告内容。例如，通过图表、动画、视频等形式展示节能减排成效、社会责任项目进展、供应链管理优化等亮点内容，使报告更加吸引人眼球。此外，利用社交媒体、企业官网、在线平台等多元化渠道发布信息披露内容，可以扩大信息的传播范围，提高受众的覆盖率和参与度。企业还可以考虑开发专门的可持续发展信息披露平台，提供定制化查询服务，满足不同利益相关方的个性化需求。

在创新披露方式的同时，企业还应注重信息披露的透明度和互动性。透明度是建立信任的基础，企业应主动公开关键指标、数据来源、计算方法等详细信息，避免信息模糊和误导。通过设立专门的投资者关系部门或客服热线，及时回应外界关切和疑问，建立有效的沟通机制。同时，鼓励利益相关方参与信息披露的过程监督与反馈，形成双向互动的良性循环。这种透明且互动的信息披露方式，不仅能提升企业的公信力，还能促进企业与社会各界的深度交流与合作。

企业在实施可持续发展信息披露策略时，应紧密结合生态文明时代的要求和利益相关方的需求变化，精准定位受众、强化数据支撑、创新披露方式并注重透明度和互动性。通过这些策略的有效实施，企业可以构建起全面、准确、及时的可持续发展信息披露体系，为推动绿色转型、增强市场信任贡献重要力量。同时，这也是企业展现社会责任感、提升品牌形象、实现可持续发展的重要途径之一。

（2）信息披露的挑战与对策

在生态文明时代下，企业可持续发展报告与信息披露不仅是企业履行社会责任的具体体现，也是促进社会各界对企业环保实践了解与监督的重要途径。然而，在实际操作过程中，信息披露面临着诸多挑战，需要企业采取有效对策加以应对。

数据收集与验证的复杂性主要源于可持续发展涉及的广泛领域，包括但不限于环境绩效、社会责任、公司治理等多个方面。这些数据的分散性、多样性和动态性，使得全面、准确地收集与验证变得尤为困难。为解决这一问题，企业可采取以下策略。

一是建立跨部门、跨领域的数据收集与验证机制。通过成立专门的可持续发展管理部门或委员会，协调各业务部门共同参与数据收集工作，确保数据的全面性和一致性。同时，引入专业的数据验证流程，利用统计方法和数据比对技术，提高数据的准确性和可靠性。

二是加强与第三方机构的合作与交流。第三方机构拥有专业的数据收集与验证能力，能够为企业提供客观、中立的数据支持。通过委托第三方机构进行数据审核与验证，可以有效提升数据的公信力，增强报告的权威性。

三是采用先进的数据分析和挖掘技术。随着大数据、人工智能等技术的快速发展，企业可以利用这些技术手段对数据进行深度挖掘和分析，发现数据背后的规律和趋势，为可持续发展策略的制定提供科学依据。

当前，国内外关于可持续发展信息披露的标准尚未统一，导致企业在信息披露过程中面临诸多困惑。不同国家和地区、不同行业间的信息披露要求存在差异，增加了企业的操作难度和成本。为应对这一挑战，企业可采取以下对策。

一是积极关注国内外相关标准和指南的动态变化。企业应及时跟踪国际可持续发展报告准则（如 GRI 标准）、各国政府及行业协会发布的相关政策文件，了解信息披露的最新要求和趋势。同时，加强与国内外同行的交流与合作，分享信息披露的经验和教训。

二是结合自身实际情况制定符合自身特点的信息披露标准。在遵循国际通用标准的基础上，企业应根据自身的业务特点、行业属性和发展需求，制定具有针对性和可操作性的信息披露标准。这既有助于提升信息披露的准确性和有效性，又能更好地展现企业的独特价值和竞争优势。

不同利益相关方对企业可持续发展信息的需求存在差异，包括投资者、客户、员工、政府、非政府组织等。为了满足多样化需求并平衡各方利益诉求，企业可采取以下措施。

一是建立多方参与的沟通机制。通过定期召开可持续发展报告发布会、投资者交流会等，邀请利益相关方共同参与讨论和交流。通过面对面的沟通，了解不同利益相关方的关注点和需求，为信息披露提供有针对性的指导和建议。

二是加强利益相关方的调研与分析工作。通过问卷调查、访谈等方式收集利益相关方的意见和建议，深入分析其需求和期望。根据调研结果调整信息披露的内容和形式，确保信息的针对性和实用性。

三是根据实际需求定制个性化的信息披露方案。针对不同利益相关方的需求和偏好，企业可以定制个性化的信息披露方案。例如，为投资者提供详细的财务指标和环境绩效数据；为客户展示产品的环保特性和社会责任表现；为员工介绍企业的员工福利和职业发展机会等。通过个性化的信息披露方案，企业可以更好地满足利益相关方的需求，提升其对企业的认同感和支持度。

企业在编制可持续发展报告与信息披露的过程中面临诸多挑战，但通过采取有效的数据收集与验证策略、积极应对信息披露标准不统一的问题以及满足利益相关方多样化需求的措施，企业可以不断提高信息披露的质量和水平，为生态文明建设和可持续发展贡献力量。

第7章

生态文明时代下的消费者行为

7.1 绿色消费观念的兴起

随着生态文明建设的深入推进和公众环保意识的不断增强，绿色消费观念在全球范围内逐渐兴起，成为推动经济社会可持续发展的重要力量。绿色消费不仅体现了消费者对健康、环保生活的追求，也反映了现代社会对可持续发展模式的深刻认同。本节将从绿色消费的定义与特征、兴起背景、影响因素以及发展趋势四个方面，深入剖析绿色消费观念的兴起及其对社会经济的深远影响。

7.1.1 绿色消费的定义与特征

绿色消费，是指在满足自身需求的同时，注重选择对环境影响较小、资源消耗较低的产品和服务，以减少对环境的污染和破坏，促进资源节约和循环利用的消费行为。绿色消费具有以下几个显著特征。

环保性。绿色消费的核心在于环保意识，消费者在购买商品和服务时，优先考虑产品的环保性能，如可降解性、无毒无害、低能耗等，以减少对环境的污染。

可持续性。绿色消费追求的是长期的可持续发展，鼓励消费者选择那些能够促进资源循环利用、减少浪费的产品，以实现经济的绿色转型和生态平衡。

健康性。绿色消费也关注消费者的健康需求，倾向于选择无污染、无添加剂、有机认证的产品，以保障食品安全和身体健康。

责任性。绿色消费体现了消费者的社会责任感，通过选择环保产品和服务，为保护环境、促进可持续发展贡献自己的力量。

7.1.2 绿色消费观念的兴起背景

绿色消费观念的兴起，是多种因素共同作用的结果，主要可以归结为以下几个方面。

（1）生态环境压力的日益加剧

在工业化与城市化浪潮的推动下，全球经济取得了前所未有的发展成就，但这一进程也伴随着生态环境严重破坏的沉重代价。随着工业生产规模的不断扩大和城市化进程的加速，空气污染、水体污染、土壤退化以及生物多样性丧失等环境问题日益凸显，严重制约了人类的可持续发展。空气污染导致的雾霾天气频发，不仅影响了居民的生活质量，更对公众健康构成了长期威胁；水体污染则导致水资源短缺和水质恶化，直接威胁到农业灌溉、工业生产及居民饮水安全；土壤退化则削弱了土地的生产能力，影响了粮食安全和生态安全；生物多样性丧失则破坏了自然界的生态平衡，对地球生命系统的稳定性和恢复力构成了重大挑战。

面对这一系列严峻的环境问题，社会各界开始深刻反思传统的消费模式及其对环境造成的负面影响。传统的消费观念往往追求物质享受和即时满足，忽视了消费行为的长期环境影响。这种消费模式不仅加剧了资源消耗和环境污染，还导致了资源浪费和生态破坏的恶性循环。因此，随着生态环境压力的日益加剧，绿色消费观念逐渐兴起，成为一种新的生活态度和价值取向。绿色消费强调在满足基本生活需求的同时，注重环境保护和资源节约，倡导消费者选择环保、低碳、可循环利用的产品和服务，以实现经济、社会与环境的协调统一。这一消费观念的转变，不仅是对生态环境压力的积极回应，更是推动经济社会可持续发展的重要力量。

（2）环保意识的普遍提升

环保意识的普遍提升，是绿色消费观念兴起不可或缺的社会基础。近年来，随着全球范围内环境问题的日益凸显，以及气候变化、生物多样性丧失等严峻挑战的加剧，公众对于环境保护的认知达到了前所未有的高度。教育体系的不断完善，特别是生态文明教育被纳入国民教育体系之中，使得各个年龄段的人群都能接受到环保知识的普及和教育，这极大地促进了公众环保意识的觉醒和深化。

信息技术的飞速发展也为环保意识的传播提供了强大的助力。互联网、社交媒体等平台的广泛应用，使得环保信息能够迅速、广泛地传播至社会的各个角落。通过图文并茂、生动有趣的多媒体内容，公众得以直观感受到环境污染的危害，了解到绿色生活的重要性和紧迫性。这种跨越地域、无界限的信息交流方式，极大地激发了公众的环保热情，推动了环保理念的深入人心。

随着人民生活水平的提高和消费观念的转变，越来越多的消费者开始将环保因素纳入购物决策之中。他们倾向于选择那些符合环保标准、生产过程对环境影响较小的产品，即绿色产品。这种消费偏好的变化，进一步促进了绿色消费市场的形成和发展，为绿色消费观念的普及提供了有力支撑。

（3）政策法规的推动

政策法规在推动绿色消费观念的兴起中扮演了至关重要的角色。政府为积极应对日益严峻的环境问题，促进生态文明建设，制定并实施了一系列旨在鼓励绿色消费的政策法规。这些政策措施不仅体现了政府对绿色发展的坚定承诺，也为绿色消费市场的培育提供了坚实的制度保障。具体而言，政府通过实施绿色税制（如环保税、碳税等）将环境污染和资源消耗的外部成本内部化，增加了非绿色产品的成本，从而引导消费者更倾向于选择绿色、环保的产品。同时，政府还大力推广绿色产品认证制度，通过第三方权威机构的严格评估，确保市场上流通的绿色产品真实可信，为消费者提供明确的消费指引。

政府还应积极开展绿色消费教育，将环保理念和绿色消费知识纳入国民教育体系，通过学校教育、社会宣传等多种渠道，提高公众的环保意识和绿色消费能力。这些政策措施相互配合、协同作用，不仅促进了绿色消费市场的繁荣发展，还有效提升了全社会的绿色消费水平和生态文明建设成效。随着这些政策法规的深入实施，绿色消费观念日益深入人心，成为推动经济社会可持续发展的重要力量。

（4）市场需求的转变

在生态文明观的引领下，市场需求的转变成为绿色消费观念兴起的重要背景之一。随着社会经济的发展和人民生活水平的提高，消费者对生活品质的要求不再局限于物质层面的满足，而是越发注重精神层面的追求与环境的可持续发展。这一转变促使消费者在选择商品时，不仅考虑其实用性和性价比，更将产品的环保性能纳入考量范围。绿色、低碳、环保等标签逐渐成为吸引消费者的关键因素。

在此背景下，市场需求呈现出对绿色产品前所未有的热情。消费者开始主动寻求那些在生产、包装、使用及废弃处理全过程中尽可能减少对环境影响的商品。他们愿意为这些产品支付溢价，以示对环境保护的支持和认可。这种趋势不仅推动了绿色消费市场的快速扩张，也激励了企业加大绿色产品的研发与生产力度，以满足日益增长的绿色消费需求。

市场需求的这一转变，从根本上改变了传统消费模式，促使企业不得不重新审视和调整自身的发展战略。企业开始意识到，只有通过技术创新和产业升级，才能生产出符合市场需求、引领绿色消费潮流的产品，从而在激烈的市场竞争中占据有利地位。因此，市场需求的转变不仅为绿色消费观念的普及奠定了基础，更为生态文明建设和可持续发展目标的实现注入了强大动力。

7.1.3 绿色消费观念的影响因素

绿色消费观念的兴起受到多种因素的影响，主要包括个体因素、社会因素和市场因素三个方面。

（1）个体因素

收入水平。收入水平是影响消费者购买力的关键因素。一般来说，随着收入水平的提高，消费者更有可能选择高品质、高环保性能的产品。然而，绿色产品往往价格较高，因此需要消费者具备一定的经济能力。

教育背景。教育背景对消费者的环保意识和消费观念具有重要影响。受过良好教育的人通常更关注环境问题，更容易接受绿色消费观念，并将其付诸实践。

价值观念。消费者的价值观念也是影响绿色消费的重要因素。具有社会责任感和环保意识的消费者更倾向于选择绿色产品和服务。

（2）社会因素

社会规范与舆论。社会规范与舆论环境对消费者的行为具有重要影响。当绿色消费成为一种社会潮流和道德标准时，消费者更容易受到感染和影响，积极参与绿色消费。

群体压力与示范效应。群体压力与示范效应也是影响绿色消费的重要因素。当身边的人开始实践绿色消费时，个体往往会受到群体压力的影响，模仿并加入绿色消费的行列。同时，意见领袖和明星的示范效应也能激发消费者的绿色消费热情。

（3）市场因素

产品供给与价格。市场上绿色产品的供给情况与价格水平直接影响消费者的选择。当绿色产品种类丰富、价格适中时，消费者更容易接受并实践绿色消费。

营销策略与推广。企业的营销策略与推广手段对绿色消费的普及具有关键作用。通过有效的营销传播和品牌建设，企业可以引导消费者关注绿色产品、了解绿色消费的好处，从而促进绿色消费观念深入人心。

7.1.4 绿色消费观念的发展趋势

随着生态文明建设的深入推进和消费者环保意识的不断提高，绿色消费观念将呈现以下发展趋势。

（1）绿色消费将更加普及化、大众化

随着环保教育的深入普及和社会对可持续发展理念的广泛认同，绿色消费观念正逐步深入人心，其普及化和大众化的趋势越发明显。这一变化不仅源于政府、企业和社会组织持续不懈的环保宣传与教育，更得益于绿色产品的不断丰富与创新，使得绿色消费更加贴近消费者的实际需求。未来，绿色消费将不再局限于特定群体或小众市场，而是逐步融入人们的日常生活，成为一种普遍的生活方式和价值观体现。

随着市场供给的增加，绿色产品的种类日益繁多，涵盖了食品、家居、出行、电子等多个领域，满足了不同消费者的多元化需求。这种市场趋势进一步激发了大众对绿色消费的兴趣与热情，促使更多消费者主动选择环保标志产品，关注产品的全生命周期环境影响，从而推动了绿色消费的普及化进程。

绿色消费观念的普及也反映了社会整体价值观的转变。人们开始意识到，绿色消费不仅是保护环境的个人责任，更是促进经济社会可持续发展的重要途径。这种价值观的转变，使得绿色消费不再仅仅是一种选择，而是一种必然的社会趋势，引领着全民共同参与生态文明建设，为实现人与自然和谐共生的美好愿景贡献力量。因此，绿色消费的普及化、大众化趋势，不仅体现了消费者环保意识的提升，更是推动生态文明建设和经济社会可持续发展的重要力量。

（2）绿色消费将更加多元化、个性化

在生态文明观的推动下，绿色消费观念正逐步深化，其发展趋势呈现出多元化与个性化的显著特点。随着环保意识的普及和消费者教育水平的提高，消费者对于绿色产品的认知不再局限于简单的“环保”标签，而是更加注重产品的实际环保效益与个人价值观的契合度。这种转变促使企业不断创新，开发出更加多样化的绿色产品和服务，以满足不同消费者群体的特定需求。

绿色消费的多元化体现在两个方面。一方面，产品类型日益丰富，涵盖了从日常消费品到高端耐用品的广泛领域，如环保家居用品、绿色出行工具、可持续时尚服饰等；另一方面，绿色消费的领域也在不断拓展，从个人消费延伸至公共服务、商业运营等多个层面，形成了全方位、多层次的绿色消费生态。

个性化需求成为绿色消费发展的另一重要驱动力。消费者不再满足于市场提供的标准化绿色产品，而是期望能够根据自己的生活习惯、健康理念乃至审美情趣来定制个性化的绿色消费方案。这种个性化趋势促使企业在产品设计、生产、销售等各个环节更加注重消费者体验，通过提供定制化服务、增强产品互动性等方式，满足消费者的独特需求。

（3）绿色消费将成为企业竞争的新焦点

随着全球经济一体化和消费者环保意识的日益增强，绿色消费观念在全球范围内迅速普及，成为推动企业转型升级和市场竞争格局变化的重要力量。在这一背景下，绿色消费不仅体现了消费者对环境保护的责任与担当，更成为企业竞争的新焦点。

企业为提升市场竞争力，纷纷加大绿色技术研发力度，力求在产品生产全周期中融入环保理念，减少资源消耗和环境污染。同时，积极推广绿色产品认证，通过第三方权威机构的评估，确保产品的绿色属性得到市场认可，为消费者提供可信赖的绿色选择。此外，企业还不断创新绿色营销策略，通过线上线下多渠道宣传绿色消费理念，引导消费者关注产品的环保性能，增强品牌的社会责任感和公信力。

面对绿色消费市场的广阔前景，企业间的绿色合作与共享趋势日益明显。通过产业链上下游企业的紧密协作，共同推进绿色技术研发、产品生产、物流配送等环节的绿色化改造，实现资源共享和优势互补，降低单个企业的运营成本，提高整体绿色竞争力。这种合作模式不仅有助于加快绿色消费市场的成熟与发展，还能促进产业结构的优化升级，推动经济向更加绿色、低碳、可持续的方向发展。

（4）政策支持将更加完善有力

在生态文明观的理念指导下，绿色消费观念的普及与推广正日益受到政府的重视与扶持。随着国家对生态文明建设步伐的加快，绿色消费领域的政策支持将更加完善有力。政府将不再局限于口头倡导，而是会通过一系列具有实操性的政策措施，全面激发绿色消费市场的活力。一方面，政府将致力于构建科学合理的绿色消费政策法规体系，明确绿色产品的认定标准与消费激励措施，确保绿色消费有法可依、有章可循；另一方面，建立健全绿色消费市场监管机制，加大对虚假宣传、质量不达标等违法行为的打击力度，维护绿色消费市场的公平竞争环境。

政府将充分利用财政、税收等经济杠杆，加大对绿色消费的支持力度。通过提供财政补贴、税收减免等优惠政策，直接降低绿色产品的生产成本和消费者购买成本，从而增强绿色产品的市场竞争力，激发消费者的购买欲望。此外，政府还将推动绿色金融体系的发展，鼓励金融机构创新绿色信贷、绿色保险等金融产品，为绿色消费提供多样化的金融服务支持。

绿色消费观念的兴起是生态文明建设和可持续发展理念的生动体现。随着社会各界对环保问题的关注和消费者环保意识的提高，绿色消费将成为未来消费领域的重要趋势和发展方向。企业和政府应积极响应这一趋势变化，加强合作与创新实践，共同推动绿色消费市场的繁荣与发展。

7.2 消费者选择与环境影响

在生态文明观日益深入人心的背景下，消费者的选择行为不再仅仅是个人偏好的体现，更逐渐成为推动社会可持续发展的重要力量。消费者的每一次购买决策，都在无形中影响着资源的配置、环境的负担以及社会的整体发展方向。因此，深入探讨消费者选择与环境影响之间的关系，对于促进绿色消费、推动生态文明建设具有重要意义。

7.2.1 消费者选择行为的环境维度

消费者在选择商品和服务时，通常会基于多种因素进行权衡，如价格、质量、品牌、功能等。然而，在生态文明观的视角下，环境因素也应成为消费者决策过程中不可或缺的一部分。具体而言，消费者在选择过程中应充分考虑产品的环境影响，包括资源消耗与能源使用、废物产生以及产品生命周期结束后的处理方式等。

（1）资源消耗与能源使用

在生态文明观框架下，消费者选择行为的环境维度日益凸显，其中资源消耗与能源使用是不可忽视的重要方面。随着全球资源约束的加剧和环境保护意识的提升，消费者在购买决策中越发关注产品的资源密集度和能效水平。他们开始倾向于选择那些在生产过程中资源消耗较少、材料可再生的产品，以此减少对有限自然资源的过度开采和环境压力。例如，在购买服装时，消费者可能更倾向于选择由有机棉、竹纤维等可再生、可降解材料制成的衣物，而非依赖大量化肥农药的传统棉织品。

在家电、汽车等能耗较高的商品领域，能效水平成为消费者选择的关键指标。消费者会倾向于购买能效等级更高的家电产品，如能效等级达到一级或二级的冰箱、空调等，这些产品不仅能在使用过程中显著减少电能消耗，还能通过节能技术降低运行成本，符合生态文明理念下节能减排的要求。对于汽车消费，新能源汽车尤其是电动汽车因其零排放或低排放的特性，受到越来越多环保消费者的青睐，成为推动汽车产业绿色转型的重要力量。

消费者在选择商品时，通过考量产品的资源消耗与能源使用效率，不仅体现了个人环保意识的提升，也为推动整个社会的绿色消费模式转型贡献了力量。这种趋势促使企业不断优化产品设计和生产流程，提升产品的环保性能，从而在实现经济效益的同时，更好地履行社会责任，促进经济、社会与环境的协调发展。

（2）废物产生与回收处理

在生态文明时代的视角下，消费者选择行为的环境维度日益凸显，特别是废物产生与回收处理环节，成为衡量消费行为绿色化程度的重要指标。随着环保意识的普及和提升，消费者在选择商品和服务时，不再仅仅关注其价格、品质与功能，而是更加注重产品在整个生命周期中对环境的影响，包括使用后的废物产生量及回收处理便利性。

现代消费者倾向于选择那些在生产过程中减少资源消耗、使用后易于回收再利用或降解的产品。例如，购物时，他们可能更倾向于携带可重复使用的购物袋，减少一次性塑料袋的使用；在电子产品领域，消费者偏好购买支持回收计划、提供旧设备以旧换新的品牌，以此促进资源的循环利用。

社会对于废物回收处理的重视也影响了消费者的行为选择。消费者开始主动分类投放垃圾，关注社区及公共场所的回收设施是否完善，甚至参与家庭堆肥等环保活动。这种趋势促使企业不得不重新审视产品设计、包装和售后服务策略，以符合消费者对环保的需求。企业不仅需减少产品包装材料的使用，还需开发易于回收的材料，并在销售环节提供清晰的回收指南，以引导消费者做出更加环保的选择。

（3）碳足迹与绿色标签

在生态文明时代的浪潮中，消费者选择行为的环境维度进一步拓宽，碳足迹与绿色标签作为新的考量因素，正深刻影响着市场导向与消费趋势。碳足迹，作为衡量产品全生命周期中温室气体排放量的指标，已成为消费者评估产品环保性能的重要依据。消费者在购买决策时，会主动关注产品的碳足迹信息，优先选择那些在生产、运输、使用及废弃处理各环节中碳排放较低的产品，以此支持低碳环保的生产方式，共同应对全球气候变化挑战。

绿色标签，则是企业向消费者传递产品环保属性的重要媒介。它代表了产品通过了权威机构的环保认证，符合特定的环保标准和要求。消费者在选择商品时，往往对带有绿色标签的产品更加信赖，认为这些产品更符合可持续发展的理念。绿色标签不仅为企业提供了市场差异化的竞争优势，也促使整个行业向更加绿色、低碳的方向转型升级。

随着消费者环保意识的觉醒和消费能力的提升，对碳足迹的关注与对绿色标签的认可，将进一步推动绿色消费市场的扩大与深化。这不仅要求企业在生产过程中严格控制碳排放，实现绿色生产，还要求企业在产品营销中充分展示碳足迹数据和绿色标签信息，以增强消费者的信任度和购买意愿。同时，政府和社会各界也应加强对碳足迹计算标准的制定与推广，完善绿色标签认证体系，为消费者提供更加科学、透明、可信的环境信息，共同促进生态文明时代的绿色发展。

7.2.2　环境影响下的消费者行为变化

在生态文明观的引领下，消费者的行为正在悄然发生变化。从追求物质享受向注重精神满足转变，从盲目消费向理性消费转变，从个体利益向集体利益转变。这些变化不仅体现了消费者对环境保护的责任感和使命感，也为推动绿色消费、促进生态文明建设提供了有力支持。

（1）从物质满足到精神追求

随着生活水平的提高，消费者对物质的需求逐渐得到满足，进而转向对精神层面的追求。在消费领域，这一转变体现为消费者对产品文化内涵、设计理念和价值观的日益重视。

消费者在选择商品时，越来越倾向于那些能够触动心灵、引发共鸣的产品。他们希望通过消费来展现个人品位、追求生活美学，并寻找与自己价值观相契合的品牌和产品。这种对精神层面的追求，促使企业在产品开发过程中融入更多的文化元素和创意思维，以满足消费者日益增长的精神文化需求。

生态文明理念的普及也深刻影响了消费者的价值观和消费选择。绿色、环保、可持续等概念逐渐成为消费潮流的新标签，越来越多的消费者开始关注产品的环保性能和可持续性。他们倾向于选择那些在生产、使用和废弃处理过程中对环境影响较小的产品，以此表达对环境保护的关注和支持。

在这种背景下，企业不得不调整市场策略，将产品的文化内涵、环保性能与社会责任纳入核心竞争要素之中。通过强化品牌的文化建设、提升产品的环保标准，并积极履行社会责任，企业不仅能够赢得消费者的青睐，还能够在激烈的市场竞争中脱颖而出。这种变化不仅推动了绿色消费模式的形成与发展，也为生态文明建设和可持续发展注入了新的动力。

（2）从盲目消费到理性消费

在信息爆炸的时代背景下，消费者面对琳琅满目的商品选择和复杂多变的营销手段，曾一度陷入盲目消费的旋涡。然而，随着生态文明理念的深入人心，消费者的消费观念逐渐发生了根本性转变，从盲目追求数量与潮流转向注重品质与价值，形成了更为理性的消费态度。

在信息不对称问题依旧存在的市场环境中，消费者开始主动寻求信息，利用互联网、社交媒体等多元化渠道，对产品的性能、成分、生产过程乃至环境影响进行全面了解和评估。他们不再轻易被广告噱头和短期优惠所吸引，而是基于自身实际需求与长远利益进行考量，选择那些性价比更高、更耐用、更符合环保标准的产品。

这种理性消费的趋势，不仅体现在对产品质量与性能的关注上，更体现在对环境保护和社会责任的深刻认识上。消费者开始意识到，每一次消费选择都与地球的可持续发展息息相关。因此，他们在购买决策中，更加注重产品的环保性能，如能效等级、碳排放量、是否可循环利用等，以此促进资源的节约和环境的保护。

理性消费还体现在对品牌与企业的选择上。消费者越来越倾向于支持那些积极履行社会责任、推动绿色发展的企业和品牌。他们认为，这样的品牌不仅能够提供高质量的产品和服务，更能在社会经济发展中发挥正向作用，引领绿色消费潮流，推动生态文明建设。

（3）从个体利益到集体利益

在生态文明观的深刻影响下，消费者的行为模式正经历着一场由个体向集体的价值重塑。过去，消费者往往更多关注于满足个人需求与追求个体利益最大化，而今，随着环境问题的日益严峻和社会可持续发展理念的普及，他们开始意识到自身行为对环境和社会整体的深远影响。

这种转变体现在消费者在日常生活中的多个方面。他们不再局限于个人消费的狭隘视角，而是将自身置于更广阔的社会与环境背景中加以考量。通过选择共享经济模式，如共享单车、共享汽车等，消费者不仅享受到了便捷的服务，更在无形中减少了资源消耗和碳排放，共同促进了城市交通的绿色化进程。同时，越来越多的消费者倾向于支持那些秉持可持续发展理念的品牌，这些品牌在生产、设计、包装及回收等各个环节均体现了对环境友好的态度，从而引导了整个产业链的绿色升级。

消费者从个体利益向集体利益的转变，还体现在他们对环保活动的积极参与和环保知识的广泛传播上。他们通过社交媒体、线上线下活动等多种渠道，分享环保心得，倡导绿色生活方式，激发更多人的环保意识与责任感。这种自下而上的力量汇聚，正在形成一股推动社会生态文明建设的强大合力。

从个体利益到集体利益的转变，是生态文明时代下消费者行为变化的重要特征之一。这一转变不仅体现了消费者社会责任感的提升和公民意识的觉醒，也为推动经济社会可持续发展、构建人与自然和谐共生的美好未来奠定了坚实的基础。

7.2.3　促进绿色消费的策略与建议

为了促进绿色消费、推动生态文明建设，需要政府、企业和消费者三方面的共同努力。以下是一些具体的策略与建议。

（1）政府层面

完善环保法律法规。制定和完善与环保相关的法律法规，明确生产者、销售者和消费者的环保责任和义务。加大对违法行为的处罚力度，提高违法成本。

提供政策支持与激励。通过税收优惠、财政补贴等政策措施激励企业研发和生产绿色产品；同时为消费者提供绿色消费信贷、环保积分奖励等激励措施。

加强环保宣传教育。利用媒体、网络等渠道广泛宣传环保知识和绿色消费理念；在学校教育中融入环保教育内容，培养青少年的环保意识和责任感。

（2）企业层面

研发绿色产品。加大研发投入，开发符合环保标准的绿色产品。在产品设计、生产、包装和回收等各个环节融入环保理念和技术手段。

提供绿色服务。优化产品组合和服务模式，为消费者提供更加环保、便捷的消费体验。例如，推广共享经济模式、提供废旧产品回收服务等。

加强品牌建设。通过绿色标签、环保认证等方式提升品牌形象和市场竞争力。积极参与环保公益活动和社会责任项目展示企业的环保形象和担当。

（3）消费者层面

提升环保意识。主动学习环保知识，关注环境问题，积极参与环保活动。将环保理念融入日常生活和消费行为中，形成良好的环保习惯。

理性选择产品。在购买商品时充分考虑产品的环境影响和资源消耗。优先选择绿色、环保、可持续的产品和品牌。避免盲目消费和过度消费，减少资源浪费和环境污染。

参与环保行动。除了个人消费选择外还可以通过参与志愿服务、捐赠环保项目等方式为环保事业贡献自己的力量。形成全社会共同参与生态文明建设的良好氛围。

在生态文明观的引领下，消费者的选择行为正在发生深刻变化。这种变化不仅体现了消费者对环境保护的责任感和使命感，也为推动绿色消费、促进生态文明建设提供了有力支持。通过政府、企业和消费者的共同努力，我们有望构建一个更加绿色、低碳、可持续的消费模式，为地球的可持续发展贡献力量。

7.3 绿色营销与品牌塑造

在生态文明观的推动下，消费者行为正经历着深刻的变革，这一变革不仅体现在消费者选择行为的环境维度上，还深刻影响着企业的营销策略与品牌塑造。绿色营销作为适应这一变革的新兴策略，正逐渐成为企业赢得市场、履行社会责任的重要途径。本节将深入探讨生态文明时代下绿色营销的概念与特点、实施策略及其对品牌塑造的影响。

7.3.1 绿色营销的概念与特点

绿色营销，是指在市场营销过程中，企业充分考虑消费者和社会的环境利益，通过将环保理念融入产品设计、生产、定价、促销等各个环节，引导并满足消费者绿色消费需求的一种市场营销方式。绿色营销的核心在于平衡企业的经济效益与社会环境效益，实现可持续发展。其特点主要表现在以下几个方面。

（1）环保意识融入全过程

绿色营销作为一种现代营销理念，其核心在于将环保意识深植于企业经营的每一个环节，实现经济效益与环境保护的双赢。在生态文明观的指引下，绿色营销不再局限于产品终端的环保改进，而是将环保意识全面融入产品设计、生产、包装、销售乃至废弃处理的全过程。

在产品设计阶段，绿色营销要求企业充分考虑材料的环保性能，优先选用可再生或可降解材料，减少对自然资源的依赖和对环境的破坏。同时，通过优化产品设计，提高产品的能效比和耐用性，延长产品使用寿命，从而减少资源消耗和废弃物产生。

在生产过程中，绿色营销强调清洁生产技术的应用，通过改进生产工艺、提升设备能效、强化废弃物管理等手段，减少生产过程中的能源消耗、污染物排放和固体废弃物产生。企业需建立严格的环境管理体系，确保生产活动符合环保法规和标准。

在包装环节，绿色营销倡导简约适度、易于回收的包装设计理念，减少不必要的包装材料使用，降低包装废弃物的产生量。同时，鼓励使用可降解或生物基材料作为包装材料，提升包装的环保性能。

在销售与服务过程中，绿色营销强调信息的透明度和真实性，要求企业向消费者提供产品的碳足迹、环保认证等详细信息，帮助消费者做出更加环保的消费选择。此外，企业还应建立完善的售后服务体系，提供废旧产品回收与再利用服务，促进资源的循环利用。

在废弃处理阶段，绿色营销鼓励企业探索废弃物的无害化处理和资源化利用途径，减少废弃物对环境的污染。通过技术创新和合作模式创新，实现废弃物的减量化、资源化和无害化处理，为循环经济的发展贡献力量。

绿色营销将环保意识融入企业经营的全过程，不仅是对传统营销理念的革新，更是对生态文明建设的积极响应。通过绿色营销的实践，企业能够树立起良好的环保形象，增强市场竞争力，同时为实现经济社会的可持续发展贡献力量。

（2）满足绿色消费需求

在生态文明理念日益深入人心的背景下，绿色消费需求已成为推动市场发展的重要力量。绿色营销作为一种前瞻性的营销模式，精准捕捉到了这一市场需求的深刻变化。它不仅关注产品本身的功能性与品质，更将环保标准视为核心竞争要素，致力于为消费者提供健康、环保、可持续的产品和服务。

绿色营销通过深入了解并分析绿色消费者的需求偏好，不断创新和优化产品与服务，确保其在设计、生产、包装及废弃物处理等方面均符合环保要求。这种以消费者为中心的策略，不仅增强了消费者对品牌的认同感和信任度，还激发了他们主动寻求绿色消费的动力，进一步扩大了绿色消费市场的规模。

绿色营销还通过多样化的营销手段，如绿色广告、环保公益活动、社交媒体宣传等，积极传播绿色消费理念，引导消费者形成正确的消费观念和行为习惯。这些举措不仅有助于提升消费者的环保意识和社会责任感，也为品牌塑造了良好的社会形象，增强了品牌的美誉度和忠诚度。

绿色营销的成功实践促进了产业链上下游企业的绿色转型和升级。面对日益增长的绿色消费需求，越来越多的企业开始将环保理念融入自身的发展战略中，推动整个产业链向更加环保、可持续的方向发展。这种正向循环不仅满足了当前消费者的绿色需求，更为未来市场的可持续发展奠定了坚实的基础。

（3）强调企业的社会责任

绿色营销作为现代营销理念的重要组成部分，其核心不再仅局限于对经济效益的追求，更在于企业对社会责任的深刻践行。通过绿色营销策略，企业不仅致力于提供环保、可持续的产品与服务，更主动参与环境保护和资源节约的社会公益事业，展现出高度的社会责任感。这种策略不仅是对传统营销模式的革新，更是对企业发展理念的升华。

企业实施绿色营销，意味着在生产、流通、消费等各个环节中均采取环保措施，减少对环境的负面影响。这种全方位、全过程的绿色努力，不仅赢得了消费者的认可与尊重，更在无形中提升了企业的品牌形象。消费者在选择产品时，越来越倾向于那些具有社会责任感、积极参与环保事业的企业，这为企业带来了持续的市场竞争力。

强调企业的社会责任，不仅是绿色营销的重要特点，也是生态文明时代对企业发展的新要求。面对日益严峻的环境问题，企业作为社会经济发展的重要力量，理应承担起更多的环保责任。通过绿色营销的实践，企业不仅能实现自身的可持续发展，更能带动整个社会的绿色转型，共同推动生态文明建设的进程。

绿色营销还促进了企业与社会的和谐共生。企业通过履行社会责任，不仅提升了自身的公众形象，还加强了与消费者、政府、非政府组织等社会各界的联系与合作。这种多方共赢的局面，为企业的长远发展奠定了坚实的基础。绿色营销不仅是企业追求经济效益的手段，更是企业履行社会责任、实现社会价值的重要途径。

（4）促进可持续发展

可持续发展是人类社会面对资源环境约束的必然选择，要求在经济活动中实现经济效益、社会效益与环境效益的和谐统一。绿色营销正是这一理念的具体实践，通过倡导绿色消费、推动资源高效利用与循环利用，为可持续发展提供了强有力的市场驱动力。

在绿色营销框架下，企业不仅关注短期内的市场份额与利润增长，更着眼于长期的社会责任与环境保护。它们通过研发与推广环保产品，引导消费者转向绿色消费，减少对环境的负面影响。同时，企业还积极采用清洁生产技术，提高资源利用效率，降低生产过程中的能耗与排放。这一系列举措不仅有助于减少资源消耗与环境污染，还促进了循环经济的发展，形成了资源循环利用的良性循环。

绿色营销的可持续发展目标，要求企业在营销活动中全面贯彻环保理念，将绿色元素融入产品设计、生产、包装、销售与售后服务的全过程。这种全方位的绿色实践，不仅提升了企业的品牌形象与市场竞争力，更为消费者提供了更多环保、健康的选择，满足了他们对美好生活的向往。

绿色营销不仅是企业自身发展的需要，更是推动经济社会可持续发展的重要力量。在生态文明建设的总体要求下，企业应积极践行绿色营销理念，将可持续发展作为核心战略目标，通过不断创新与实践，为实现经济、社会与环境的协调发展贡献力量。

7.3.2　绿色营销的实施策略

（1）绿色产品开发

绿色产品开发直接关系到企业能否在激烈的市场竞争中脱颖而出，赢得消费者的青睐。在生态文明观的指引下，绿色产品开发应秉持环保、可持续的原则，从源头把控产品的环境影响。

企业应重视材料的选择与应用，优先采用可再生、可降解的自然资源或新型环保材料，减少对不可再生资源的依赖，降低废弃物产生后的环境风险。同时，通过优化产品结构，精简设计，减少不必要的材料使用，提高产品的资源利用效率。

绿色产品的设计应融入生命周期管理理念，从原材料采购、生产加工、包装运输到废弃物处理，每一个环节都需考虑其环境影响。例如，采用清洁能源进行生产，减少碳排放；优化包装设计，使其易于回收再利用；提供产品回收服务，鼓励消费者参与循环经济。

企业应加大研发投入力度，不断进行技术创新，提升绿色产品的技术含量与附加值。通过引入智能控制技术、清洁能源技术等，使产品在使用过程中更加节能高效，满足消费者对高品质生活的追求。

绿色产品开发还需关注市场需求的变化，紧跟绿色消费趋势，推出符合消费者偏好的绿色产品和服务。通过市场调研，了解消费者对绿色产品的具体需求与期望，及时调整产品策略，确保产品能够满足市场的多元化需求。

（2）绿色定价策略

在生态文明时代的背景下，绿色定价策略需兼顾产品的环保价值与市场需求，确保价格合理且能激励消费者的绿色消费行为。

企业在制定绿色定价策略时，应充分考虑产品的环保性能与生产成本。对于采用环保材料、节能减排技术生产的绿色产品，即使其生产成本可能高于传统产品，企业也应通过市场细分和差异化定价策略，适当提高其市场价格，以体现其独特的环保附加价值。同时，企业应通过透明的成本构成展示，让消费者理解并认同这一价格定位，从而增强消费者对绿色产品的信任度和购买意愿。

为了促进绿色产品的销售，企业还可以采取灵活的定价优惠措施。例如，对首次购买绿色产品的消费者给予一定的价格折扣或赠品，以吸引其尝试并认可绿色产品的优势。对于长期支持绿色产品的忠诚客户，企业可以推出会员制度，提供积分兑换、专属折扣等优惠，增强其持续购买的动力。

绿色定价策略的成功实施还需依赖企业品牌形象和市场口碑的支撑。一个具有良好环保形象和广泛市场认可度的品牌，往往能更容易地推行绿色定价策略，并获得消费者的理解和支持。因此，企业在实施绿色定价策略的同时，应加强品牌建设和市场推广，通过多种渠道宣传企业的环保理念、产品优势和绿色消费行为的社会价值，形成良好的市场氛围和消费导向。

（3）绿色渠道构建

绿色渠道的构建是绿色营销战略中不可或缺的一环，它不仅关乎绿色产品能否顺利吸引目标消费者，更是企业践行环保理念、塑造绿色品牌形象的关键举措。企业应从合作伙伴选择、销售模式创新及线上线下融合等多个维度出发，精心构建高效、可持续的绿色渠道体系。

在合作伙伴的选择上，企业应严格筛选与自身环保理念相契合的分销商、零售商等渠道伙伴。通过签订绿色合作协议，明确双方在绿色供应链管理、环保标准执行等方面的责任与义务，共同维护绿色产品的销售环境。这样的合作模式不仅有助于提升绿色产品的市场可信度，还能通过联合营销活动提高绿色消费的影响力。

在销售模式上，企业应积极探索创新路径，如设立绿色专柜、专卖店等，为消费者提供直观、专业的绿色产品体验空间。这些专门区域不仅能够集中展示绿色产品的独特优势，还能通过环保知识普及、互动体验等活动，增强消费者的环保意识和购买意愿。

随着数字技术的飞速发展，线上线下融合已成为绿色渠道构建的重要趋势。企业应充分利用电商平台、社交媒体等新媒体工具，拓宽绿色产品的市场覆盖范围。通过精准营销、个性化推荐等手段，提高绿色产品在目标消费者中的曝光度和吸引力。此外，企业还应关注线上渠道的绿色环保建设，如采用可降解包装材料、优化物流配送路径等，确保绿色产品在流通环节的可持续性。

绿色渠道的构建是一个系统工程，需要企业在合作伙伴选择、销售模式创新及线上线下融合等多个方面协同发力。通过精心构建高效、可持续的绿色渠道体系，企业不仅能够促进绿色产品的销售增长，还能够在更广泛的层面上推动生态文明建设和可持续发展目标的实现。

（4）绿色促销推广

绿色促销推广作为绿色营销体系中的重要环节，对于深化绿色消费理念、激发市场需求具有重要意义。企业应综合运用多种营销手段，创新推广策略，以有效提升绿色产品的市场认知度和消费者接受度。

在环保宣传与教育方面，企业应发挥引领作用，通过制作高质量的环保公益广告、开展绿色消费知识讲座、发布环保白皮书等形式，广泛传播绿色消费理念，增强公众的环保意识和责任感。这些活动不仅有助于提升企业的社会形象，还能潜移默化地影响消费者的购买决策，促进绿色消费风尚的形成。

企业还可以通过赞助环保公益活动、参与绿色项目合作等方式，进一步彰显企业的社会责任感和环保担当。这些举措不仅能够增强消费者对品牌的信任度和忠诚度，还能够促进社会各界对绿色消费的支持和参与，形成良好的社会示范效应。

在绿色促销推广过程中，大数据和人工智能等现代信息技术的运用显得尤为重要。通过深入挖掘和分析消费者行为数据，企业可以更精准地把握市场需求和消费趋势，为绿色产品制定个性化的促销策略。例如，利用智能推荐算法为消费者提供符合其偏好的绿色产品选择；通过社交媒体和移动应用平台向特定用户群体推送定制化的绿色消费信息，提高促销活动的针对性和有效性。

绿色促销推广的成功实施离不开企业的精心策划与持续创新。企业应紧密结合市场需求和消费趋势，综合运用环保宣传、公益赞助及现代信息技术等手段，精准定位目标消费者，传递绿色消费理念，引导绿色消费潮流，从而推动企业品牌形象的提升和市场的可持续发展。

7.3.3　绿色营销对品牌塑造的影响

（1）提升品牌形象

在生态文明建设的宏观背景下，绿色营销作为一种前瞻性的市场策略，对品牌形象的塑造产生了深远影响。企业通过将绿色理念融入产品设计、生产、销售及售后等全链条环节，不仅彰显了自身对环境保护的坚定承诺，更向市场传递出一种积极向上的品牌形象。这种形象塑造并非一蹴而就，而是企业通过持续投入与不懈努力，逐步在消费者心中树立起可靠、可信赖的品牌印象。

绿色营销的实施，要求企业在产品研发上追求环保性能与卓越品质的双重标准，这种对高品质生活的追求，与消费者对健康、安全生活的向往高度契合，从而增强了品牌的吸引力和认同感。当消费者在选择产品时，绿色品牌的出现如同一股清流，满足了他们对于绿色、健康、可持续生活的期待，进一步巩固了品牌在目标消费群体中的独特地位。

绿色营销还促进了企业与社会的良性互动。企业通过参与公益环保项目、支持绿色技术创新等方式，不仅展现了企业的社会责任感，也赢得了社会各界的广泛赞誉。这种正面的社会评价，无形中提升了企业的品牌价值和美誉度，为企业长远发展奠定了坚实的品牌基础。

绿色品牌形象一旦确立，便能提升消费者的品牌忠诚度。在环保意识日益增强的今天，越来越多的消费者愿意为绿色品牌支付溢价，这种忠诚度不仅表现为重复购买行为，还体现在积极的口碑传播上。消费者乐于将绿色品牌推荐给亲朋好友，从而形成了良好的品牌传播效应，为企业带来了更广阔的市场空间和更高的经济效益。

（2）强化品牌定位

绿色营销作为一种战略性的市场手段，对于企业品牌定位的强化具有不可忽视的作用。在生态文明日益成为时代主流的背景下，企业通过实施绿色营销策略，不仅能积极响应环境保护的号召，更能在激烈的市场竞争中确立自身独特的环保优势，从而明确并强化其品牌定位。

企业借助绿色营销，将环保理念融入品牌的核心价值中，使品牌在市场上独树一帜。这种差异化的品牌定位，有助于区分企业与同行的界限，使消费者在琳琅满目的商品中迅速识别并选择那些符合自身环保需求的品牌。绿色营销通过具体的营销活动和传播策略，如环保材料的运用、节能减排技术的展示以及参与公益环保项目等，不断强化品牌在消费者心中的绿色形象，进而巩固其市场定位。

绿色营销还促进了品牌与消费者之间更深层次的情感连接。随着消费者对环保问题的关注度不断提升，他们更倾向于选择那些与他们价值观相契合的品牌。企业通过绿色营销，传达出对环境的尊重和保护，赢得了消费者的认同和共鸣，从而在消费者心中形成了积极的品牌联想。这种品牌联想进一步强化了品牌的独特性和识别度，使企业在市场中占据有利地位。

绿色营销还推动了企业内部的持续创新和改进。为了保持和强化绿色品牌形象，企业需要不断优化产品设计和生产过程，提高资源利用效率，减少环境污染。这种内部创新不仅有助于企业提升自身竞争力，还为消费者提供了更加环保、健康的产品选择，进一步巩固了品牌在消费者心中的地位。

（3）推动品牌创新

面对日益增长的绿色消费需求和不断变化的市场环境，企业唯有不断创新，才能在竞争中立于不败之地。绿色营销不仅要求企业在产品层面实现绿色化、环保化，更促使企业在服务、营销策略等多个维度进行全面革新。

通过绿色营销实践，企业能够深入了解绿色消费者的真实需求与偏好，进而有针对性地开发新产品或服务，满足市场的差异化需求。这种基于市场需求的产品创新，不仅提升了企业的市场竞争力，也为品牌注入了新的活力与内涵。同时，绿色营销鼓励企业采用更加环保、可持续的营销手段，如数字化营销、社交媒体传播等，既降低了营销过程中的环境影响，又提高了营销效率，扩大了营销覆盖面，推动了营销方式的创新。

绿色营销还促使企业在服务模式上进行创新。企业开始提供更加环保、便捷的服务解决方案，如绿色包装、循环利用、低碳物流等，这些服务创新不仅增强了消费者对品牌的信任度与忠诚度，也为企业赢得了良好的社会声誉。

绿色营销过程中的探索与尝试，为企业积累了宝贵的创新经验。企业在实践中不断学习、调整和优化，逐步形成了适合自身特点的绿色营销模式，为未来的品牌创新奠定了坚实的基础。这种持续的创新活动，不仅提升了企业的核心竞争力和市场适应能力，也为整个行业的绿色发展树立了标杆与典范。

绿色营销是推动企业进行品牌创新的重要途径。通过绿色营销的实践与探索，企业能够不断适应市场需求的变化，实现产品、服务及营销方式的全面革新，进而在激烈的市场竞争中脱颖而出，塑造具有独特价值的绿色品牌。

（4）促进品牌国际化

在全球化和可持续发展的双重背景下，绿色营销对于推动企业品牌国际化进程具有不可估量的价值。随着全球消费者对环境保护意识的日益增强，绿色消费已成为国际市场的普遍趋势。企业通过实施绿色营销策略，积极履行社会责任，展现其在环境保护方面的努力与成果，不仅能够赢得国内消费者的信赖与支持，更能在国际市场上树立起负责任、有担当的品牌形象。

绿色营销强调在产品生产、包装、运输及废弃物处理等全生命周期中贯彻环保理念，这一做法与国际社会普遍倡导的可持续发展目标高度契合。企业在国际市场中，通过展示其在环保技术、清洁生产及资源循环利用等方面的创新与实践，能够显著提升国际消费者对品牌的认同感与好感度，为品牌在国际舞台上赢得更广阔的发展空间。

绿色营销还有助于企业跨越文化和地域差异，构建全球统一的绿色品牌形象。在全球化的今天，品牌国际化已成为企业追求更高层次发展的重要途径。通过绿色营销，企业能够传递出超越地域限制、具有普遍价值的环保理念，吸引全球范围内的绿色消费者，促进品牌在国际市场上的广泛认知与接受。

绿色营销不仅是企业适应国际市场绿色消费趋势的必然选择，更是推动企业品牌国际化进程的重要策略。它有助于企业在国际舞台上树立负责任的品牌形象，赢得国际消费者的信任与支持，进而在激烈的国际竞争中脱颖而出，实现更广阔的发展前景。因此，企业应将绿色营销纳入品牌国际化战略的核心组成部分，通过持续的创新与实践，推动品牌在全球范围内实现绿色、可持续的发展。

（5）增强品牌生命力

绿色营销作为一种顺应生态文明时代潮流的营销战略，其深远意义在于显著增强了品牌的生命力。随着全球对环境保护和可持续发展的共识日益增强，绿色消费成为不可逆转的市场趋势。企业通过实施绿色营销，不仅能够积极响应这一市场变化，更能在消费者心中树立起积极正面的品牌形象，从而保持品牌的持续吸引力和竞争力。

绿色营销促使企业在产品设计、生产、包装、物流等各个环节融入环保理念，这不仅减少了对环境的负面影响，还为消费者提供了更加健康、安全、环保的产品选择。这种全方位的绿色承诺，让消费者感受到品牌对于社会责任的担当，从而建立起深厚的情感连接和忠诚度。当品牌与消费者之间形成这种基于共同价值观的紧密关系时，品牌的生命力便得到了极大的增强。

绿色营销鼓励企业不断创新，寻求更加环保、高效、可持续的生产和经营方式。这种持续的创新精神，不仅提升了品牌的技术含量和附加值，还为企业开辟了新的市场空间和增长点。在激烈的市场竞争中，拥有持续创新能力的品牌往往能够保持领先地位，不断吸引新的消费者并巩固现有客户基础，从而确保品牌的长期稳定发展。

绿色营销作为生态文明时代下的重要营销策略之一，对于企业的品牌塑造和市场竞争力具有深远的影响。通过实施绿色营销策略，企业能够提升自身品牌形象、强化品牌定位、推动品牌创新、促进品牌国际化以及增强品牌生命力，在未来的市场竞争中占据有利地位并实现可持续发展目标。因此，企业应积极响应生态文明建设的号召和要求，加强绿色营销的实践和探索力度，为构建人与自然和谐共生的美好未来贡献自己的力量。

7.4　公众参与与生态文明教育

在生态文明建设的伟大征程中，公众参与与生态文明教育扮演着不可或缺的角色。它们不仅是推动生态文明建设的重要动力，也是实现经济、社会、环境协调发展的关键环节。通过广泛动员公众参与，加强生态文明教育，我们能够汇聚起全社会的智慧和力量，共同应对环境挑战，促进可持续发展。

7.4.1　公众参与在生态文明建设中的重要性

公众参与是生态文明建设不可或缺的一环，它不仅体现了人民群众对美好生活的向往和追求，也是实现生态文明建设目标的重要保障。随着环保意识的日益增强，越来越多的公众开始关注并参与生态文明建设的实践，通过实际行动为保护环境、促进可持续发展贡献自己的力量。

（1）公众参与是生态文明建设的基石

在生态文明建设中，公众参与是实现人与自然和谐共生目标不可或缺的基石。生态文明建设是一项系统工程，涉及经济、社会、文化等多个领域，其成功推进依赖广泛的社会共识与集体行动。公众的广泛参与，不仅直接作用于环境保护和生态修复的具体实践中，还通过其监督力量，促使政府和企业严格执行环保政策，规范自身行为，避免环保法规成为一纸空文。

公众作为生态文明建设的直接受益者和实践者，其环保意识和行为的转变对推动生态文明建设具有决定性意义。当越来越多的公众开始关注环境问题，积极参与植树造林、垃圾分类、节能减排等绿色行动时，不仅能够有效缓解环境压力，还能够带动更多人加入生态文明建设的行列中来，形成强大的社会合力。这种自下而上的环保运动，以其广泛的群众基础和强大的行动力，成为推动生态文明建设的重要驱动力。

公众参与还能通过社会舆论的塑造，提升生态文明建设的社会影响力。在信息高度发达的今天，公众的声音能够迅速传播并引发广泛关注。当公众对某一环境问题表达关切时，往往能够促使相关部门迅速响应，采取有效措施加以解决。这种由公众意见引导的政策调整，不仅体现了民主决策的优势，也彰显了公众参与在生态文明建设中的独特价值。

加强公众参与生态文明建设，不仅是政府的责任，也是每个公民的义务。政府应通过多种渠道和方式，引导公众树立正确的环保观念，提升环保意识，鼓励和支持公众积极参与环保实践。同时，加强环保教育和宣传，提高公众的环保素养和行动能力，让生态文明建设成为全社会的共同行动。

（2）公众参与能够提升环保意识和责任感

公众参与在生态文明建设中的另一重要贡献在于其能够显著提升公众的环保意识和责任感。实践是检验真理的唯一标准，当公众亲身参与植树造林、河流清理、节能减排等具体环保活动时，他们能够直观地感受到环境问题的严峻性和保护环境的紧迫性。这种亲身体验不仅加深了公众对生态文明建设的认识，也促使他们主动承担起保护环境的责任。

环保意识的提升促使公众在日常生活中更加注重绿色消费和低碳生活。公众开始倾向于选择环保标志产品，减少一次性用品的使用，优先选择公共交通工具，积极实践垃圾分类等环保行为。这些看似微小的改变，汇聚成保护环境的强大力量，推动整个社会向绿色低碳的生活方式转型。

公众的环保责任感不仅体现在个人行动上，还通过社会网络传播，形成正向的示范效应。当身边的亲朋好友看到他人积极参与环保并取得成效时，会受到鼓舞和启发，进而加入环保行列中。这种“一传十，十传百”的效应，使得环保理念和行动迅速在社会中扩散开来，形成良好的环保风尚。

加强公众参与生态文明建设，不仅是提升公众环保意识和责任感的有效途径，也是推动生态文明建设深入发展的关键环节。政府和社会各界应继续加大对公众环保教育的投入，创新环保教育形式和内容，激发公众参与环保的热情和动力，共同构建人与自然和谐共生的美好家园。

（3）公众参与有助于推动政策制定和实施

公众参与在生态文明建设中的重要性还体现在其对于政策制定和实施的推动作用上。作为政策的最终受益者和执行者，公众的声音和意见对于政策的科学性和有效性具有至关重要的作用。政府在制定环保政策时，必须充分考虑公众的需求和关切，通过广泛征求社会各界的意见和建议，确保政策既符合国家的整体发展方向，又能切实解决公众面临的实际问题。

公众的广泛参与，使得政策制定过程更加民主化、科学化。公众基于自身的生活经验和实际需求，能够提出许多富有建设性的意见和建议，这些意见有助于政府更全面、深入地了解环境问题及其影响，从而制定出更加精准、有效的环保政策。同时，公众的参与还能促进不同利益群体之间的沟通与协商，使得政策在平衡各方利益的同时，更具包容性和可操作性。

在政策实施阶段，公众的监督作用同样不可或缺。通过加强信息公开和公众参与机制建设，政府可以鼓励公众对政策执行情况进行监督，确保政策得到有效落实。公众的监督不仅能够及时发现和纠正政策执行中的问题与偏差，还能促使政府不断优化政策执行方式，提高政策实施效率。同时，公众的积极参与还能增强政策的权威性和公信力，使得政策更加深入人心，得到更广泛的社会认同和支持。

加强公众参与在生态文明建设中的作用，不仅是提升政策科学性和有效性的重要途径，也是实现生态文明目标的重要保障。政府应当积极搭建公众参与平台，拓宽公众参与渠道，为公众提供更多表达意见和参与政策制定、实施的机会。提高公众的环保意识和参与能力，共同推动生态文明建设的深入发展。

7.4.2　生态文明教育的意义与实践路径

生态文明教育是提高公众环保意识和参与能力的重要手段。通过加强生态文明教育，我们可以帮助公众树立正确的环保观念和价值观，掌握环保知识和技能，从而更好地参与生态文明建设。

（1）生态文明教育的意义

培养环保意识。生态文明教育能够引导公众认识到环境保护的重要性，激发公众对美好生态环境的向往和追求。通过教育引导，公众能够形成尊重自然、顺应自然、保护自然的生态文明理念。

提升环保能力。生态文明教育不仅传授环保知识，还注重培养公众的环保技能和实践能力。通过参与环保实践活动，公众能够学会培养分类回收垃圾、节约资源、减少污染等环保行为，为生态文明建设贡献自己的力量。

推动社会共识。生态文明教育有助于在全社会范围内形成保护生态环境的共识和合力。当越来越多的人认识到环保的重要性并积极参与其中时，就能够形成强大的社会舆论氛围和行动力量，推动生态文明建设不断向前发展。

（2）生态文明教育的实践路径

将生态文明教育纳入国民教育体系。将生态文明教育纳入国民教育体系是实现生态文明教育普及化的重要途径。通过在学校教育中加强生态文明教育内容的设置和教学活动的组织，可以帮助青少年从小树立正确的环保观念和价值观。同时，学校还可以通过开展丰富多彩的环保实践活动和主题教育活动，引导学生积极参与环保行动，形成良好的环保习惯。

加强生态文明宣传普及工作。政府和社会各界应共同努力，加强生态文明宣传普及工作。通过制作和发放宣传资料、举办讲座和展览、开展媒体宣传等方式，将生态文明建设的理念、目标和措施传递给更广泛的社会群体。同时，还可以通过建立生态文明教育基地和示范点等方式，让公众更直观地了解生态文明建设的成果和经验。

鼓励和支持社会组织参与生态文明教育。社会组织在生态文明教育中发挥着重要作用。政府应鼓励和支持社会组织参与生态文明教育活动的设计和实施工作，为其提供必要的资金、技术和人才支持。社会组织可以通过开展环保公益活动、举办环保知识竞赛等方式，激发公众的环保热情和参与度，推动生态文明教育的深入开展。

强化家庭在生态文明教育中的作用。家庭是生态文明教育的重要阵地之一。家长应该通过自身的行为示范和言传身教来引导孩子树立正确的环保观念和价值观。在日常生活中注重节约资源、减少浪费、分类回收垃圾等行为习惯的培养；同时积极参与社区组织的环保活动并鼓励孩子参与其中；与孩子一起探讨环保问题并共同制订家庭环保行动计划等，这些措施都能够有效促进生态文明教育在家庭中的实施和推广。

7.4.3 公众参与与生态文明教育的协同作用

公众参与与生态文明教育在生态文明建设中具有协同作用。通过加强公众参与和生态文明教育的相互促进和有机结合，我们可以更好地推动生态文明建设的深入开展和持续发展。

（1）公众参与促进生态文明教育的普及化

公众的广泛参与是生态文明教育普及化的重要驱动力。随着公众对生态环境问题的关注度日益提升，越来越多的人意识到环境保护与个人行为、社会责任的紧密联系，这种认识促进了生态文明教育需求的增长。公众不仅渴望了解环境保护的基本知识和政策法规，更希望掌握参与生态文明建设的方法和途径。这种需求推动了政府、学校、社区及各类社会组织加大对生态文明教育的投入，以丰富多样的形式和内容普及环保知识，提升公众的环保素养。

公众的参与不仅是被动的接受者，更是生态文明教育普及的积极传播者。通过社交媒体、网络平台等现代信息传播手段，公众能够迅速获取并分享环保信息，形成强大的网络效应。个体间的交流互动，不仅扩大了生态文明教育的覆盖面，也增强了教育的吸引力和感染力。此外，公众在参与各类环保志愿活动、社区绿化项目等实践活动过程中，亲身体验到了环境保护的实际成效，进一步加深了对生态文明理念的认同和支持，为生态文明教育的持续普及奠定了坚实的群众基础。

政府和社会各界也积极回应公众的参与热情，不断优化生态文明教育的内容与形式。学校将生态文明教育纳入课程体系，通过课堂教学、实验实践、课外活动等多种方式，培养学生的环保意识和行为习惯。社区则通过举办环保讲座、展览、清洁行动等活动，提升居民的环保责任感和参与度。媒体则发挥其传播优势，广泛报道环保先进事迹和典型案例，引导公众树立正确的环境观和价值观。这种多方协同、共同参与的模式，有效推动了生态文明教育的普及化进程，为生态文明建设提供了坚实的智力支持和群众基础。

（2）生态文明教育提高公众参与的能力和水平

生态文明教育在提高公众参与环保行动的能力和水平方面发挥着至关重要的作用。通过系统的生态文明教育，公众能够深入理解环境保护的紧迫性和重要性，掌握基本的环保知识和技能，从而在实际生活中更有效地参与环保实践。这种教育不仅传授了垃圾分类、节能减排、绿色出行等具体行动指南，还培养了公众的环保意识和责任感，使环保行为成为一种自觉的生活习惯。

掌握环保知识和技能的公众，能够积极参与垃圾分类回收工作，促进资源的循环利用；在日常生活中注重节约水电、减少一次性用品的使用，有效缓解资源压力；在消费选择上更倾向于环保标志产品，推动绿色消费市场的形成。这些实际行动不仅改善了个人和社区的环境状况，也为全社会生态文明建设贡献了力量。

生态文明教育还增强了公众对政府和企业的环保监督能力。通过教育引导，公众能够更准确地识别环保政策的有效性与执行力度，监督企业是否合规排放、是否采取环保措施等。公众通过反馈机制向政府和企业提出建设性意见，促使他们不断改进环保工作，更好地履行环保责任。这种公众参与与监督的互动模式，形成了强大的社会合力，有力推动了生态文明建设的进程。

（3）两者相互促进形成良性循环

公众参与与生态文明教育在生态文明建设的进程中，形成了一种相互促进、共生共荣的良性循环机制。这种机制不仅强化了环保理念的传播与实践，也推动了生态文明建设向纵深发展。

公众参与作为生态文明建设的直接驱动力，促使生态文明教育的内涵不断丰富，形式更加多样化。随着环保意识的深入人心，公众对生态文明教育的需求日益增长，不仅要求内容科学严谨，更期望教育方式贴近生活、易于接受。这种需求驱动着生态文明教育不断创新，通过线上线下相结合、理论与实践相融合的教学方式，将环保知识普及到更广泛的社会群体中去，提升了全民的环保素养和行动能力。

生态文明教育为公众参与环保实践提供了坚实的理论基础和技能支持。生态文明教育不仅传授了环保的基本知识和方法，更重要的是激发了公众的环保热情和责任感，使其能够主动参与垃圾分类、节能减排、生态修复等环保实践。公众在实践中积累经验，反过来又成为生态文明教育的重要资源和生动案例，进一步丰富了教育内容和形式，提高了教育的针对性和实效性。

这种良性循环机制不仅促进了生态文明建设目标的实现，也为经济社会的可持续发展奠定了坚实的基础。通过公众参与和生态文明教育的双重作用，人们的生产方式和生活方式发生了积极变化，绿色消费、低碳出行等环保行为逐渐成为社会新风尚。这不仅有助于减少资源消耗和环境污染，也为绿色产业的发展提供了广阔空间和市场机遇，推动了经济结构的优化升级和增长方式的转变。

公众参与与生态文明教育在生态文明建设中具有不可或缺的作用和价值。通过加强公众参与和生态文明教育工作的深入开展，我们可以汇聚起全社会的智慧和力量，共同应对环境挑战，促进可持续发展。为实现中华民族伟大复兴的中国梦，贡献出更加坚实的生态支撑和力量源泉！

第 8 章

面向未来的生态文明时代经济展望

8.1 数字经济与生态文明的融合

在 21 世纪的全球经济版图中，数字经济正以前所未有的速度崛起，成为推动全球经济增长的新引擎。与此同时，生态文明作为应对环境危机、实现可持续发展的必由之路，日益受到国际社会的广泛关注。数字经济与生态文明的融合，不仅代表了未来经济发展的新趋势，更是构建人与自然和谐共生新秩序的关键所在。本文将从数字经济与生态文明融合的背景、路径、挑战及前景四个方面进行深入探讨。

8.1.1 数字经济与生态文明融合的背景

（1）数字经济的迅猛发展

近年来，随着信息技术的飞速进步和互联网的广泛普及，数字经济已成为全球经济增长的重要驱动力。数字经济以数字化的知识和信息为关键生产要素，以数字技术创新为核心驱动力，通过现代信息网络与信息技术的高效集成应用，不断催生新业态、新模式，推动经济结构优化升级和经济社会发展方式转变。从电子商务到云计算、大数据、人工智能，数字经济正以前所未有的深度和广度重塑全球经济格局。

（2）生态文明理念的深入人心

随着全球环境问题日益凸显，生态文明理念逐渐在全球范围内深入人心，这一理念的广泛传播，不仅是对传统发展模式的深刻反思，更是对未来绿色发展路径的积极探索。生态文明强调人与自然的和谐共生，倡导以绿色、低碳、循环为特征的经济发展模式，旨在实现经济、社会与环境的全面协调可持续发展。

在全球气候变化、资源枯竭、生态退化的多重压力下，生态文明建设已成为国际社会普遍关注的焦点。各国政府纷纷将生态文明建设纳入国家发展战略，通过政策引导、制度创新、技术创新等手段，推动经济社会向绿色转型。同时，国际社会也在加强合作，共同应对全球性环境挑战，推动全球环境治理体系的不断完善。

在这一背景下，数字经济作为新兴的经济形态，正与生态文明理念深度融合，展现出巨大的发展潜力。数字经济通过大数据、云计算、物联网等先进技术的广泛应用，提高了资源利用效率，降低了能耗和排放，为实现绿色低碳发展提供了有力支撑。同时，数字经济还促进了产业结构的优化升级，推动了新兴绿色产业的发展，为生态文明建设注入了新的活力。

随着数字技术的不断进步和应用场景的持续拓展，数字经济与生态文明的融合将更加紧密。通过政策引导、技术创新和市场机制的共同作用，数字经济将更好地服务于生态文明建设，为实现经济社会的可持续发展贡献更大力量。这不仅是对生态文明理念的生动实践，更是对人类未来生存与发展道路的积极探索。

（3）数字经济与生态文明的内在契合

数字经济与生态文明的内在契合，体现在多个方面，共同构筑了两者相互促进、协同发展的坚实基础。数字经济以其高效性为核心特征，通过大数据、云计算、人工智能等先进技术的应用，实现了资源的精准配置和高效利用。这种技术特性与生态文明理念高度一致，有助于减少资源浪费，降低能耗和排放，为绿色发展目标的实现提供了有力支持。通过数字化手段优化生产流程、提高生产效率，数字经济有效促进了产业升级和经济转型，推动了绿色低碳循环发展经济体系的构建。

生态文明理念为数字经济的健康发展指明了方向。在生态文明的视角下，数字经济的发展不仅要追求经济效益，更要兼顾社会效益和环境效益。这要求数字经济在技术创新和市场拓展的过程中，始终将环境保护和社会责任放在首位，推动形成人与自然和谐共生的新型经济形态。通过加强数据安全和隐私保护、促进数字资源的公平共享、推动数字经济与实体经济深度融合等措施，生态文明理念为数字经济的可持续发展注入了新的动力和活力。

数字经济与生态文明之间存在着天然的契合点。两者相互促进、协同发展，共同推动了经济社会的全面可持续进步。随着数字技术的不断突破和应用场景的不断拓展，数字经济将在生态文明建设中发挥更加重要的作用。同时，生态文明理念的深入人心也将为数字经济的健康发展提供更加坚实的支撑和保障。

8.1.2　数字经济与生态文明融合的路径

（1）推动绿色数字化转型

在推动绿色数字化转型的过程中，企业作为实施主体，需主动拥抱数字技术，将绿色理念深度融入企业发展战略。具体而言，企业需对生产流程进行全面梳理，识别高能耗、高排放的环节，并有针对性地引入智能制造系统，通过精确控制生产过程，减少物料浪费和能源消耗。同时，利用工业互联网平台，实现供应链上下游企业间的信息互通与资源共享，优化库存管理，减少物流环节的碳排放。通过大数据分析，企业可以精准预测市场需求，避免过度生产和库存积压，从而降低资源闲置和浪费。

政府在绿色数字化转型中扮演着关键角色，需制定一系列政策措施，为转型提供有力保障。一方面，政府应加大对绿色数字化转型项目的财政补贴和税收优惠力度，降低企业转型成本，激发企业积极性。另一方面，政府应建立绿色数字化转型的技术支持体系，鼓励科研机构、高校与企业合作，开展关键技术攻关和成果转化。同时，加强人才培养和引进，为绿色数字化转型提供充足的人才储备。

政府还应建立健全绿色数字化转型的评估与监督机制，确保转型成效。通过设立明确的评估标准和指标体系，对转型企业的资源利用效率、能耗排放水平等进行定期评估，并公开评估结果，形成社会监督氛围。对于表现突出的企业给予表彰和奖励，以发挥其示范引领作用；对于转型不力或存在问题的企业，提供指导帮助，督促其加快转型步伐。

通过企业自主转型和政府政策引导，可以加速传统产业向绿色低碳方向发展，促进经济社会的全面可持续进步。随着数字技术的不断创新和应用场景的持续拓展，绿色数字化转型将成为推动生态文明建设的重要力量。

（2）发展数字环保产业

数字环保产业作为数字经济与生态文明深度融合的产物，正逐步成为推动绿色发展的重要力量。该产业充分利用物联网、云计算、大数据、人工智能等现代信息技术，为环境监测、污染治理、生态保护等环保领域带来了革命性的变化。通过实时监测环境变化、精准分析污染数据、智能优化治理方案，数字环保产业大幅提高了环保工作的效率和精准度，有效缓解了环境监管与治理中的信息不对称问题。

政府应充分认识到数字环保产业对于生态文明建设的重要作用，采取一系列政策措施，积极扶持其发展。政府可以设立专项基金，为数字环保企业提供研发资金支持，促进其技术创新和产业升级；同时，通过税收优惠、财政补贴等手段，降低企业经营成本，提高其市场竞争力。此外，政府还应加强与国际社会的合作与交流，引进国外先进的数字环保技术和管理经验，推动我国数字环保产业与国际接轨，走向世界舞台。

在培育具有国际竞争力的数字环保企业方面，政府应鼓励企业加大研发投入力度，提升自主创新能力，打造核心竞争力。通过支持企业参与国际竞争，拓展海外市场，推动我国数字环保产业在全球范围内树立良好形象，赢得更多国际合作机会。同时，加强行业协会建设，促进企业间的交流合作，形成产业联盟，共同推动数字环保产业的健康快速发展。

（3）构建绿色数字经济生态体系

构建绿色数字经济生态体系，是数字经济时代推动生态文明建设的必然要求和关键举措。这一体系的核心在于实现数字经济的绿色化转型，促进经济与环境和谐共生。具体而言，绿色数字经济生态体系应由多个关键组成部分相互支撑、协同发展。

绿色数据中心作为数字经济的基础设施，其能效与环保性能直接关乎整个体系的绿色化水平。推动数据中心采用清洁能源、优化冷却系统、提升服务器能效比等措施，是实现绿色数据中心的关键路径。同时，鼓励数据中心运营商采用虚拟化、云计算等技术手段，提高资源利用率，减少能源浪费。

绿色云计算平台则是实现资源高效配置和共享的重要载体。通过构建统一的绿色云计算标准，推动云计算服务提供商采用环保节能的技术和设备，降低云服务运营过程中的能耗和碳排放。此外，鼓励云计算平台提供环境友好的服务解决方案，如环保数据分析、绿色供应链管理等服务，促进产业链上下游企业的绿色转型。

绿色物联网应用作为连接物理世界与数字世界的桥梁，在推动生态文明建设中具有独特优势。通过物联网技术实时监测环境变化、资源消耗和污染情况，为环保决策提供科学依据。同时，推广智能环保设备和系统的应用，如智能垃圾分类回收站、智能灌溉系统等，提高资源利用效率，减少环境污染。

政府在构建绿色数字经济生态体系中扮演着至关重要的角色。政府应加强对绿色数字经济生态体系建设的顶层设计和统筹规划，制定相关政策措施和标准规范，引导相关产业协同发展。通过财政补贴、税收优惠等政策手段，激励企业加大绿色技术研发投入和应用推广力度。同时，加强与国际社会的合作与交流，借鉴国际先进经验和技术成果，推动我国绿色数字经济生态体系的不断完善和提升。

构建绿色数字经济生态体系是推动数字经济与生态文明融合的重要路径。通过政府引导、企业参与和社会共治，形成良性的产业生态和创新环境，共同推动数字经济的绿色化转型和可持续发展。这不仅有助于应对全球气候变化和资源环境挑战，更为实现经济社会的可持续发展和人类命运共同体的构建贡献力量。

8.1.3　数字经济与生态文明融合的挑战

（1）数据安全与隐私保护问题

在数字经济与生态文明融合的大潮中，数据安全与隐私保护问题日益凸显，成为制约融合进程的关键因素之一。随着大数据、云计算等技术的迅猛发展，海量数据的采集、存储、分析和应用成为常态，这些数据中往往蕴含着个人行为、偏好乃至敏感信息，若处理不当，极易引发隐私泄露风险。

数据泄露不仅侵犯了个人隐私权，更可能导致个人财产损失、名誉损害等严重后果。在数字经济时代，个人信息已成为一种重要资源，不法分子可能利用窃取的数据进行诈骗、敲诈勒索等违法活动，严重危害社会公共安全。

数据安全与国家安全紧密相连。敏感数据一旦被恶意利用，可能威胁到国家政治稳定、经济安全乃至军事安全。特别是在全球化背景下，跨境数据流动频繁，如何确保国家关键数据资产的安全可控，成为各国政府面临的共同挑战。

加强数据安全与隐私保护成为推动数字经济与生态文明融合不可或缺的一环。这需要政府、企业和社会各界共同努力，建立健全数据安全法律法规体系，明确数据收集、使用、存储和传输的标准与规范。同时，加大对数据安全技术研发的投入力度，提升数据加密、脱敏、审计等防护能力，构建全方位、多层次的数据安全防护网。

加强公众的数据安全意识和隐私保护教育同样重要。通过普及数据安全知识，提高公众对个人隐私信息的重视程度，引导公众合理授权、谨慎分享个人信息，共同维护良好的数字生态环境。

数据安全与隐私保护是数字经济与生态文明融合过程中必须直面的挑战。只有通过建立健全法律法规体系、加强技术防护能力、提升公众意识等多措并举，才能有效应对这一挑战，推动数字经济与生态文明实现深度融合与协同发展。

（2）数字鸿沟问题

在数字经济与生态文明融合的新时代背景下，数字鸿沟问题越发凸显，成为制约经济社会协调发展的重要因素。这一鸿沟不仅体现在城乡之间、区域之间的发展差距，更体现在不同社会群体在数字技术获取、应用及创新能力上的显著差异。部分偏远地区和经济欠发达地区，受限于基础设施薄弱、教育资源匮乏等因素，难以有效接入并充分利用数字技术，从而错失了数字经济带来的发展机遇。

数字鸿沟的存在，不仅阻碍了数字经济的全面均衡发展，也制约了生态文明理念的广泛传播与实践。生态文明建设需要社会各界的广泛参与和共同努力，而数字鸿沟则可能加剧信息不对称，使得部分地区和群体在环境保护、资源节约等方面缺乏有效手段和资源。

为缩小数字鸿沟，促进数字经济与生态文明的深度融合，需采取综合施策。一方面，政府应加大对基础设施建设的投入，特别是在偏远地区和农村地区，加快信息网络覆盖，降低接入成本，确保数字技术惠及更广泛的人群。另一方面，加强数字技能培训和教育普及，提升全民数字素养，特别是针对弱势群体，通过开设公益课程、提供在线学习资源等方式，帮助他们跨越数字门槛，增强自我发展能力。

鼓励企业和社会组织参与数字鸿沟的弥合工作，通过技术创新、商业模式创新等手段，开发出更加适应不同地区、不同群体需求的产品和服务，促进数字经济的包容性增长，实现数字经济与生态文明实现更加广泛、深入的融合。

（3）技术创新与制度滞后问题

在数字经济与生态文明融合的进程中，技术创新无疑是核心驱动力，然而，制度环境的滞后往往成为技术创新成果转化的瓶颈。技术创新层出不穷，特别是大数据、云计算、人工智能等前沿技术，在推动生态文明建设方面展现出巨大潜力，如在精准环保监测、智能资源管理等领域的应用。然而，现行制度框架往往难以迅速适应这些新兴技术的快速发展，导致技术创新与实际应用的脱节。

制度滞后主要体现为政策法规的更新不及时、监管机制的不健全以及市场激励机制的缺乏。一方面，政策法规的制定需经严谨程序，耗时较长，难以与日新月异的技术创新保持同步；另一方面，现行监管体系可能无法有效覆盖新兴技术领域，存在监管空白或重叠，影响技术创新的规范应用。此外，市场激励机制的滞后也可能削弱企业投资于技术创新的动力，使得创新成果难以快速转化为实际生产力，阻碍数字经济与生态文明的深度融合。

加快制度创新步伐，为技术创新提供有力保障，是推进数字经济与生态文明融合的关键所在。政府应建立灵活高效的政策法规调整机制，确保政策法规与技术发展趋势相协调；完善监管体系，加强对新兴技术领域的监管，确保技术创新在合法合规的前提下健康发展；同时，构建多元化的市场激励机制，通过税收优惠、资金补贴、创新券等多种方式，激发企业投资技术创新的积极性，促进创新成果的有效转化和应用。通过制度创新的持续推动，为数字经济与生态文明的深度融合奠定坚实的基础，共同推动经济社会高质量发展。

8.1.4　数字经济与生态文明融合的前景

（1）推动全球可持续发展目标的实现

数字经济与生态文明的深度融合，数字技术以其独特的优势，为提高资源利用效率、降低能耗排放提供了强大工具。通过运用物联网、大数据、人工智能等前沿技术，实现对生产、消费全链条的精细化管理和优化，有效减少资源浪费和环境污染，推动经济社会向绿色、低碳方向转型。

构建绿色数字经济生态体系，是确保数字经济自身可持续发展的关键。这意味着在数字经济的发展过程中，必须始终坚持"生态优先、绿色发展"的原则，推动形成绿色低碳的产业结构、生产方式和消费模式。通过加强数字技术与环保产业的深度融合，促进清洁能源、节能环保等新兴领域的创新发展，为全球经济注入更多绿色动力。

在全球层面，数字经济与生态文明的融合，为国际社会共同应对气候变化、资源枯竭等全球性环境问题提供了新机遇。通过加强国际合作，共享数字技术和绿色发展的最佳实践，推动形成全球绿色治理体系，为实现《巴黎协定》等国际环境协议的目标贡献力量。数字经济还能够帮助发展中国家跨越传统工业化的高污染、高能耗阶段，直接进入绿色低碳的发展轨道，促进全球可持续发展事业的均衡发展。

（2）引领全球经济发展新趋势

数字经济与生态文明的深度融合，正逐步引领全球经济迈向新的发展阶段，展现出前所未有的活力和潜力。这一趋势不仅体现在数字技术对经济增长的直接拉动作用上，更在于它推动了全球经济结构的根本性变革和发展模式的绿色转型。

随着云计算、大数据、人工智能等核心技术的不断突破与应用，数字经济正在以前所未有的速度和规模扩展其影响范围。它不仅为传统产业提供了转型升级的新路径，还催生出一系列新兴业态和商业模式，为全球经济注入了新的增长动能。更为重要的是，数字经济与生态文明的融合，使得经济发展与环境保护不再是对立关系，而是相互促进、相辅相成。

在全球范围内，越来越多的国家开始认识到数字经济与生态文明融合的重要性，纷纷将其纳入国家发展战略之中。通过政策引导、资金支持和技术创新等手段，推动数字经济在绿色、低碳、循环领域的应用，加速经济结构优化升级和发展方式转变。这种趋势不仅促进了资源的高效配置和循环利用，还有效降低了能耗和排放，为全球经济社会的全面协调可持续发展奠定了坚实的基础。

（3）促进全球治理体系的变革

数字经济与生态文明的融合，为全球治理体系的变革注入了新的动力。面对全球性环境问题的日益严峻，传统治理模式已难以满足现实需求，亟须一种更为高效、协同的治理机制。数字经济以其强大的信息处理能力和实时数据分析能力，为全球环境治理提供了技术支持。通过构建全球性的环境监测网络、信息共享平台和协同治理机制，数字经济能够促进各国在环境保护方面的沟通与合作，形成全球环境治理的合力。

在数字经济与生态文明融合的推动下，全球治理将更加注重预防性和前瞻性的治理策略。通过大数据分析，能够提前识别环境风险，预测环境变化趋势，为政策制定提供科学依据。同时，数字经济还推动了绿色技术的国际转移与应用，加速了环保技术的普及和创新，为全球环境治理提供了有力的技术支撑。

数字经济与生态文明的融合促进了全球共识的形成。通过全球范围内的环保宣传和教育，提高了公众对环境问题的认识和参与度，形成了全社会共同参与环境治理的良好氛围。这种共识不仅体现在对环境保护重要性的认识上，更体现在对共同行动方案的支持和配合上。各国政府、企业和民间组织在数字经济平台的支撑下，能够更加便捷地沟通和协调，共同应对全球性环境挑战。

数字经济还为全球治理体系的完善提供了新思路。通过区块链、智能合约等技术的应用，可以构建更加透明、公正和高效的治理机制，降低治理成本，提高治理效能。这些新兴技术的应用不仅有助于解决环境治理中的信息不对称问题，还能够激励各方积极参与全球环境治理，共同推动人类命运共同体的建设。

数字经济与生态文明的融合是未来经济发展的必然趋势和重要方向。通过推动绿色数字化转型、发展数字环保产业、构建绿色数字经济生态体系等措施的实施，可以有效应对数字经济与生态文明融合过程中的挑战和问题。展望未来，数字经济与生态文明的深度融合将有力推动全球可持续发展目标的实现、引领全球经济发展新趋势并促进全球治理体系的变革和完善。

8.2　人工智能在生态保护中的应用

随着科技的飞速发展，人工智能（AI）技术以其强大的数据处理与分析能力，在各个领域展现出巨大的应用潜力，尤其是在生态保护领域，AI 技术正逐渐成为推动生态文明建设的重要力量。人工智能不仅提高了环境监测的精度和效率，还为生态系统的管理与保护提供了全新的解决方案，促进了生态保护工作的科学化和智能化。

8.2.1　人工智能在环境监测中的应用

环境监测是生态保护工作的基础，传统监测手段往往依赖人工采样与分析，不仅耗时耗力，而且精度有限。人工智能技术的应用，极大地提高了环境监测的效率和准确性。

（1）智能传感器网络

智能传感器网络作为人工智能在环境监测领域的重要应用之一，正逐步构建起全方位、多层次的环境监控体系。这一网络通过密集部署的各类智能传感器，实现了对空气、水质、土壤等多维度环境要素的精细化监测。这些传感器不仅能够实时捕捉环境参数的微妙变化，还具备高灵敏度和长寿命的特点，确保了监测数据的连续性和准确性。

在物联网技术的加持下，智能传感器采集到的海量环境数据被迅速汇聚至云端数据中心。随后，依托先进的人工智能算法，对这些数据进行深度挖掘与分析，揭示出环境变化的内在规律和潜在风险。AI 算法能够自动识别并标记异常数据，帮助环保部门迅速定位污染源或生态脆弱区域，为环境问题的精准施策提供了科学依据。

人工智能在处理复杂环境系统方面的优势逐渐显现。传统环境监测手段往往受限于数据处理能力和分析模型的局限性，难以全面捕捉环境变化的非线性特征和动态交互作用。而人工智能通过构建复杂系统模型，模拟环境要素之间的相互作用机制，实现了对环境变化趋势的超前预测和精准评估。这不仅提升了环境监测的时效性和针对性，也为环境保护政策的制定和实施提供了更为坚实的数据支撑。

随着技术的不断进步和成本的逐步降低，智能传感器网络的应用范围正在持续扩大。从城市环境监控到自然保护区管理，从工业污染源追踪到农业面源污染防控，智能传感器网络正以前所未有的广度和深度参与生态保护工作。这一趋势不仅反映了人工智能技术在生态保护领域的巨大潜力，也彰显了生态文明时代科技创新与环境保护深度融合的必然趋势。

（2）图像识别与分析

图像识别与分析作为人工智能在环境监测领域的重要应用之一，正深刻改变着野生动物保护与自然灾害预警的传统模式。在野生动物保护方面，借助无人机或地面高清摄像头采集的实时图像，AI 算法能够迅速而准确地识别野生动物种类、数量及其活动轨迹，为野生动物资源管理和保护策略的制定提供了前所未有的数据支持。这一技术不仅提高了监测的效率和精度，还极大地方便了研究人员对野生动物生态习性的深入研究，为保护行动的科学性和针对性奠定了坚实的基础。

在森林火灾预警领域，基于深度学习的图像识别技术同样展现出了巨大潜力。通过对无人机航拍或地面监控设备采集的图像进行分析，AI 系统能够自动识别并判断图像中是否存在火情迹象，如烟雾、火光等。一旦发现异常，系统将立即触发警报，为相关部门提供火灾发生的时间、地点及初步规模信息，极大地缩短了火灾响应时间，降低了火灾对森林生态系统的破坏程度。此外，该技术还能结合气象数据、地形地貌等多源信息，对火灾蔓延趋势进行预测，为科学决策和应急指挥提供有力支持。

随着人工智能技术的不断成熟和应用场景的持续拓展，图像识别与分析在生态保护中的应用前景将更加广阔。该技术在生物多样性监测、湿地保护、海洋污染监测等多个领域发挥重要作用，为推动生态文明建设和可持续发展目标实现贡献更多智慧与力量。同时，随着算法优化、算力提升和数据积累，图像识别与分析的准确性和效率也将进一步提高，为生态环境监测与保护提供更加坚实的技术保障。

（3）大数据分析平台

构建基于人工智能技术的大数据分析平台，对于提升环境监测的效能与精确度具有至关重要的意义。该平台通过集成各类环境监测设备所采集的海量数据，运用先进的机器学习算法进行深度挖掘与分析，能够揭示环境数据之间的潜在关联与内在规律，从而精准预测环境变化趋势。这一预测能力不仅有助于及时预警潜在的环境风险，还为环保政策的科学制定与精准实施提供了坚实的数据支撑。

大数据分析平台的核心优势在于其强大的数据处理与融合能力。它能够打破数据孤岛，实现跨部门、跨区域环境监测数据的无缝对接与共享，促进环境治理主体的协同作业。在这一平台上，环保部门、科研机构、企业及社会公众能够基于共同的数据基础进行对话与合作，形成环境治理的合力，有效解决了以往信息不畅、资源分散等问题。

大数据分析平台还具备动态调整与自我优化的特性。随着数据的不断累积与算法的不断迭代，平台的预测精度与效率将持续提高，为环境治理提供更加精准、高效的解决方案。例如，在空气质量监测领域，平台可以根据历史数据与实时反馈，动态调整污染源监管的重点区域与时段，实现精准减排与有效治理。

8.2.2　人工智能在生态系统管理中的应用

生态系统管理是一个复杂而庞大的系统工程，涉及物种多样性保护、生态修复与恢复、资源管理与优化配置等多个方面。人工智能技术的应用，为生态系统管理提供了智能化、精准化的解决方案。

（1）物种多样性保护

在生态文明时代经济展望中，人工智能技术在生态系统管理领域的应用，尤其是物种多样性保护方面，展现出了巨大的潜力与价值。通过深度学习与图像处理技术的融合，人工智能成功构建了高精度的物种识别模型，实现了对野生动物种群的高效监测。这一技术的应用，不仅大幅提升了物种识别的准确性和效率，还为科研人员提供了连续、动态的生物多样性数据，为物种多样性监测开辟了新的路径。

AI 算法在物种保护中的应用远不止于此。通过对大量历史数据的学习与分析，人工智能能够揭示物种分布、迁徙模式及生境偏好等关键生态信息，为制定科学合理的物种保护策略提供了强有力的数据支撑。例如，在濒危物种保护中，AI 可预测其潜在栖息地的变化，指导保护区的规划与管理，有效防止物种灭绝的风险。

人工智能与遥感技术、地理信息系统（GIS）的集成应用，实现了大尺度物种分布图的实时绘制与动态更新。这种能力使得生态保护规划能够基于最新、最全面的物种分布信息进行精准布局，从而优化资源配置，增强保护效果。例如，在生物多样性热点区域，人工智能辅助的 GIS 系统能够快速识别并标记出关键生态区域，为区域生态保护规划的编制与实施提供科学指导。

（2）生态修复与恢复

面对生态环境破坏日益严重的现状，基于人工智能技术的生态修复成为恢复生态平衡、促进可持续发展的关键举措。人工智能通过强大的数据处理与分析能力，为生态修复方案的科学制订与实施提供了前所未有的技术支持。

人工智能技术能够模拟生态系统的动态变化过程，深入剖析受损生态系统的内在机制，为修复策略的制定提供精准的数据支撑。通过构建复杂的生态模型，AI 能够预测不同修复措施对生态系统结构和功能的影响，评估其生态效果与经济成本，为决策者筛选出最优修复方案，实现资源的高效配置。

人工智能在生态修复过程中的实时监测功能也极为关键。通过集成传感器网络、无人机监测及卫星遥感等多种数据源，AI 能够实时收集并分析修复区域的环境变化数据，包括植被覆盖、水质状况、土壤质量等关键指标。一旦发现修复进展偏离预期，AI 将迅速响应，智能调整修复措施，确保修复效果的最大化。这种动态调整能力不仅提高了生态修复的效率，也降低了人为干预的失误风险。

（3）资源管理与优化配置

在生态文明时代的经济展望中，人工智能技术在生态系统中的资源管理与优化配置方面展现出了巨大的潜力与价值。随着人口增长与经济发展，自然资源的有限性日益凸显，如何实现资源的可持续利用成为亟待解决的问题。人工智能技术通过集成大数据处理、机器学习及优化算法等先进技术，为资源管理提供了强有力的支持。

构建基于人工智能的资源监测与管理系统，能够实现资源数据的实时、全面采集，确保数据的准确性和时效性。这一系统能够整合遥感卫星、物联网传感器、无人机巡查等多种数据源，形成立体化的资源监测网络，实现对森林、水资源、矿产资源等的动态监控。通过智能分析算法，系统能够自动识别资源状态变化，预警潜在风险，为资源保护提供前置性干预。

在资源开发与利用方面，人工智能技术通过预测模型与优化算法，为资源的合理开发与高效利用提供了科学依据。AI 算法能够分析历史数据，预测未来资源需求趋势，为政府和企业提供决策支持，避免资源的过度开采与浪费。同时，优化算法的应用进一步提高了资源配置效率，通过智能调度与分配机制，实现了资源在不同区域、不同产业间的均衡配置，降低了资源浪费和环境污染的风险。

8.2.3 人工智能促进生态保护智能化转型

随着人工智能技术的不断成熟与普及，其在生态保护领域的应用前景将更加广阔。未来，人工智能将成为推动生态保护智能化转型的重要力量。

（1）构建智能化生态保护体系

在面向未来的生态文明时代经济展望中，人工智能技术的深度应用为生态保护领域带来了革命性的变革，尤其是通过构建智能化生态保护体系，实现了环境保护工作的精准化与高效化。这一体系深度融合了物联网、大数据、云计算及机器学习等前沿技术，形成了一个全方位、多层次的智能监测与管理网络。

智能化生态保护体系以实时环境监测为基础，通过遍布各生态区域的智能传感器与无人机等先进设备，实现了对环境质量、生物多样性、资源利用状况等关键指标的持续跟踪与记录。这些数据经过高速传输至大数据中心，利用强大的计算能力进行快速处理与分析，从而精准捕捉环境变化的微妙迹象，及时发现并预警潜在的环境风险。

在数据分析层面，该体系借助先进的算法模型，对环境监测数据进行深度挖掘，揭示隐藏于海量数据背后的环境演变规律与趋势。这不仅为环境保护工作提供了科学依据，也为制定更加科学合理的环保政策与措施奠定了坚实的基础。通过对比历史数据与实时数据，体系能够动态评估政策效果，及时调整优化策略，确保环保行动的有效性与针对性。

智能决策支持系统是智能化生态保护体系的核心组成部分。该系统集成了专家知识库与决策算法，能够根据环境监测与数据分析结果，自动生成环境问题的解决方案与建议。这些方案充分考虑了生态环境的多样性与复杂性，旨在实现环境问题的精准施策与有效应对。通过智能推荐与模拟仿真等功能，决策者能够直观了解不同策略的实施效果与潜在影响，从而做出更加科学、合理的决策判断。

（2）推动环保产业创新发展

在生态文明时代经济展望中，人工智能技术的深度融入正引领环保产业步入创新发展的快车道。这一技术革新不仅为环保产品的研发与生产带来了前所未有的机遇，还极大地丰富了环保服务的内涵与形式，推动了环保产业的全面升级。

在产品研发与生产领域，人工智能技术通过模拟与预测，优化产品设计流程，提高了环保产品的性能与效率。例如，借助机器学习算法，环保材料的选择与配比得以精准优化，既降低了生产成本，又提升了产品的环保性能。同时，AI在生产线上的智能调度与监控，确保了生产过程的环保合规与资源高效利用，减少了废弃物产生，实现了绿色制造。

在环保服务方面，人工智能技术的创新应用更是遍地开花。智能垃圾分类系统的引入，通过图像识别与深度学习技术，实现了垃圾的快速准确分类，提高了资源回收利用率，降低了环卫工人的劳动强度。智能环境监测站点的部署，则利用物联网与大数据分析，对环境质量进行全天候、全方位的监测，及时发现并解决环境问题，为环境保护提供了有力的技术支持。

人工智能还在环保政策制定与执行中发挥着重要作用。通过对海量环境数据的深度挖掘与分析，AI 技术能够为政策制定者提供科学依据，助力其制定出更加精准有效的环保政策。同时，在执行层面，AI 驱动的智能监管系统能够实时监测企业排污行为，确保环保法规的有效执行，提高了环保监管的效率与力度。

（3）加强国际交流与合作

在全球性环境问题日益凸显的背景下，加强国际交流与合作成为应对挑战的关键路径。人工智能技术的飞速发展为这一进程注入了新的活力，促进了生态保护事业的智能化转型与国际协作。

具体而言，人工智能技术为构建全球环境监测网络和信息共享平台提供了强有力的技术支持。通过集成大数据、云计算等先进技术，各国可以实时上传并共享环境数据，确保全球环境信息的透明度和及时性。这一平台不仅有助于快速识别跨国界环境问题的根源，还能促进各国在应对突发环境事件时的协同响应，有效遏制环境问题的蔓延。

在跨国界环境问题的协同研究与治理中，人工智能技术同样发挥了不可替代的作用。各国科学家和环保专家可以借助 AI 算法，对复杂的环境数据进行深度挖掘和分析，发现环境变化的规律和趋势，为制定科学合理的环保政策提供科学依据。同时，AI 技术还能在模拟预测、风险评估等方面提供支持，帮助各国在环境治理中做出更加精准有效的决策。

人工智能还促进了国际环保政策的协调与对接。通过智能决策支持系统，各国可以在环保政策制定过程中充分考虑彼此的利益和需求，寻求共同点和平衡点，从而制定出更加符合全球环保事业发展的政策框架。这一过程中，AI 技术能够模拟不同政策方案的效果和影响，为政策制定者提供多元化的选择，增强了政策制定的科学性和可操作性。

人工智能技术在生态保护领域具有广泛的应用前景和巨大的发展潜力。通过充分发挥 AI 技术的优势和作用，我们可以更加科学、高效地应对环境挑战，推动生态文明建设的不断深入与发展。同时，我们也需要关注 AI 技术可能带来的风险与挑战，加强技术监管与伦理约束，确保 AI 技术在生态保护中的健康、可持续发展。

8.3　全球气候变化应对与经济转型

在全球化日益加深的今天，气候变化已成为全人类共同面临的重大挑战。极端气候事件的频发、冰川融化、海平面上升等一系列问题，不仅威胁着自然生态系统的平衡，也对全球经济可持续发展构成了严峻威胁。因此，积极应对气候变化，推动经济转型，已成为各国政府、企业以及社会各界的共识。本节将从政策引领、技术创新、国际合作、经济转型、加强监测与评估等多个维度，探讨全球气候变化应对与经济转型的路径与策略。

8.3.1　政策引领：构建应对气候变化的制度体系

政策引领是全球气候变化应对的关键。各国政府需制定科学合理的气候政策，以法律法规的形式明确减排目标、责任主体及奖惩机制，为经济转型提供坚实的制度保障。

（1）明确减排目标与路径

在全球气候变化应对与经济转型的过程中，明确减排目标与路径是政策引领的首要任务。各国政府需基于科学评估与国情分析，审慎设定既符合国际承诺又具有本国特色的减排目标。这些目标应兼顾经济发展与环境保护的双重需求，确保既具有挑战性以激发社会各界的共同努力，又具备可行性以保障经济社会的平稳运行。同时，详细规划实施路径和时间表至关重要，需明确各阶段的具体任务、责任主体及协作机制，确保减排行动的有序推进和持续深化。

在此过程中，政府还需构建全面、动态的监测体系，实时跟踪减排目标的执行情况。通过大数据分析、遥感监测等先进技术手段，精准评估减排成效与存在问题，及时调整政策策略，确保减排目标的有效实现。此外，强化信息公开与公众参与也是不可或缺的环节，通过定期发布减排进展报告、鼓励社会公众参与减排监督等方式，增强政策透明度与公信力，形成政府主导、市场运作、公众参与的良好格局，共同推动全球气候变化的积极应对与经济社会的绿色低碳转型。

（2）完善法律法规体系

在构建应对气候变化的制度体系过程中，完善法律法规体系是基石所在。政府应积极响应国际气候治理趋势，结合本国实际，制定并颁布一系列具有针对性和前瞻性的法律法规，以法律形式明确界定企业、个人在减排行动中的主体责任和具体义务。这些法规需详细规定碳排放限额、节能减排技术标准、绿色能源发展路径等关键要素，为减排工作提供坚实的法律基础和行为准则。

为确保法律法规的有效实施，政府还需配套出台相应的实施细则和操作规程，确保法律条文的可操作性和执行力。同时，强化执法队伍建设，提升执法人员的专业能力和法律素养，确保严格、公正、高效地执行减排相关法律法规。通过加大对违法违规行为的查处力度，提高环境违法成本，形成强有力的法律震慑，有效遏制破坏生态环境、阻碍减排进程的不法行为。

政府应积极探索建立多元化、多层次的法律监督机制，鼓励公众参与监督，拓宽举报渠道，形成全社会共同参与的监督网络。借助媒体、网络等现代信息技术手段，提高法律监督的透明度和实效性，让违法违规行为无处遁形，共同守护蓝天白云、绿水青山的美好家园。通过这一系列举措，构建起完善、严密、高效的法律法规体系，为应对气候变化、推动经济社会绿色低碳转型提供坚实的法律保障。

（3）实施碳定价机制

实施碳定价机制，作为市场机制促进减排的核心策略，对于推动经济社会向绿色低碳转型具有重要意义。政府应精心设计并审慎推行碳税与碳排放权交易制度，旨在通过经济激励手段引导企业和个人自觉减少碳排放，实现环境保护与经济发展的双赢。

在碳税设计方面，政府需综合考虑国情、行业差异及减排潜力，制定科学合理的税率标准。税率既应足以覆盖碳排放的社会成本，激励企业采取减排措施，又需避免对经济造成过大冲击，保持经济稳定增长。同时，建立动态调整机制，根据减排进展、技术进步及经济环境变化适时调整税率，确保碳税政策的有效性和适应性。

碳排放权交易市场的建设则是另一关键举措。政府应明确界定碳排放权分配原则与方式，确保初始分配的公平性和透明度。通过建立健全交易平台、完善交易规则、加强信息披露与监管等措施，促进碳排放权市场的活跃与规范。此外，鼓励金融机构参与碳排放权金融产品创新，为市场主体提供多样化的风险管理工具与融资渠道，进一步提升市场的流动性和吸引力。

在实施碳定价机制的过程中，严格的监管与执法是保障其有效运行的关键。政府应建立健全监管体系，对碳排放数据进行实时监测与核查，确保数据的真实性与准确性。对于违反碳定价机制的行为，依法予以严惩，提高违法成本，形成强大的法律震慑力。同时，加强公众教育与宣传，提升社会各界对碳定价机制的认识与支持，营造良好的社会氛围，共同推动全球气候变化的积极应对与经济社会的绿色低碳发展。

8.3.2　技术创新：驱动经济转型的核心动力

技术创新是应对气候变化、推动经济转型的核心动力。通过加大研发投入力度，推动绿色低碳技术的研发与应用，可以有效降低能耗和排放，提高资源利用效率，促进经济高质量发展。

（1）清洁能源技术

清洁能源技术的突破与应用，是应对全球气候变化、推动经济转型的必由之路。政府作为关键推手，应进一步加大对清洁能源技术的研发投入力度，特别是在太阳能、风能、水能等成熟可再生能源领域，通过政策支持与资金引导，加速技术革新与产业升级，实现成本的有效降低和转换效率的显著提升。这不仅能促进清洁能源的大规模商业化应用，还能显著降低经济社会运行中的碳排放强度。

政府还应以前瞻性的眼光，鼓励企业积极探索氢能、生物质能等新型清洁能源的开发与应用。这些能源形式以其独特的优势，如高能量密度、可再生性以及环境友好性，展现出广阔的发展前景。通过设立专项基金、提供税收减免等激励措施，政府可以激发企业的创新活力，加速新型清洁能源技术的研发进程，推动其从实验室走向市场，为能源结构的多元化和低碳化转型提供坚实的技术支撑。

加强国际间清洁能源技术的交流与合作也不容忽视。各国政府应携手共建开放包容的国际合作平台，共享清洁能源技术成果与经验，协同应对全球气候变化挑战。通过技术转移、联合研发、人才培养等多种方式，推动全球清洁能源技术的共同进步与广泛应用，为构建人类命运共同体贡献力量。在此过程中，政府还需注重知识产权保护，维护技术创新者的合法权益，为清洁能源技术的持续健康发展营造良好的法治环境。

（2）节能减排技术

节能减排技术的研发与应用，是实现经济社会低碳转型的关键环节。政府在此过程中扮演着至关重要的角色，需通过政策引导与资源调配，全力支持高效节能技术和资源循环利用技术的创新与发展。针对工业生产领域，政府应鼓励企业采用先进的节能工艺和设备，优化生产流程，减少不必要的能源消耗和温室气体排放。同时，加大对余热回收、废热利用等技术的推广力度，提高能源利用效率，实现资源的最大化利用。

在建筑领域，政府推动绿色建筑标准的制定与实施，鼓励采用高性能隔热材料、太阳能光伏板等节能产品，降低建筑能耗。通过智能化楼宇管理系统的应用，实现建筑能耗的实时监测与调控，促进建筑的低碳运行。此外，政府还应加强对既有建筑的节能改造工作，通过外墙保温、门窗改造等措施，提高建筑的能源利用效率。

交通运输作为能耗与排放的重要领域，政府需积极推广新能源汽车和清洁能源车辆，建设完善的充电设施和加氢站网络，为新能源汽车的使用提供便利条件。同时，优化交通网络布局，提升公共交通系统的便捷性和舒适度，鼓励市民选择低碳出行方式。此外，加强对重型运输车辆的监管与引导，推广节能驾驶技术和智能交通系统，降低交通运输领域的整体能耗与排放。

通过技术改造和产业升级，政府应推动传统高耗能、高排放行业向绿色低碳方向转型。这要求政府与企业紧密合作，共同制订转型方案，明确转型路径和时间表。政府需提供必要的政策支持和财政补贴，减轻企业转型压力，同时加强监管与评估，确保转型工作的有效推进。通过这一系列措施的实施，政府将有效促进节能减排技术的广泛应用，为经济社会的低碳发展奠定坚实的基础。

（3）碳捕捉与封存技术

碳捕捉与封存技术，作为应对全球气候变化的关键举措之一，对于减缓大气中二氧化碳浓度的上升趋势具有不可替代的作用。政府应高度重视这一领域的研发与应用，通过加大财政投入和政策扶持，促进碳捕捉与封存技术的快速发展与商业化进程。具体而言，政府需引导科研机构、高校及企业等创新主体，针对碳捕捉、运输及封存各环节的技术瓶颈开展联合攻关，提升技术的成熟度和经济性。

建立完善的碳捕捉与封存技术标准和监管体系是保障技术安全有效应用的前提。政府应组织相关领域专家，依据国内外先进经验和技术发展趋势，制定科学合理的技术标准和操作规程，明确技术要求、安全规范及环境监测指标。通过严格监管，确保碳捕捉与封存项目在设计、建设及运营过程中符合环境保护和安全生产的各项要求，防止对生态环境造成二次污染。

政府还应积极推动碳捕捉与封存技术的国际合作与交流，借鉴国际先进经验和技术成果，促进国内技术的快速提升与应用推广。通过参与国际碳捕捉与封存技术研发联盟、共同举办国际学术会议等方式，加强与国际同行的沟通交流，共享研究成果和最佳实践，共同推动全球碳捕捉与封存技术的发展与普及。

8.3.3　国际合作：共筑全球气候治理体系

气候变化是全球性问题，需要各国携手应对。加强国际合作与交流，共同推动全球气候治理体系的完善和提升，是应对气候变化的必由之路。

（1）参与国际气候谈判与合作

在全球气候变化应对的复杂局势下，各国政府积极参与国际气候谈判与合作机制建设，不仅是履行国际责任的重要体现，也是共同构建全球气候治理体系的必由之路。通过国际平台，各国能够就气候变化问题深入交流、凝聚共识，为制定科学合理的国际气候协议奠定坚实的基础。这一过程强调“共同但有区别的责任”原则，既要求发达国家承担更多历史责任，也鼓励发展中国家根据自身能力采取积极行动。

在国际气候谈判中，各国应本着开放包容、合作共赢的精神，就减排目标、资金技术援助、适应措施等核心议题展开深入讨论。通过相互理解和尊重，寻求利益平衡点，确保国际气候协议既具有雄心壮志，又切实可行。同时，加强与非政府组织、学术界及私营部门的合作，汇聚各方智慧与资源，共同推动气候治理创新与实践。

国际气候合作机制的完善，还需依托现有国际组织和框架，如《联合国气候变化框架公约》《京都议定书》《巴黎协定》等，不断强化机制的有效性与执行力。通过定期评估协议实施情况，及时调整完善合作策略，确保全球气候治理体系能够灵活应对新的挑战与变化。

各国在参与国际气候谈判与合作时，还应注重区域间、次区域间的协同增效，鼓励建立跨地区、跨流域的气候合作网络，共同应对跨界气候挑战。通过分享成功经验、技术转移与资金支持，促进全球气候治理能力的均衡提升，最终实现人类与自然和谐共生的美好愿景。

（2）加强技术与资金合作

在应对全球气候变化的征途中，技术与资金合作无疑扮演着举足轻重的角色。绿色低碳技术的创新与应用，是降低碳排放、提升能效的关键所在。因此，各国应打破技术壁垒，加强在清洁能源、节能减排、碳捕捉与封存等关键领域的科研合作，共享科技成果，加速技术转化与应用进程。通过建立国际技术交流平台，促进技术交流、人员互访与联合研发，形成技术创新的国际合力。

资金支持对于发展中国家尤为重要。这些国家往往面临资金短缺、技术落后等挑战，难以独立承担应对气候变化的成本。发达国家应履行其历史责任，通过官方发展援助、绿色气候基金等渠道，向发展中国家提供必要的资金支持，帮助其建设低碳基础设施、推广绿色能源、提升适应气候变化的能力。此外，鼓励私营部门参与气候融资，创新绿色金融产品和服务，也是拓宽资金来源、加速资金流动的重要途径。

国际合作不仅涉及技术与资金层面，还应延伸至能力建设范畴。发达国家应协助发展中国家培养气候变化领域的专业人才，提升其政策制定、项目实施及科技创新能力。通过举办培训班、研讨会等形式，分享成功经验，交流最佳实践，推动全球气候治理能力的整体提升。

（3）推动跨国界环境治理项目

在全球化背景下，跨国界环境问题已成为制约全球可持续发展的重要因素。面对跨国界河流污染、海洋生态退化等严峻挑战，加强国际合作，共同推进跨国界环境治理项目，是维护地球生态环境、实现全球气候治理目标的必由之路。

各国应秉持人类命运共同体的理念，超越国界限制，就跨国界环境问题开展深入对话与协商。通过建立跨国界环境治理合作机制，明确各方责任与义务，制订共同行动方案，确保环境治理项目的有效实施。例如，针对跨国界河流污染问题，可建立联合监测网络，实时掌握水质状况，共同制定并执行污染治理措施；在海洋污染治理方面，可加强海洋垃圾回收、油污清理等项目的国际合作，保护海洋生物多样性，维护海洋生态平衡。

推动跨国界环境治理项目还需注重科技支撑与资金投入。各国应共享环保技术成果，加强在环境监测、污染治理等方面的技术交流与合作，提高环境治理的科学性和有效性。同时，通过设立跨国界环境治理基金，吸引国内外资本投入，为治理项目提供充足的资金支持。

在实施跨国界环境治理项目过程中，还需强化监督与评估机制。建立透明的信息披露制度，定期公布项目进展与成效，接受国际社会的监督。通过第三方评估机构对项目进行科学评估，确保治理效果达到预期目标。对于治理不力的项目，应及时调整策略，加大投入力度，确保跨国界环境问题得到有效解决。

8.3.4 经济转型：迈向绿色低碳的未来

经济转型是应对气候变化、实现可持续发展的根本途径。通过推动经济结构调整、优化产业结构、提高能源利用效率等措施，可以有效降低碳排放强度，促进经济高质量发展。

（1）推动产业结构优化升级

在全球气候变化应对与经济转型的框架下，推动产业结构优化升级是实现绿色低碳未来的关键路径。政府作为产业政策的制定者与执行者，应充分发挥其引导作用，通过政策扶持、资金激励和技术支持等手段，促进传统高耗能、高排放产业向绿色低碳方向转型。在这一过程中，关键在于技术创新与产业升级的深度融合，推动传统产业通过技术改造和流程优化，提升能效、减少排放，逐步淘汰落后产能，实现绿色低碳生产。

政府还应积极培育和发展节能环保、清洁能源等绿色新兴产业，这些产业不仅符合生态文明建设的理念，更是经济转型的重要引擎。通过设立专项基金、提供税收优惠、强化知识产权保护等措施，激发企业创新活力，促进绿色技术研发与成果转化，推动绿色新兴产业的快速崛起。此外，政府还应加强产业链上下游企业的协同创新与融合发展，构建绿色产业链和供应链体系，提高整体产业的绿色低碳水平。

产业结构优化升级是一个系统工程，需要政府、企业和社会各界的共同努力。政府应加强与行业协会、科研机构和高校的合作，共同推进绿色低碳技术研发与人才培养，为产业转型提供坚实的技术与人才支撑。同时，通过宣传教育和示范引领，提升全社会的绿色低碳意识，形成全社会共同参与、协同推进的良好氛围，共同迈向绿色低碳的未来。

（2）提高能源利用效率

能源作为经济社会发展的基石，其高效利用直接关系到低碳转型的成败。政府在此方面应发挥主导作用，通过多措并举，全面推动能源利用的革新。具体而言，政府应加大对高效节能技术和产品的推广力度，鼓励技术创新，提高能源转换效率和使用效能。这包括但不限于推广节能型家电、工业节能设备以及智能能源管理系统等，旨在从源头上减少能源消耗，降低单位 GDP 能耗水平。

加强能源管理也是提高能源利用效率不可或缺的一环。政府应建立健全能源管理体系，强化对企业用能的监管与指导，推动企业实施能源审计与能效对标，发现并解决能源浪费问题。此外，推动能源合同管理、节能技术改造等市场化机制的应用，激励企业自主进行节能降耗，形成政府引导、市场运作、企业参与的节能工作格局。

在优化能源结构方面，政府应积极倡导并推动可再生能源的开发与利用。通过政策扶持、资金补贴、税收优惠等多种手段，鼓励风能、太阳能、水能等清洁、可再生能源的大规模开发与并网应用，逐步减少对化石能源的依赖。这不仅有助于降低温室气体排放，还能促进能源供应的多元化与安全性，为经济社会的可持续发展奠定坚实的基础。

（3）倡导绿色低碳生活方式

在全球气候变化应对与经济转型的过程中，倡导绿色低碳生活方式是全民参与的关键一环。政府应发挥引领作用，通过多维度、多层次的策略，积极倡导简约适度、绿色低碳的生活模式。这不仅关乎个人行为方式的转变，更是全社会共同价值观的重塑。

政府应加大绿色消费理念的推广力度，通过媒体宣传、公共教育等渠道，普及绿色消费知识，提升公众对绿色产品的认知度和接受度。同时，建立健全绿色消费激励机制，如实施绿色产品认证、提供绿色消费补贴等，引导公众优先选择环保、节能、低碳的产品和服务，形成良好的绿色消费风尚。

环保宣传教育同样不可或缺。政府应将环保教育纳入国民教育体系，从娃娃抓起，培养青少年的环保意识和责任感。通过学校课程、社会实践等多种形式，让学生亲身参与环保活动，体验环保行动的意义与价值。此外，政府还应鼓励社会各界共同参与环保宣传，形成全社会关注环保、参与环保的良好氛围。

在日常生活中，政府应鼓励公众减少浪费、节约资源。通过推广节水节电、垃圾分类回收等实用措施，引导公众从点滴做起，为应对气候变化贡献自己的力量。同时，倡导绿色低碳的出行方式，如鼓励公众使用公共交通、骑行或步行代替私家车出行，减少碳排放，改善空气质量。

8.3.5 加强监测与评估：确保政策与措施的有效性

监测与评估是确保政策与措施有效性的重要手段。政府应建立健全气候变化监测与评估体系，对政策执行情况进行定期评估和调整，确保政策目标的实现。

（1）完善监测网络

在全球气候变化应对与经济转型的进程中，完善气候变化监测网络是确保政策与措施有效性的基石。政府需承担起构建全面、精准监测体系的责任，以科学数据支撑决策制定与执行。具体而言，政府应统筹规划，合理布局监测站点，确保监测网络覆盖全国乃至全球关键区域，形成立体化的监测网络。通过引入高精度传感器、遥感卫星、无人机等先进技术，实现对温室气体排放、极端气候事件等的实时、动态监测，提升监测数据的准确性和时效性。

在完善监测网络的过程中，政府还应注重监测技术的创新与升级。鼓励科研机构与企业合作，加强监测技术研发，推动监测设备的小型化、智能化发展，降低监测成本，提高监测效率。同时，建立监测数据共享机制，打破信息孤岛，促进不同部门、不同地区之间的数据互联互通，为综合分析和科学决策提供有力支持。

政府还需加强监测数据的分析与应用能力。依托大数据、人工智能等先进技术，对海量监测数据进行深度挖掘与分析，揭示气候变化趋势与规律，为预警预报、风险评估、政策评估等提供科学依据。通过定期发布监测报告，及时向公众通报气候变化动态，提升全社会的气候变化应对意识与能力。

（2）建立评估机制

在全球气候变化应对与经济转型的进程中，建立科学合理的评估机制是确保政策与措施有效性的关键环节。政府应致力于构建一个多维度、动态调整的评估体系，以全面、客观地衡量政策实施成效。这一评估机制需涵盖环境变化、经济效益、社会影响等多个维度，通过定量与定性相结合的方法，对政策实施前后的情况进行深入对比分析。

在具体实施上，政府应定期组织专业团队，利用大数据、遥感监测等先进技术手段，收集并处理相关数据，确保评估结果的准确性和时效性。同时，鼓励第三方机构参与评估工作，以增强评估的独立性和公信力。在评估过程中，不仅要关注短期内的减排成效和经济收益，更要考虑政策实施对长期可持续发展目标的影响，确保评估结果的科学性和全面性。

评估结果的运用同样至关重要。政府应根据评估结果，及时调整政策方向和实施路径，对表现优异的政策措施予以巩固和推广，对存在的问题和不足进行深入剖析，制定有针对性的改进措施。通过不断优化和完善政策体系，确保政策目标得以有效实现，推动经济社会向绿色低碳方向发展。

（3）加强公众参与与监督

在全球气候变化应对与经济转型的伟大征程中，公众参与与监督扮演着不可或缺的角色。作为政策执行的重要外部驱动力，公众参与不仅能够增强政策的透明度与公信力，还能通过集体行动加速转型进程。因此，政府需进一步深化环保宣传教育，将生态文明理念融入国民教育体系，从娃娃抓起，培养全民的环保意识与责任感。

具体而言，政府应创新宣传手段，充分利用新媒体平台，以生动有趣、贴近生活的方式普及气候变化知识，激发公众的环保热情。同时，建立公开透明的信息发布机制，确保将政策信息及时、准确地传达给每一位公民，为公众参与监督创造有利条件。在此基础上，政府还应积极搭建公众参与平台，鼓励公众通过意见箱、在线论坛等多种渠道表达对环境问题的看法与建议，形成政府与社会公众的良性互动。

鼓励公众参与环保活动和社会监督行动，是提升环保成效的重要途径。政府应组织多样化的环保公益活动，如植树造林、垃圾分类宣传等，引导公众将环保意识转化为实际行动。同时，建立健全环保监督机制，鼓励公众对破坏环境的行为进行举报，形成全社会共同监督的良好氛围。

全球气候变化应对与经济转型是一项长期而艰巨的任务。需要各国政府、企业以及社会各界的共同努力和持续投入。通过政策引领、技术创新、国际合作等多方面的努力与探索，我们有理由相信全球气候变化应对与经济转型的道路将越走越宽广。在生态文明观的指引下，我们必将迎来一个更加绿色、低碳、可持续的未来。

8.4 生态文明时代下的人类命运共同体

8.4.1 人类命运共同体的理念与背景

在全球化日益加深的今天，人类面临着前所未有的共同挑战，如气候变化、环境污染、资源枯竭等全球性问题。这些问题超越了国界和意识形态的差异，威胁着全人类的生存和发展。面对这些挑战，国际社会逐渐认识到，没有哪个国家能够独善其身，全球性的问题需要全球性的解决方案。正是在这一背景下，“人类命运共同体”的理念应运而生，成为国际社会广泛认同的重要共识。

“人类命运共同体”理念强调各国间的相互依存、休戚与共，倡导通过对话协商、共建共享、合作共赢等方式，共同应对全球性挑战，实现共同发展繁荣。这一理念不仅符合全球发展的客观规律，也体现了人类文明进步的正确方向。在生态文明时代的视角下，“人类命运共同体”理念更是赋予了新的内涵和意义，成为推动全球生态文明建设的重要动力。

8.4.2 生态文明观与人类命运共同体的内在联系

生态文明观与人类命运共同体之间存在着紧密的内在联系。一方面，生态文明观强调人与自然和谐共生，倡导绿色、低碳、循环的发展方式，这是“人类命运共同体”理念在生态环境领域的具体体现。另一方面，“人类命运共同体”理念强调全球合作与共同治理，为生态文明观的实践提供了广阔的国际舞台和强大的国际支持。

（1）生态文明观是全球性挑战的解决方案

面对气候变化、环境污染等全球性挑战，任何单一国家的努力都难以取得显著成效。只有各国携手合作，共同推动生态文明建设，才能实现全球环境的根本改善。生态文明观强调通过科技创新、制度创新等手段，提高资源利用效率，降低能耗和排放，这为全球环境治理提供了可行的路径。同时，生态文明观还倡导绿色消费和低碳生活，鼓励公众参与环保行动，这为构建人类命运共同体提供了坚实的群众基础。

（2）人类命运共同体为生态文明时代提供国际支持

"人类命运共同体"理念强调全球合作与共同治理，为生态文明观的实践提供了强大的国际支持。在全球化日益加深的今天，各国间的经济、文化、科技交流日益频繁，这为生态文明理念的传播和实践提供了有利条件。同时，国际社会通过制定国际环保协议、推动绿色技术研发与应用等方式，共同应对全球性环境问题，这为生态文明观的实践提供了有力的制度保障和技术支持。

8.4.3　人类命运共同体视角下的生态文明实践路径

在"人类命运共同体"理念的指引下，推动生态文明实践需要全球各国的共同努力和协作。以下是从不同层面探讨的生态文明实践路径。

（1）全球治理层面的路径

1）加强国际环保协议与合作机制建设

在推进生态文明建设的进程中，国际社会应携手加强环保协议与合作机制的建设，确保环境保护成为全球共识与行动。这要求各国不仅需明确自身在减排、污染治理等领域的具体责任，还需通过多边协商，共同制定具有普遍约束力的国际环保法规，以法律形式固化各国承诺，保障全球环境治理的有效性。同时，强化国际环保组织的权威性和执行力，促进成员国间的信息共享、技术交流与经验互鉴，形成全球环境治理的强大合力。通过深化合作，共同应对环境挑战，实现全球生态文明的协同发展，构建人类命运共同体的绿色未来。

2）推动全球绿色技术研发与应用合作

在生态文明观框架下，全球绿色技术的研发与应用合作显得尤为关键。国际社会应搭建起高效、开放的国际绿色技术交流平台，鼓励各国科研机构、企业及创新团队共同参与，分享最新研究成果与技术方案，加速绿色技术的迭代升级。

同时，积极推动跨国绿色技术转移，帮助发展中国家获取先进环保技术，缩小技术差距，实现全球绿色技术的均衡发展。通过政策引导、资金支持与市场激励等多措并举，促进绿色技术的商业化应用，将创新成果转化为实际的环境效益与经济效益，共同推动全球生态文明建设迈向新高度。

3）加强跨国界环境治理合作

在全球化背景下，跨国界环境问题日益凸显，已成为全球可持续发展的瓶颈。为有效应对这一挑战，国际社会亟须深化跨国界环境治理合作，共同构建地球生命共同体。这要求各国摒弃狭隘的国家利益观，秉持“人类命运共同体”理念，加强沟通与协作，形成环境治理的国际合力。

具体而言，应推动建立跨国界环境治理合作机制，明确各国在跨界环境问题上的责任与义务，制定具有约束力的共同行动方案。通过加强信息共享与情报交流，实现跨国界环境问题的实时监控与预警，为及时有效的应对措施提供科学依据。同时，推动联合监测与联合执法，打破地域界限，共同打击跨国界环境违法行为，确保环境法规得到有效执行，维护全球生态环境安全。

在此过程中，还需注重技术与资金的国际合作。鼓励各国在环境监测、污染治理等领域开展技术交流与合作，共享先进技术和经验，提升全球环境治理的技术水平。同时，发达国家应承担更多责任，通过官方援助、技术转让等方式，帮助发展中国家提升环境治理能力，缩小南北差距，实现全球环境治理的公平与可持续。

（2）国家层面的路径

1）制定与实施生态文明发展战略

在将生态文明理念深度融入国家发展战略的实践中，各国需精准定位自身发展阶段与资源环境特点，科学规划生态文明建设的长远目标与阶段性任务。这不仅要求政府制定清晰明确的发展蓝图，还应细化具体实施方案，确保生态文明战略的针对性和可操作性。在政策措施方面，应综合运用法律、经济、行政等多种手段，激励与约束并举，推动企业和社会各界积极参与生态文明建设。建立健全生态文明建设的监督评估体系，定期评估政策执行效果，及时调整优化战略方向，确保生态文明战略的持续有效推进。政府还应重视生态文明理念的普及教育，通过多渠道、多形式的宣传活动，提升公众的环保意识与责任感，营造全社会共同参与生态文明建设的良好氛围。

2）推动绿色产业与低碳经济发展

在推动绿色产业与低碳经济发展的国家层面路径中，各国应将绿色经济作为未来经济发展的重要引擎，通过构建绿色产业体系，实现经济的绿色转型。具体而言，政府应加大对绿色产业的投资力度，制定优惠政策吸引社会资本进入绿色领域，如提供税收减免、研发补贴等，以降低绿色企业和项目的运营成本，激发市场活力。同时，鼓励和支持绿色技术的自主研发与创新，通过建立产学研用协同创新机制，促进绿色科技成果的快速转化和应用。

在促进传统产业的绿色化改造方面，政府应制定严格的环保标准和排放标准，通过法规手段倒逼企业加大环保投入力度，推动生产流程的绿色化改造。对于高污染、高能耗的传统产业，政府应引导其向绿色低碳方向转型升级，通过技术改造、产品升级等手段，降低能耗和排放。此外，政府还应积极推广绿色供应链管理，鼓励企业采用环保材料、优化产品设计、加强废弃物回收与再利用，实现全生命周期的绿色管理。

3）加强生态环保基础设施建设

生态环保基础设施作为支撑生态文明实践的物质基石，其建设与管理对于保障生态环境质量至关重要。各国应视生态环保基础设施为战略性投资，优先布局并加大投入，以全面提升污水处理、垃圾处理及生态修复等领域的设施能力。在污水处理方面，需采用先进技术与高效设备，提高污水处理率与出水水质标准，确保水体环境得到有效净化。垃圾处理设施则需强化分类收集、资源化利用及无害化处置能力，减少垃圾填埋量，促进资源循环利用。同时，针对受损生态系统，实施科学的生态修复工程，恢复生物多样性，增强生态系统服务功能。此外，还应注重设施运行管理，建立健全监管机制，确保设施长期稳定运行，为生态环境的持续改善和保护奠定坚实的基础。通过这一系列举措，各国将共同构建起坚实有力的生态环保基础设施网络，为生态文明观的深入实践提供有力保障。

（3）社会层面的路径

1）倡导绿色消费与低碳生活

绿色消费与低碳生活不仅是个人选择，更是社会文明进步的重要标志，对推动生态文明实践具有深远意义。倡导绿色消费，鼓励公众优先选择环保标志产品、节能型家电及可持续生产的食品，有助于形成对绿色产品的市场需求，进而引导企业加大绿色产品研发与生产力度，促进产业结构绿色化转型。同时，公众在日常生活中实践低碳生活，如减少一次性用品的使用，积极采用电子账单减少纸张浪费，优先选择步行、骑行或公共交通工具出行，这些细微之举作用虽小，但汇聚起来却能显著降低全社会的碳排放量，为缓解气候变化贡献力量。此外，社区、学校、企事业单位等应广泛开展绿色消费与低碳生活的宣传教育活动，提升公众的环保意识和参与度，形成全社会共同参与生态文明建设的良好风尚。通过政府引导、市场激励、公众参与三方合力，绿色消费与低碳生活将成为推动生态文明实践深入发展的强大动力。

2）加强环保教育与宣传工作

在生态文明观下构建人类命运共同体的过程中，加强环保教育与宣传工作显得尤为重要。各国政府应将环保教育纳入国民教育体系，从基础教育到高等教育，系统规划环保课程，确保学生在不同教育阶段都能接受到全面的环保知识教育。通过课堂教学、课外实践等多种形式，激发学生对环境保护的兴趣与责任感，培养其形成良好的环保行为习惯。同时，充分利用传统媒体与新媒体平台，广泛传播环保理念与知识，提升公众对生态文明建设的认知度和参与度。通过定期发布环保政策解读、环保案例分析等内容，增强公众的法律意识，引导其自觉遵守环保法律法规，共同营造良好的环保法治氛围。此外，鼓励社会各界积极参与环保公益活动，通过志愿服务、环保讲座等形式，进一步普及环保知识，提升全社会的环保素养，为生态文明建设的持续推进奠定坚实的群众基础。

3）鼓励社会各界参与环保行动

社会各界在推动生态文明实践中扮演着不可或缺的角色。企业应主动承担社会责任，加强环保投入，提升生产过程中的环保标准，通过采用清洁生产技术、优化能源结构、实施废弃物资源化利用等措施，降低对环境的影响。同时，企业应建立健全环保管理体系，确保各项环保措施得到有效执行，不断提升自身的环保绩效。

非政府组织作为连接政府与公众的重要桥梁，应充分发挥其在环保倡导和监督方面的独特作用。通过组织环保公益活动、开展环保教育宣传、发布环保研究报告等方式，提高公众的环保意识，引导公众积极参与环保行动。非政府组织还应加强对政府和企业环保工作的监督，推动政策落实，促进环境质量的持续改善。

个人作为社会的基本单元，其环保行为对生态文明实践具有重要意义。鼓励个人积极参与环保公益活动，如垃圾分类、节能减排、绿色出行等，不仅有助于减少个人对环境的影响，还能在全社会范围内形成良好的环保风尚。政府应通过多种渠道宣传环保知识，提高公众的环保素养和参与度，让每个人都成为生态文明建设的参与者和贡献者。社会各界共同努力，形成政府引导、企业主导、公众参与的良好局面，共同推动生态文明实践不断向前发展。

8.4.4　结论与展望

“人类命运共同体”理念为生态文明实践提供了重要的思想指引和国际支持。在全球性挑战日益严峻的今天，只有各国携手合作共同应对才能实现全球生态环境的根本改善和保护。未来我们将继续秉持“人类命运共同体”理念，加强国际环保合作与交流，推动全球生态文明实践的深入发展；同时加强国内环保法律法规的制定与实施工作，提高环保监管水平和技术创新能力；鼓励社会各界积极参与环保行动，共同营造良好的环保氛围和社会风尚，为实现全球可持续发展贡献中国智慧和力量。

结　语

生态文明时代　经济发展的新航标

在当今世界，随着环境问题的日益严峻和全球气候变化的不断加剧，传统经济发展模式面临着前所未有的挑战。面对这一严峻形势，生态文明观作为一种全新的发展理念，正逐步成为引领未来经济发展的新航标。它不仅是对传统工业文明模式的深刻反思与批判，更是对未来可持续发展道路的探索与引领。

在生态文明时代下，强调人与自然和谐共生，倡导绿色、低碳、循环的发展方式。这一理念不仅关注经济效益，更重视环境效益和社会效益的协同提升。在生态文明观的指引下，经济发展不再仅追求 GDP 的增长，而是将资源节约、环境保护和社会福祉纳入经济发展的核心考量。通过推动绿色技术创新、优化产业结构、提高能源利用效率等措施，实现经济系统与生态系统的良性循环，促进经济社会的全面可持续发展。

在绿色经济理论的发展方面，生态文明观推动了经济体系的绿色转型。绿色 GDP 作为衡量经济发展质量的重要指标，将环境成本纳入经济核算体系，更加真实地反映了经济发展的真实面貌和可持续性。同时，绿色税制、碳交易市场等经济激励措施的应用，为企业提供了节能减排、绿色转型的动力，推动了经济结构的优化升级。这些理论创新不仅丰富了经济学的研究范畴，更为政策制订提供了科学依据和实践路径。

在可持续发展经济学领域，生态文明观强调经济发展与环境保护的协调统一。通过构建绿色发展的新经济学框架，可持续发展经济学将环境保护纳入经济发展的内在要求，推动形成经济效益、社会效益和环境效益的综合平衡。在可持续发展目标的引领下，各国政府和企业积极采取行动，推动清洁能源、节能环保等绿色产业的发展，为实现全球可持续发展目标贡献力量。

在生态文明观的实践探索中，绿色产业与新兴产业的崛起成为重要亮点。这些产业不仅具有广阔的市场前景和巨大的发展潜力，更是推动经济转型升级的重要力量。通过政策扶持和市场培育，绿色产业逐步发展壮大，成为推动经济社会绿色转型的中坚力量。同时，新兴产业的快速发展也为经济体系注入了新的活力和动力，促进了经济的多元化和高质量发展。

生态文明观还推动了国际合作与全球治理的深化。面对全球性环境问题，任何单一国家的努力都难以取得显著成效。只有通过国际合作与交流，共同应对环境挑战，才能实现全球生态文明建设的共同目标。在国际气候谈判、跨国界环境治理项目等领域，各国政府、非政府组织和企业等各方携手合作，共同推动全球环境治理体系的完善和提升。

在生态文明观的指引下，企业作为经济发展的主体也积极承担起了社会责任。通过实施绿色供应链管理、推广绿色技术创新、加强环保投入等措施，企业不仅提升了自身的竞争力，更为经济社会的可持续发展贡献了力量。同时，公众环保意识的觉醒和绿色消费观念的兴起也为生态文明建设提供了坚实的社会基础。

展望未来，生态文明观将继续引领经济发展的新航向。在全球气候变化和资源环境约束日益严峻的背景下，各国政府、企业和公众需携手合作，共同推动生态文明建设的伟大事业。通过政策创新、技术创新和国际合作等多措并举，实现经济、社会与环境的全面可持续发展，为构建人类命运共同体贡献智慧和力量。生态文明时代不仅是对传统工业文明的超越与革新，更是对未来美好世界的憧憬与追求。在这一理念的指引下，我们有理由相信，一个更加绿色、低碳、可持续的世界正在向我们走来。

在本书的编纂过程中，章节划分与撰写体现了严谨的学术分工。第一主编赵文强深度挖掘并撰写了第 1 章、第 3 章及第 4 章，为全书奠定了坚实的理论基础，并在学术导向与框架构建上发挥了关键作用。第二主编李健则专注于第 2 章、第 5 章及第 7 章的撰写，其研究聚焦于生态文明经济的理论深化与拓展。第三主编王银萍则在第 6 章与第 8 章中，引入了新颖的学术视角与理论创新点。